国家社科基金
GUOJIA SHEKE JIJIN HOUQI ZIZHU XIANGMU
后期资助项目

隋代三省制及相关问题研究

Research on the System of Three Departments and Related Issues in the Sui Dynasty

刘　啸　著

中华书局
ZHONGHUA BOOK COMPANY

图书在版编目(CIP)数据

隋代三省制及相关问题研究/刘啸著. —北京:中华书局,
2021.9
(国家社科基金后期资助项目)
ISBN 978-7-101-15330-9

Ⅰ.隋… Ⅱ.刘… Ⅲ.政治制度史-研究-中国-隋代
Ⅳ.D691.21

中国版本图书馆 CIP 数据核字(2021)第 176766 号

书　　名	隋代三省制及相关问题研究
著　　者	刘　啸
丛 书 名	国家社科基金后期资助项目
责任编辑	樊玉兰
出版发行	中华书局
	(北京市丰台区太平桥西里 38 号　100073)
	http://www.zhbc.com.cn
	E-mail:zhbc@zhbc.com.cn
印　　刷	北京瑞古冠中印刷厂
版　　次	2021 年 9 月北京第 1 版
	2021 年 9 月北京第 1 次印刷
规　　格	开本/710×1000 毫米　1/16
	印张 16½　插页 2　字数 240 千字
国际书号	ISBN 978-7-101-15330-9
定　　价	68.00 元

国家社科基金后期资助项目出版说明

后期资助项目是国家社科基金设立的一类重要项目，旨在鼓励广大社科研究者潜心治学，支持基础研究多出优秀成果。它是经过严格评审，从接近完成的科研成果中遴选立项的。为扩大后期资助项目的影响，更好地推动学术发展，促进成果转化，全国哲学社会科学工作办公室按照"统一设计、统一标识、统一版式、形成系列"的总体要求，组织出版国家社科基金后期资助项目成果。

全国哲学社会科学工作办公室

目　录

绪　论

《隋书·百官志下》载隋文帝时期官制云：

> 高祖既受命，改周之六官，其所制名，多依前代之法。置三师、三公及尚书、门下、内史、秘书、内侍等省，御史、都水等台，太常、光禄、卫尉、宗正、太仆、大理、鸿胪、司农、太府、国子、将作等寺，左右卫、左右武卫、左右武候、左右领、左右监门、左右领军等府，分司统职焉。①

据此可知隋初立国时中央政治制度的大概。三师，"不主事……盖与天子坐而论道者"；三公，"其位多旷，皆摄行事"②。中央诸事实际是由省、台、寺、府分司统职的。以后到了隋炀帝大业三年(607)定令，虽然对中央机构增损分合，但大致不出这个范围。在中央诸多机构当中，以学界熟知的尚书省、内史省、门下省即"三省"最为要重。对于"三省"的职权、地位，学界多有争论，这里只想在制度规定的层面上提出一个疑问。《隋书·百官志下》：

> 朝之众务，总归于台阁。
>
> 尚书省，事无不总。③

《后汉书·仲长统传》载其《昌言·法诫篇》：

> 光武皇帝愠数世之失权，忿强臣之窃命，矫枉过直，政不任下，虽置三公，事归台阁。
>
> (李贤注)台阁谓尚书也。④

《隋书》诸志，即《五代史志》，太宗朝开始修撰，至高宗显庆元年(656)书成

---

① 〔唐〕魏徵、令狐德棻撰：《隋书》卷二八，北京：中华书局，1973年，第773页。
② 《隋书》卷二八，第773页。
③ 《隋书》卷二八，第773、774页。
④ 〔南朝宋〕范晔撰，〔唐〕李贤等注：《后汉书》卷四九，北京：中华书局，1965年，第1657、1658页。另参见〔汉〕崔寔撰，〔汉〕仲长统撰，孙启治校注：《政论校注　昌言校注》，北京：中华书局，2012年，第308、310页。

奏上①。李贤等人所注《后汉书》则在仪凤元年（676）奏上②。一为唐人所修，一为唐人所注，两者成书时间又相去不远，所以《隋书·百官志下》所记的"台阁"也是"尚书"的意思，也就是说"朝之众务，总归于尚书"。如果再加上《百官志》对尚书省职掌"事无不总"的记载，说明隋代尚书省在整个政府机构中处于权力的核心地位。因此，仅仅从制度上来看，在隋代，并不存在内史省、门下省与尚书省形成相互制衡或者分权，也就并不存在所谓的三省制③。当然，制度上的规定是一回事，实际的运作又是另一回事。众所周知，三省制问题在隋唐中央政治制度的研究中占有重要的地位，但是隋制的研究一直依附在唐制的研究上，就隋制单独立论的并不多。以下将对隋代三省制的已有研究进行一些梳理。

一、学术史综述

林天蔚先生认为隋代中央政制是由五省二台九寺五监构成的。他在论述唐代三省制度时，认为唐初省制是在继承隋代的基础上兼并增损，使负责政事的只有三省，至于隋代是否有三省制，并没有说明。如果考虑到林著此节题名《完善之政治制度之构成》，或者可以认为他的意见是隋代并未形成完备的三省制④。布目潮沨氏似乎将隋唐的三省体制视为一体，他认为隋初官制改革中最引人注目的一点，是唐代的三省六部二十四司制在这时已经成立了。隋唐的官制就是囊括了草诏与执行的三省六部，它们是以扩大化了的皇帝秘书官的形式存在于旧有的九寺、五监之上的。至于三

---

① 〔宋〕王溥撰：《唐会要》卷六三《史馆上·修前代史》载："显庆元年五月四日，史官修梁陈齐周隋《五代史》三十卷，太尉无忌进之。"（上海：上海古籍出版社，2006年，第1288页）唐长孺先生认为此处的《五代史》的"史"下脱了"志"字，是正确的看法（参见氏撰《魏晋南北朝史籍举要》，收入《唐书兵志笺正（外二种）》，北京：中华书局，2011年，第66页）。

② 〔后晋〕刘昫等撰：《旧唐书》卷五《高宗纪下》，北京：中华书局，1975年，第102页。

③ 从官品上来看，似乎也能得出这种结论。隋代尚书令官居二品，尚书左右仆射为从二品，都高于正三品的纳言和内史令，但官品只代表职官在官阶序列中的高低，并不能代表所在机构在政府中地位的高下。我们不可能认为正一品的三公所在的三公府在当时的政府部门中处于核心地位。

④ 林天蔚：《隋唐史新编》，香港：现代教育研究社，1968年，第160—167页。同氏另撰《隋唐史新论》第五章《隋唐制度之检讨》第一节《三省制之检讨》（台北：东华书局，1980年，第273—281页），所举史料全是唐代，大概是认为隋唐三省制度是一致的。

省之间是怎样的关系,并没有说明①。岑仲勉先生认为隋代废北周复古改
制之六官,官制还依汉魏之旧。政权揽于尚书省,置令及左、右仆射各一
人,地位最高。次于仆射者为门下省之纳言,内史省之令②。即隋代尚书
省地位最高,尚书省长官权力也最大,至于三省之间的关系岑氏并没有涉
及。吕思勉先生以为隋唐之制,是以尚书、中书、门下三省长官为宰相,但
中书、门下两省比尚书省更亲近于皇权,所以只有中书、门下两省长官是真
宰相③。吕氏是总括隋唐而言的,至于三省之间的权力分配,似乎并没有
谈及,但他认为中书、门下两省地位似较尚书省为重要。吕氏的观点立足
于与皇权之间的亲近程度立论,注意到三省与皇权之间的关系,是很重要
的启示。王寿南先生认为隋代中央政府组织中最重要的机关是尚书、门
下、内史三省,但当时三省之间职权没有明确的分工。他认为由于自东汉
以来,三省发展的路径相似,造成了三省相继成为权力机关后权责划分不
清。隋代的三省制沿袭魏晋南北朝的传统而来,并没有制度化的规定。后
代所熟悉的那种相互制约的三省制要到唐代才成熟④。王氏明确将隋、唐
区分开来,隋代三省的发展上承魏晋南北朝,是一种基于习惯的权力分配;
唐代的三省则在制度上形成了分工。王氏不再笼统地将隋唐视为一体,在
方法上具有借鉴意义。芮沃寿(Arthur Frederick Wright)先生在谈到隋
代中央政府的改革时认为,隋代初年出现的中央政府机构已经恢复了汉代
的机构名,预先呈现出唐代中央政府的轮廓。权力并没有集中在最高层的
三师、三公之手,而是最大程度地集中在下一级的三省,即尚书省、门下省

①〔日〕堀敏一等编:《岩波講座・世界歴史 5・古代 5・東アジア世界の形成》,東京:岩波書店,
　1970 年,第 255 頁。〔日〕布目潮渢、〔日〕栗原益男:《中国の歴史 4・隋唐帝国》,東京:講談社,
　1974 年,第 169—170 頁。《岩波講座》本卷另一作者池田温在谈到隋代的官制时与布目氏的观
　点基本相同,他认为隋代的官府组织是尚书省、门下省、内史省三省、诸省、御史台、九寺、诸卫,
　唐制基本相同。由尚书令、纳言、内史令即三省长官总管政务,若干高官参议国政的形式也与唐
　代宰相制度有直接的联系。三省之间的关系同样没有谈到(第 317 頁)。另参见同氏撰:《中国
　律令と官人機構》(收入《仁井田陞博士追悼論文集》第一卷《前近代アジアの法と社会》,東京:
　勁草書房,1967 年),特别是第 169—171 頁。滨口重国似乎也将隋唐三省制度视为一体,只不过
　他认为隋代只有内史省和门下省的长官是宰相,必要的时候会以他官加上"参掌机事""专掌朝
　政"等名号加入宰相的行列,参见氏撰:《魏晋南北朝隋唐史概説》,收入《秦漢隋唐史の研究》下
　卷,東京:東京大学出版会,1966 年,第 884—887 頁。
②岑仲勉:《隋唐史》,北京:中华书局,1982 年,第 6—7 页。
③吕思勉:《隋唐五代史》,上海:上海古籍出版社,1984 年,第 1072—1075、1082—1083 页。
④王寿南:《隋唐史》,台北:三民书局,1986 年,第 444—447、457、473—474 页。

和内史省。尚书省最为重要,因为它掌管着六部。但三省六部的体制缺乏
汉代官僚机器中一个最高级的关键位置——丞相。文帝亲自与三省的高
级官员讨论政务,实际上他本人就是丞相。因此,官僚集团在缺乏一个拥
有全权的政府首脑的同时,还缺乏一个代表整个官僚利益的最高仲裁者和
代言人①。西方学者的关注点在于将皇帝和丞相分别作为皇权和官僚制
的代表,他们既有合作也有对立,隋制与汉制在中央行政体制上最大的不
同在于取消了丞相这一官僚制的代言人,使皇权兼有丞相权而进一步膨
胀。这种看法指出了自秦汉以来的皇权是通过侵占相权不断扩张的,同时
也提示我们更多地关注隋代皇权对于官僚权力的压制,特别是对三省权力
的侵夺。钱穆先生在谈到隋唐宰相职权的重建时认为"唐代中央最高机
关,依然是魏晋以来的尚书、中书、门下三省,但他们现在已是正式的宰相,
而非帝王之私属。其职权分配,则中书掌定旨出命,门下给事中掌封驳,尚
书受而行之;古代的宰相权,现在是析而为三。三者之中,又以侍中、中书
令为真宰相"②。这里虽然在讨论唐代中央最高机关,但在所举贞观三年
(629)太宗论中书、门下职权时,钱氏按语称"盖此制亦始周、隋,非唐代
新创也",可见他认为隋代中央最高机关的权力分配一如唐代。钱氏指
出宰相权一分为三,实际上是看到了宰相权力的弱化,以侍中、中书令为
真宰相,大概是基于《通典》的记载。他肯定了唐代的三省职权分配,同
时又指出了唐制源于周、隋。王仲荦先生认为,自南朝梁陈以来,国家的
事权,集中在中书、门下两省,隋代继承了这一趋势,内史、门下两省是中
央的决策机关,两省的长官是宰相,这是皇权进一步强化的必然结果。
尚书省则是中央的执行机关③。依照王氏的看法,隋代已经出现了三省
制,背后的契机之一是皇权的强化。谢元鲁先生认为尚书、中书、门下三省
的机构及其在朝廷决策行政系统中所处的地位实际上在南北朝后期已经
定型,隋代所做的,只是对职权的专业化和机构的规范化作进一步调整。
也就是说,南北朝后期,其实已经形成了三省制度。他强调三省职权并不

---

① 〔美〕崔瑞德主编,中国社会科学院历史研究所、西方汉学研究课题组译:《剑桥中国隋唐史》,北
　　京:中国社会科学出版社,1990年,第82—87页。
② 钱穆:《国史大纲(上)》,《钱宾四先生全集》第27册,台北:联经出版事业公司,1998年,第440—
　　441页。
③ 王仲荦:《隋唐五代史》,上海:上海人民出版社,2003年,第7—9页。

平衡,尚书省仍然处于运转核心的地位①。气贺泽保规氏认为隋朝取代北周,变六官体制为三省六部制。三省六部制的中心是三省,而三省的中心则是中书省②。

　　以上选取了较有代表性的通史和隋唐断代史的研究论著。从中可以看出三省制问题涉及到的两个方面:一是皇权与相权的矛盾问题,涉及到皇权的扩张与相权的分割;二是三省之间权力的分配问题。大概限于著作体例,通史和断代史对三省制问题的研究只说结论,点到为止。虽然有分歧,但是因为导致分歧的研究路径不明,所以读者很难判断孰是孰非。

　　通史或断代史采用的是结论性表述,专题性研究的过程则相对明晰。

　　曾了若先生认为隋代宰相实为尚书令及尚书左右仆射。内史省的内史令和门下省的纳言之所以会被认为是宰相,是因为往往以仆射兼任的缘故。隋代虽然有他官参掌政事,那是因为隋代二主用人多不以常规,这是因人授权,并不是因职得势,两者应该区分开来。也就是说,隋代诸省之中,应该以尚书省为首③。曾氏的看法突出了隋代皇权与三省权力分配之间的关系,即隋代诸省的权力大小与其本身的职责无关,而是视与皇帝的关系而定。与皇帝亲近还是疏远,决定了三省首长权力的大小。这是人治导致的结果,与制度没有太大的关联。杨熙时先生认为自隋至末,三省同掌宰相职权,隋代三省同行宰相之职。隋代的政治中枢在内史与纳言,而尚书令之权最大。他引《历代职官表》的说法:“隋代虽置三公,以官高不除,其秉国钧者,惟内史、纳言,而尚书令事无不统,即不预机事,亦称政本

---

① 白寿彝总主编,史念海主编:《中国通史(修订本)》第六卷《中古时代·隋唐时期上》,上海:上海人民出版社,2004年,第927—932页。谢元鲁在本章中认为隋代的尚书仆射是宰相,而内史令、纳言在当时并未称之为宰相。陈光崇主编的同书同卷《中古时代·隋唐时期下》,在谈到隋文帝时期的政治制度改革时,虽然认同三省六部体制在隋文帝时期已经确立,但认为三省的长官都是宰相(第1146页,本部分由陈光崇撰写)。
② 〔日〕气贺泽保规撰,石晓军译:《绚烂辉煌的世界帝国:隋唐时代》,桂林:广西师范大学出版社,2014年,第27—28、169—171页。气贺泽氏在写作隋代的新体制时曾谈到会在第四章《律令制下人们的生活》中详细介绍隋代三省六部制的情况,但查第四章,完全在谈唐代的三省六部制。大概可以认为,气贺泽氏将隋唐三省六部制视为相同的制度。
③ 曾了若:《隋宰辅官制考》,《国立中山大学文史学研究所月刊》第二卷第三四期合刊,1934年,第87—91页。

之地。"似乎认为尚书令有参预机密与不参预机密之别①。杨氏认为隋代
尚书省长官无论是否参预国政,在三省之中都占据中心地位,即三省同分
宰相职权,而以尚书省为根本。内藤乾吉氏在研究唐代的三省制度时认为
中书省草拟诏敕,具有天子秘书的性质;门下省是复核天子旨意的机关;尚
书省则是负责实行政令的主体。在这三省之中,他特别重视门下省的权
力,认为它的存在代表着贵族意志。内藤氏在文中引马端临的说法,指出
唐官制大体沿袭自隋代,三省的权限也是如此。也就是说,他认为隋代三
省的权力分配与唐代是大体一样的②。内藤氏的观点立足于日本学界关
于贵族制问题的讨论,将三省制放在了汉唐贵族制发展脉络及其与皇权关
系的意识之中。因此,他对三省权责的研究是基于皇权与贵族权之间的矛
盾,这种矛盾导致的官僚机构权力分配,以及指导分配的政治意识等问题
上的。内藤氏的问题意识非常清晰,即将三省制问题放在贵族制社会向专
制主义皇权社会过渡的过程之中,从中也可以窥见这种观点受到了内藤湖
南著名的"唐宋变革论"的影响。金宝祥先生认为隋代国家权力强化的标
志就是作为中央集权国家的三大权力机构内史、门下、尚书三省开始真正
履行君主专制政治,三省长官唯君主之命是从。三省职掌则延续南北朝以
来的成规,内史、纳言因同掌出纳王命,所以是宰相,尚书只是听命行事。
隋代三省形成了一个足以体现集中王权的有机共同体,这是前代所没有
的③。金氏的观点是认为三省制的形成促进了君主专制政治的强化,三省

①杨熙时:《中国政治制度史》,《民国丛书》第四编第20册据商务印书馆1947年版影印,上海:上
　海书店出版社,1989年,第98页。另参见曾资生:《中国政治制度史》第四册,《民国丛书》第四编
　第21册据南方印书馆1944年版影印,上海:上海书店出版社,1989年,第85—108、137—
　142页。
②〔日〕内藤乾吉:《唐代的三省》,收入氏撰:《中国法制史考證》,東京:有斐閣,1963年,第2—3、
　6—9页。译文见刘俊文主编:《日本学者研究中国史论著选译》第八卷《法律制度》,北京:中华书
　局,1992年,第225—227、230—231页。古贺登也持相同的观点,见氏撰:《隋唐的官僚制》,歴史
　教育研究会编:《歴史教育》第13卷,1965年第6号。筑山治三郎同,见氏撰:《唐代政治制度の
　研究》,大阪:創元社,1967年,第3—4页。泷川政次郎的观点虽然与此相近,但他认为唐代中
　书、门下两者权限的划分并不十分明晰,见氏撰:《支那法制史研究》,東京:有斐閣,1940年,第
　17页。在内藤氏研究的基础上,砺波护注意到唐中期以后令外官对三省六部制的影响,见氏撰:
　《唐代政治社会史研究》,京都:同朋舍,1986年,第197—220页。
③金宝祥:《关于隋唐中央集权政权的形成和强化问题》,《西北师范大学学报(社科版)》1963年第
　2期,第17—24页。另参见刘曼春:《论唐代三省制》,《史学月刊》1984年第1期,第26—30页;
　王超:《三省制度考略》,《学术月刊》1981年第2期,第54—59页。

存在本身就是为了体现皇权的意志。周道济先生认为隋代中央政制,以尚书、内史、门下三省最为重要,是当时政治运行的中心,三省的长官就是当时的宰相①。至于隋代三省在政治上是否构成制衡,三省之间权力如何分配,似乎没有谈到。周氏研究的对象是汉唐的宰相制度,所以关注的是三省长官是否宰相的问题。沈任远先生认为隋代以三省长官为宰相,三省之中,又以尚书省为尊,非其他二省可比。中书、门下二省,又以中书省为主②。至于三省之间是否有权力分配,沈氏也没有明言。邓嗣禹先生认为,唐代以前的三省都是分掌政权,隋代也不例外。他认为《隋书·百官志》从未说三省合一而同时握政权之制,并引马端临之说,以为三省长官为宰相的说法,虽然开始于魏晋,但定制于唐,而不是隋③。邓氏的观点似乎是从三省不同、相互独立出发,重在说明各省职能的不同。聂崇岐先生认为三省制在南北朝时期已经存在,隋代只是进行一些调整。隋文帝时期就确立了内史省取旨、门下省审核、尚书省执行的三省分权制度,三省的长官都是宰相④。聂氏认为隋代对三省制的建立并没有太大的贡献,只是对三省职能进行局部的调整。李俊先生认为隋代尚书、门下、内史三省最为枢要,三省长官并为宰相⑤。杨友庭先生认为隋文帝为了加强专制主义的中央集权统治,在两汉魏晋南北朝官制演变和发展的基础上,制定了三省六部制,三省长官均为宰相,因而宰相之权分为三部分,并使之成为制度,避免了权臣专权。其中内史省为决策机关,门下省为审议机关,尚书省为最高行政机关⑥。杨氏的观点则是从防止权臣出现的角度出发,指出三省制的形成削弱了宰相,提高了皇权。臧云浦等先生将隋代官制分为中枢、地方、军事三部分,认为隋代官制上承魏晋南北朝之制度,而有大幅度之改革,在组织上比较完备。职掌、品级、俸、禄的规定亦较具体,是秦汉以来官制的一个总结。但中枢虽五省分设,除了尚书省'无事不总'以外,其他各

---

①周道济:《汉唐宰相制度》,台北:嘉新水泥公司文化基金会,1964年,第282—284页。

②沈任远:《隋唐的宰相》,《中华文化复兴月刊》第六卷第六期,1973年,第25—28页。另参见同氏撰:《隋唐政治制度》,台北:商务印书馆,1976年,第48—51,78—126页。

③邓嗣禹:《唐代三省之沿革变迁考》,《清华学报》第12卷1、2合刊,1979年,第61—67页。

④聂崇岐:《中国历代官制简述》,收入氏撰:《宋史丛考》,北京:中华书局,1980年,第209—210页。

⑤李俊:《中国宰相制度》,台北:商务印书馆,1980年,第98页。

⑥杨友庭:《三省六部制的形成及其在唐代的变化》,《厦门大学学报(哲社版)》1983年第1期,第66页。

省,职掌并不十分明确①。臧氏等学者的说法似乎未详考《隋书·职官志》《唐六典》《通典》等对诸省职掌的记载。黄利平先生认为隋唐之际,三省制处于初创阶段,特点是以尚书省为首。隋代三省长官虽然都是宰相,但无论论权、论贵,尚书省长官都是执政官之首②。黄氏从考察三省长官的人选出发,强调无论从制度上,还是从实际的人事任命上,隋代尚书省都处于核心地位。刘健明先生认为自魏晋南北朝以来,宰相无定员、无定名,也无定职。隋代综合三省,使三省长官同为政府的最高级官员。三省长官可被视为宰相,但却不一定都是宰相。隋初三省长官均可被视为宰相,但开皇九年(589)平陈统一以后,只有出任左右仆射的官员才被视为宰相。大业三年(607)以后,从宰相应为外朝领袖的观点来看,更是没有宰相。隋文帝只是对魏晋南北朝以来的中央政制,加以整理,对于三省职权如何划分、三省精神为何都未曾考虑。炀帝更是任人惟亲,一切制度在大业年间已很难运作③。刘氏从三省制形成的机制出发,特别注意到立三省制的精神问题,寄希望于皇权的创造性发展,只是事与愿违,隋代二帝更愿意大权独揽。杨志玖、张国刚两先生认为隋代尚书、门下、内史三省共同执政又各有分工。其中,尚书省掌行政,内史省掌制令,门下省掌封驳。三者之间的关系虽然还并没有完全稳定下来,但是正在向这个方向发展,三省的长官都是宰相④。王素先生认为隋代统一南北是三省制得以建立的关键。隋代中书、门下两省由宫官变为朝官,炀帝时期调整三省内部组织,平衡三省地位。虽然如此,他强调隋代尚书省在三省中仍然处于政务中心的地位,所

①臧云浦、朱崇业、王云度编撰:《历代官制、兵制、科举制表释》,南京:江苏古籍出版社,1987年,第29—31页。

②黄利平:《隋唐之际三省制的特点及尚书令的缺职》,收入史念海主编:《唐史论丛》第二辑,西安:陕西人民出版社,1987年,第202—214页。另参见杨际平:《隋唐宰相制度的几个问题》,《浙江学刊》1988年第3期,第111—115页。

③刘健明:《隋代三省制发展之研究》,《新亚书院历史学系系刊》第五期,香港:香港中文大学新亚书院历史学系系会,1980年,第27—35页。另参见同氏撰:《隋代宰相制度述评》,收入杨联陞等主编:《国史释论:陶希圣先生九秩荣庆祝寿论文集》下,台北:食货出版社,1988年,第497—449页。另参见同氏撰:《隋代的君权与相权》,收入武汉大学中国三至九世纪研究所编:《中国前近代史理论国际学术研讨会论文集》,武汉:湖北人民出版社,1997年,第332—346页。

④杨志玖主编:《中国古代官制讲座》,北京:中华书局,1992年,第175—178页。另参见孙钺:《从丞相到三省制的变迁》,《史学月刊》1982年第1期,第13—18页。

谓的三省分职、互相制衡的情况很难实行①。王氏的观点是以汉唐时期中枢行政变迁研究出发,对三省在魏晋南北朝时期的发展与整合有详细的讨论,特别是从三省首长、分权、并重三个方面对隋代三省制尚未形成给出了自己的看法。李孔怀先生认为隋初置三省,三省的长官都是宰相,但以纳言的权力为重,大事也多在门下省决议②。袁刚先生认为隋代集魏晋南北朝制度之大成,对中枢机构进行了全面的调整。文帝时期的改革使三省作为政务中枢的地位突显,炀帝时期对门下省机构的增损和完善,标志着各有所职、互相配合、相持平衡的三省体制的最后成型③。雷家骥先生认为隋代开皇制度的特色就是三省制,隋文帝确定了尚书、门下、中书三省为共同决策机关,三省共有宰相职权,这种制度是以分权别职为主,即中书、门下、尚书三省分别负责出令、审驳、施行三个程序。其中,尚书省既是决策机关,也是行政设计机关,实际上处于核心地位④。雷氏的观点是承认隋代已建立三省制,三省职能就是以此为原则分配的,但他也不能不承认尚书省仍处于核心地位。李湜先生认为隋的宰相三省制是以三省并重为原则,三省长官同为宰相,三省之间已经有了精细分工。三省之中,由于尚书省兼有议政、执政的双重角色,地位尤其尊崇⑤。俞鹿年先生认为,三省本来是君主为了限制相权而次第出现的,到南北朝演变成了联合的宰相机构。三省的长官,只要被皇帝倚重,都可以算是宰相。隋朝建立以后,文帝首先确立了内史省取旨、门下省审核、尚书省执行的三省分权制度⑥。俞

① 王素:《三省制略论》,济南:齐鲁书社,1986年,第159—163页。参见陈仲安、王素:《汉唐职官制度研究》,北京:中华书局,1993年,第87—91页。王先生通过对南北朝隋唐三省首长职权与地位的演变,提出了隋及唐初三省制的"南朝化"问题,参见氏撰:《关于隋及唐初三省制的"南朝化"问题》,收入牟发松主编:《社会与国家关系视野下的汉唐历史变迁》,上海:华东师范大学出版社,2006年,第44—65页。

② 李孔怀:《汉唐宰辅权力体制述论》,《中国史研究》1993年第4期,第147—156页。

③ 袁刚:《隋唐中枢体制的发展演变》,台北:文津出版社,1994年,第11—17页。同时参见附录图一"隋文帝开皇元年中央政府机构序列"、"隋炀帝大业三年中央政府机构序列",均有"三省六部",第199、200页。该书第二章《三省的职能与机构》虽然以隋唐研究为对象,佢所引史料几乎都是针对唐代的。另参见松本保宣对该书的评论,见氏撰:《唐王朝の宫城と御前会議》,京都:晃洋书房,2006年,第283—292页。

④ 雷家骥:《隋唐中央权力结构及其演进》,台北:东大图书股份有限公司,1995年,第159—172页。

⑤ 李湜:《论唐代宰相中书门下二省制》,《中国史研究》1996年第1期,第73—82页。

⑥ 白钢主编,俞鹿年撰:《中国政治制度通史》第五卷《隋唐五代》,北京:人民出版社,1996年,第27—34、94—111页。另参见邱晞:《论中国封建社会三省制的变迁》,《江汉论坛》1992年第12期,第47—52页。

氏的观点从君权与相权的矛盾出发,认为相权的获得需依赖皇权的信任。孙国栋先生认为,三省虽然自魏晋就早已存在,但必以唐代为三省制之代表。他认为隋代虽然统一南北,综合历代制度,使尚书、中书、门下三省并立为枢机机构,但那只是整理三省职官,并未明白划分三省职权,所以隋代三省职权并未确立①。戴显群先生认为隋代确立了三省制度,形成了以三省制为核心的职官体系。中书、门下两省在隋代得到进一步的发展和完善,成为与尚书省平行的中枢政权机构。隋炀帝对职官体系的改革使三省的结构更趋于合理,中书出令、门下封驳、尚书执行的分权与制约的体系已经初步建立②。吴宗国先生认为隋代三省到了炀帝大业三年(607)以后已经是一个按职能和政务处理程序分工的有机整体,三省各有分工又相互依存,共同组成最高政权机关。也就是说,隋代三省体制已经基本确立③。刘后滨先生认为三省在国家政务裁决和执行中的配合、制衡的关系是在隋唐之际逐渐形成的。隋初,尚书省仍然是最高权力机关。炀帝时门下省地位虽然有所提高,但在制度上,三省之间仍然不是平等关系④。应该重视的是,刘氏提出三省制不是静态的制度,而是存在着的一个不断调整的动态过程。罗永生先生一方面接受上揭王寿南的看法,认为三省掌权,但无定制,三省的发展,要到唐前期才成熟稳定;另一方面,又认为隋文帝时期已经通过重新分配各省职权,确立了尚书、门下、内史三省的中枢机构地位。他的研究对象主要是门下省的职权与地位,在对隋代门下省的研究中,赞同铃木义雄氏的看法,认为门下省作为三省之中审驳机构的职能经过大业三年的改制以后更趋于完备。同时,他认为隋代三省的核心应该是尚书省⑤。任士英先生认为隋朝三省制已经确立,他认为正是由于魏晋南

①孙国栋:《唐代三省制之发展研究》,收入氏撰:《唐宋史论丛(增订版)》,香港:商务印书馆,2000年,第83—85页。林丽月也有类似观点,见氏撰:《王者佐·社稷器——宰相制度》,收入刘岱总主编、郑钦仁主编:《中国文化新论·制度篇·立国的宏规》,台北:联经出版事业公司,1982年,第99页。

②戴显群:《唐五代政治中枢研究》,厦门:厦门大学出版社,2001年,第18—25页。

③吴宗国主编:《盛唐政治制度研究》,上海:上海辞书出版社,2003年,第6—9页。该书第三至第五章对隋代尚书省、内史省、门下省的各自发展情况也有研究。

④吴宗国主编:《中国古代官僚政治制度研究》,该书隋唐五代部分由刘后滨撰写,北京:北京大学出版社,2004年,第143—150页。

⑤罗永生:《三省制新探——以隋和唐前期门下省职掌与地位为中心》,北京:中华书局,2005年,第80、96—104、107—108、110—111、129—138页。

北朝时期中书、门下两省地位的提高，才使隋朝时期最终确立了中书、门下、尚书并行的三省体制，但这种体制尚处于逐渐发展、完备的过程之中，其中尚书省的职权仍然是重于其他二省的①。

除以上专题研究外，谈到隋及唐初三省制度的还有严耕望先生。他指出"唐初承隋之旧，置尚书中书门下三省，其长官并为宰相。……尚书仆射品位最崇，隋及唐初并为首相"②。该文重点在于纵论唐代文化，举凡政治、经济、社会诸方面均被纳入文化之下，通过与汉代制度的比较，指出唐代文化的进步之处。从所征引的话来看，严氏在讨论政治制度时，是将隋及唐初作为一个时间上延续的概念的。韩昇先生认为隋文帝时期确立了三省六部体制，三省长官为当然宰相，加上秘书、内侍省为五省，但负责国家政务的是三省六部。韩书认为隋文帝时期尚书省居主导地位是一种错觉，中书与门下的作用相比较而言显得日益重要③。

专题性研究隋代三省制问题的著作，大致可以分为三类。一是承认隋代已有三省制，以此为基础梳理三省的职能。二是从宰相制度的发展出发，探讨三省长官是否都是宰相。三是从汉唐间中枢体制的演变角度，认为隋代处于三省制发展的过渡时期，尚未建立三省制。

二、问题的提出

从以上简单的梳理中，大致可以发现并提出以下几个问题：

第一，前辈学者往往将隋唐制度视为一体。虽然唐承隋制已经是一个常识，但似乎不应该以唐制来反观隋制。因为隋制有，唐制可以继承；唐制有，却不能得出隋制必有的结论。专门研究隋代三省的著述并不多，当时三省的实际情况到底是怎样的，仍然是一个需要研究的问题。

第二，前辈学者论隋唐三省长官时，经常将其与宰相制度联系起来。宰相这个称呼，本来只是一个惯用法。祝总斌先生曾指出"在□国古代政治制度上，除了辽代之外，'宰相'一直只是一个习惯用语，用以指辅佐皇帝

---

① 任士英：《隋唐帝国政治体制》，西安：三秦出版社，2011年，第90—93页。
② 严耕望：《唐代文化约论》，收入氏撰：《严耕望史学论文集》，上海：上海古籍出版社，2009年，第815—817页。
③ 韩昇：《隋文帝传》，北京：人民出版社，1998年，第121—128页。

行使权力,处理国家政务的主要官吏,而从来不是一个正式官名"①,这是很正确的判断。既然宰相是个惯用语,那么古人有古人的理解,今人有今人的判断,标准不同,所得自然也有异。本书基本认同隋代三省长官均为宰相的观点,但这不是重点,因为以前的讨论已经很多了。我们关注的是隋代的宰相与皇帝的关系,即隋代三省长官与皇帝的关系问题,这在以前是讨论得并不充分的。

　　第三,前辈学者在讨论隋代三省制问题时,似乎都将三省分权、相互制衡,即中书取旨、门下审核、尚书执行作为一个不言自明的前提,有意无意之间都对三省之间的关系作程式化的研究。隋代三省之间的关系是否真是如此,或者说三省制作为一种制度在隋代成立,是当时的实情,还是后人的想象? 这也是本书重点关注的问题。

　　第四,基于第三点的讨论,我们认为有必要将讨论的时间延长到唐代。如果隋代三省制已经成立,那么唐代在继承这种制度之后,是否有调整? 如果三省制在隋代没有成立,那么在唐代是否成立,何时成立,为什么能成立?

---

①祝总斌:《两汉魏晋南北朝宰相制度研究》,北京:中国社会科学出版社,1998年,第1页。

第一章　隋代三省主要官员补考

研究隋代三省制度,除由《隋书·百官志下》所载隋代三省机构、职掌等制度性规定所见框架以外,考出隋代三省长官人选及任免时间,据此探究隋代中枢行政在运作上的变迁,对于深入了解隋代三省制度应当是具有重要意义的。而且,国家行政事务,总其职者,除尚书省之令、仆外,尚书六部分别对应行政之各个部分,其在隋及唐前期之重要性,严耕望已有详细论析,无需多论①。

古今考证隋代官制,较重要者约有三家:

一,清人万斯同作《隋将相大臣年表》②(以下简称万《表》),考隋代将相大臣任职人员及年月,主体即为三省长官与六部尚书,但万《表》不载出处,难明考证之依据。

二,日本学者山崎宏氏大作《隋朝官僚の性格》③,文中有《隋朝三省长官任免原表》《隋朝六部尚书任免原表》,备载三省长官与六部尚书之姓名、父任官、本贯、前朝任官、任免年月、出典及备考,为研究隋代三省制度提供了坚实的依据,但资料所限,百密一疏,也有一些错误。

三,岑仲勉先生撰《隋书求是》,依《隋书》卷次,逐一考证史实之讹误,该书虽非专为隋代三省长官而作,但考论传主履历每多新意。

近又新出《隋代墓志铭汇考》,所收隋代墓志有可补证上述三家之作,本章拟以山崎氏所考为纲,订正旧说,补充新见。陈寅恪先生言“夫考证之业,譬诸积薪,后来者居上,自无胶守所见,一成不变之理”④,补充论证的内容限于三省长官。

---

① 严耕望:《论唐代尚书省之职权与地位》,收入氏撰:《严耕望史学论文集》,第 261—338 页。

② 万斯同:《隋将相大臣年表》,收入二十五史刊行委员会编集:《二十五史补编》第四册,上海:开明书店,1937 年,第 4693—4697 页。

③ 《東京教育大学文学部紀要·史学研究》第六辑,第 1—59 页。

④ 陈寅恪:《三论李唐氏族问题》,收入氏撰:《金明馆丛稿二编》,北京:三联书店,2001 年,第 346 页。

第一节　三省长官补考

一、尚书右仆射

赵芬。山崎氏以赵芬为尚书左仆射,任职时间为开皇元年(581)八月至开皇二年六月。这除了史料上记载的赵芬担任尚书左仆射以外,还以他考高颎任尚书左仆射的时间为依据。山崎氏认为,从开皇元年九月至开皇二年六月期间,高颎以尚书左仆射的身份节度诸军伐陈,当时朝内是由赵芬来填补这个空缺的。不过,万《表》却认为赵芬自开皇元年担任的是右仆射,直至开皇四年四月虞庆则拜右仆射为止。岑考同万《表》,并从史传间的矛盾推论赵芬拜左仆射误,应从《北史》本传作"右仆射"①。笔者同意岑氏的意见,并略做补充。

山崎氏用来确定赵芬任尚书左仆射的史料依据是如下两条,《隋书·赵芬传》:

> 迁东京左仆射,进爵郡公。开皇初,罢东京官,拜尚书左仆射,与郢国公王谊修律令。俄兼内史令,上甚信任之。未几,以老病出拜蒲州刺史,加金紫光禄大夫。

同书《高祖纪上》:

> (开皇元年)八月壬午,废东京官。②

既然赵芬当时担任东京左仆射,而八月废东京官,依据本传,似乎他调任尚书左仆射是没有什么疑问的。但是,文帝命高颎伐陈在九月,废东京官在八月,当时高颎正在任上,依据尚书左右仆射定额一人,赵芬不可能担任左仆射。这里的左是右之误。《北史·赵芬传》记赵芬在隋初之史事全同《隋书》,唯"尚书左仆射"作"尚书右仆射"③。温公《通鉴》未载赵芬事。《隋代

---

① 岑仲勉:《隋书求是》,北京:中华书局,2004 年,第 91、273—274 页。
② 《隋书》卷四六,第 1251—1252 页;卷一,第 15 页。
③ 〔唐〕李延寿撰:《北史》卷七五,北京:中华书局,1974 年,第 2565 页。另〔宋〕佚名辑:《锦绣万花谷》后集卷二一《致仕》"三骥轺车"条载"赵芬字士茂,拜尚书右仆射,以老病出为蒲州刺史。上表乞骸骨,征还京师,赐以三骥轺车、鸠杖、被褥,归于家"(扬州:广陵书社影印明嘉靖十五年锡出秦汴绣石书堂刻本,2008 年,第 1813 页),可见宋人所见赵芬履历,亦是尚书右仆射。

墓志铭汇考》收有《赵芬志盖》,题:

> 大隋大将军尚书左仆射淮安定公墓铭。[1]

不过,左仆射的"左"字是著录者依据史料记载补上去的,原字已无法辨识。据《汇考》对此志盖的附考,我们知道了两个重要信息:第一,金石类文献也有赵芬残石的录文流传,有关赵芬担任尚书省职官的记载虽然已经残缺了,但仍有重要信息保存了下来,《赵芬碑》载:

> 开皇五年,除□州刺史,加金紫光禄大夫。[2]

根据上面所引正史,我们可以知道开皇五年,赵芬调任的是蒲州刺史。第二,《文馆词林》中收有完整的赵芬碑铭,即薛道衡所撰《大将军赵芬碑铭一首并序》载:

> 开皇元年,拜大将军、东京尚书左仆射、封淮安郡开国公。东京罢,授京省尚书右仆射。三年,兼内史令、仆射如故。⋯⋯某年,除蒲州刺史,加金紫光禄大夫。[3]

综合两段赵芬碑铭,可知赵芬在调任蒲州刺史前,一直担任内史令、仆射。在赵芬任尚书左仆射还是尚书右仆射问题上,据正史和碑铭相互参证,可以说,李延寿的记载是对的,赵芬是接替赵煚担任尚书右仆射,而非代替高颎任左仆射。他的任职时间应当是从开皇元年的八月至开皇四年四月。

二、纳言

1,苏威。山崎氏考证苏威第一次任纳言时间是在开皇元年(581)三月至开皇十年七月。《隋书·苏威传》:

> 及(高祖)受禅,征拜太子少保。追赠其父为邳国公,邑三千户,以威袭焉。俄兼纳言、民部尚书。⋯⋯寻复兼大理卿、京兆尹、御史大夫,本官悉如故。治书侍御史梁毗以威领五职,安繁恋剧,无举贤自代

---

①王其祎、周晓薇编著:《隋代墓志铭汇考》第六册,五一七号,北京:线装书局,2007年,第55页。

②〔清〕王昶撰:《金石萃编》卷三八《隋一·赵芬碑》,收入《石刻史料新编》第一辑第1册,台北:新文丰出版公司,1982年,第654—656页。

③〔唐〕许敬宗编,罗国威整理:《日藏弘仁本文馆词林校正》,北京:中华书局,2001年,第150—153页。

之心，抗表劾威。……未几，拜刑部尚书，解少保、御史大夫之官。……俄转民部尚书，纳言如故。……后二载，迁吏部尚书。岁余，兼领国子祭酒。……九年，拜尚书右仆射。①

梁毗劾奏苏威领五职，无举贤自代之心。所谓"领五职"，即苏威以太子少保领纳言、民部尚书、大理卿、京兆尹、御史大夫职。至转民部尚书时，犹兼纳言如故，迁吏部尚书后，不言兼领纳言一职。苏威迁吏部尚书，事在开皇七年（587）四月②，似以此时作为苏威卸任纳言一职较为妥当。万《表》也以开皇七年四月，苏威以纳言改吏部尚书为断。山崎氏定为开皇十年七月，未知何据。

2，杨爽。山崎氏考杨爽任纳言不知起于何时，终于开皇七年某月。考《隋书·卫昭王爽传》：

> （开皇）六年，复为元帅，步骑十五万，出合川。突厥遁逃，而返。明年，征为纳言。高祖甚重之。未几，爽寝疾……居数日……其夜爽薨，时年二十五。

同书《高祖纪上》：

> （开皇七年）秋七月己丑，卫王爽薨，上发丧于门下外省。③

这里记载的很明确，所谓"明年，征为纳言"，明年即开皇七年，不过，杨爽没当几个月纳言就死了。值得注意的是，他死后，文帝"发丧于门下外省"，似乎暗示着他到死所带官职仍是纳言，文帝之发丧，是在他所任最后一任官的官厅。颇疑杨爽任纳言一职是接替苏威。所以杨爽任纳言的时间，起始与终止均在开皇七年以内。万《表》也以杨爽任纳言在开皇七年内为断。

3，苏威。炀帝一朝，纳言三人，苏威、杨达、杨文思。除杨达自仁寿二年（602）十月至大业八年（612）五月任纳言，时间确切以外，苏威就任时间不明晰而杨文思卸任时间不清楚。根据下文考证民部尚书时所引《杨文思志》，知道杨文思任纳言的时间应该是从大业三年九月至大业七年初。隋

---

①《隋书》卷四一，第1185—1186页。

②《隋书》卷一，第25页。

③《隋书》卷四四，第1224页；卷一，第25页。门下外省所在，据《长安志》卷七《唐皇城之东宫城之南第二横街之北》条载"从西，第一门下外省；次东，殿中省；次东，左千牛卫；次东，左卫"（〔宋〕宋敏求纂修，收入《宋元方志丛刊》第一册，北京：中华书局，1990年，第107页）。

制,纳言二人,所以在大业七年(611)之前,苏威就不可能担任纳言一职,山崎氏考订苏威任纳言是自大业六年某月至大业十二年五月,《隋书》《北史》纪传均不记苏威任纳言时间,山崎氏是考订正史、《通鉴》后得出结论。《隋书·苏威传》:

> 未几,拜太常卿。其年从征吐谷浑,进位左光禄大夫。帝以威先朝旧臣,渐加委任。后岁余,复为纳言。

同书《炀帝纪上》:

> (大业五年)五月乙亥,上大猎于拔延山……吐谷浑王率众保覆袁川,帝分命内史元寿南屯金山……四面围之。①

《苏威传》中所提到的从征吐谷浑,就应该是大业五年五月的这一次。那么,从“后岁余,复为纳言”来看,山崎氏推论苏威任纳言的时间自然以大业六年较为合理。不过,因为《杨文思志》的出土,我们知道,苏威任纳言的时间应该押后,最早不得早于大业七年初。至于他卸任的时间,《隋书·苏威传》:

> 寻属五月五日……威献《尚书》一部,微以讽帝,帝弥不平。后复问伐辽东事,威对愿赦群盗,遣讨高丽,帝益怒。御史大夫裴蕴希旨,令白衣张行本奏威昔在高阳典选……于是除名为民。②

这里的五月五日,温公系于大业十二年③,山崎氏是参考了《通鉴》后得出的结论,是正确的,而且,我们也有旁证证明大业十二年时,苏威已经被罢官。《苏威妻宇文氏志》,志文标题“大隋前纳言开府仪同三司光禄大夫房公苏威妻夫人宇文氏墓志”,志文载:

> 夫人以大业十二年七月三十日薨于东都时邕里私第,其年十月十三日于东都城东北九里闲居乡权殡。④

这块墓志是大业十二年十月随苏威妻宇文氏权殡之物,当时已在苏威一系

①《隋书》卷四一,第1188页;卷三,第73页。
②《隋书》卷四一,第1189页。
③〔宋〕司马光编著,〔元〕胡三省音注:《资治通鉴》卷一八三《隋纪七·炀帝大业十二年》,北京:中华书局,1956年,第5704页。
④《隋代墓志铭汇考》第五册,四八四号,第359页。

列官职前加了个"前"字,知威此时确已被罢官。不知是罢官对苏威一家造成严重影响,还是苏威刻意低调,夫人墓志竟会如此简单。

三、内史监、令

1,赵昞、赵芬。山崎氏考赵昞任内史令时间始于开皇三年(583)四月,卸任时间不明。所依据的史料是《隋书·高祖纪上》:

> (开皇三年四月)壬申,以尚书右仆射赵昞兼内史令。①

本条史料,赵昞实乃赵芬之讹,岑仲勉已有详细论证②。我们在上面已经考证过赵芬任尚书右仆射的时间,所以,赵芬任内史令的时间当是从开皇三年四月至开皇四年四月解仆射时。但是这样一来,从开皇三年至开皇四年四月间,虞庆则为内史监、赵芬与李德林为内史令,似与隋代内史省监、令各一员,或者令两员的制度相矛盾。这种情况,一是由于监、令名目的改动,可能造成了临时的混乱;二是由于虞庆则在开皇初年,多领兵在外任,不在朝中,详见下考虞庆则任吏部尚书条。

2,杨素。山崎氏考杨素任内史令时间是开皇十年七月至开皇十二年七月,小误。《隋书·高祖纪下》:

> (开皇十年)秋七月癸卯,以纳言杨素为内史令。
>
> (开皇十二年十二月)乙酉,以上柱国、内史令杨素为尚书右仆射。③

据此可知,杨素任纳言时间止于开皇十二年十二月,而非七月。

3,杨秀。山崎氏考杨秀任内史令时间是开皇十二年二月至开皇十三年六月。《隋书·高祖纪下》:

> (开皇十二年)二月己巳,以蜀王秀为内史令,兼右领军大将军。

同书《文四子·杨秀传》:

> (开皇)十二年,又为内史令、右领军大将军。寻复出镇于蜀。④

---

① 《隋书》卷一,第19页。
② 《隋书求是》,第273—274页。
③ 《隋书》卷二,第35、37页。
④ 《隋书》卷二,第36页;卷四五,第1241页。

杨秀任内史令的起始时间自无问题,可是山崎氏以开皇十三年(593)六月为其卸任时间,未知何据。万《表》认为开皇十三年,杨秀仍在内史令任上。本传只说他"寻复出镇于蜀",以此推断,杨秀卸任确在开皇十二、三年间。不过,在开皇十二年七月左右,杨秀应该仍在内史令任上。《隋书·高祖纪下》:

> (开皇十二年)秋七月乙巳,尚书右仆射、邳国公苏威,礼部尚书、容城县侯卢恺并坐事除名。

同书《苏威传》:

> (国子博士何妥)奏威与礼部尚书卢恺……等共为朋党……上令蜀王秀、上柱国虞庆则等杂治之,事皆验。①

杨秀与虞庆则共治苏威朋党案,说明当时杨秀仍在京中,自然也仍在内史令任上。至于何时出镇益州,史料缺乏,未敢遽断。

4,杨暕。山崎氏考杨暕任内史令时间在开皇十九年六月至仁寿元年(601)某月。《隋书·高祖纪下》:

> (开皇十九年)六月丁酉,以豫章王暕为内史令。
> (仁寿元年)三月壬辰,以豫章王暕为扬州总管。

同书《齐王暕传》:

> 开皇中,立为豫章王……初为内史令。仁寿中,拜扬州总管沿淮以南诸军事。②

据上所引可知,杨暕卸任内史令当在仁寿元年三月出拜扬州总管时。万《表》也以仁寿元年,杨暕出拜扬州总管为断。本传所说的"仁寿中"当是"仁寿初"之误。

5,杨约。山崎氏考杨约任内史令自仁寿四年某月至大业元年(605)某月,万《表》同,且认为大业元年,免杨约,由萧琮接任,不确。《隋书·杨素附杨约传》载:

> 入朝仁寿宫,遇高祖崩,遣约入京……炀帝……即位数日,拜内史

---

①《隋书》卷二,第37页;卷四一,第1186—1187页。
②《隋书》卷二,第44、46页;卷五九,第1442页。

令。……后数载,加位右光禄大夫。后帝在东都,令约诣京师享庙,行至华阴,见其兄墓,遂枉道拜哭,为宪司所劾,坐是免官。未几,拜淅阳太守。①

可知杨约在文帝暴崩之后数日即拜内史令,时在仁寿四年七月,后数载加位,并没有转官,杨约是因皇命到京师享庙,枉道拜哭杨素墓而免官的,当时帝在东都,考炀帝最早一次到东都是在大业二年四月,也就是说杨约被罢至早也要在大业二年,山崎氏言大业元年误。《隋书·柳机附柳謇之传》载:

> 大业三年,车驾还京师,拜为齐王长史。帝……遣吏部尚书牛弘、内史令杨约、左卫大将军宇文述等,从殿廷引謇之诣齐王所,西面立。②

可见杨约在大业三年时仍在内史令任上。《杨约志》:

> 迁内史令……而朝章革创,典职惟新,授公金紫光禄大夫,以改大将军之号。股肱任切,允属惟良,出为淅阳太守。③

炀帝统一散职在大业三年,疑杨约于同年或稍后免官,后出为淅阳太守。因此,杨约任内史令时间因是从仁寿四年七月至大业三、四年间。

第二节　六部尚书补考

一、吏部尚书

1,虞庆则。山崎氏考虞庆则任吏部尚书时间在开皇元年(581)二月至开皇四年四月,史料依据是《隋书·高祖纪上》:

> (开皇元年二月)相国司录、沁源县公虞庆则为内史监兼吏部尚书。
>
> (开皇四年四月)庚子,以吏部尚书虞庆则为尚书右仆射。④

---

①《隋书》卷四八,第 1294 页。
②《隋书》卷四七,第 1275—1276 页。
③《隋代墓志铭汇考》第四册,三八四号,第 338 页。
④《隋书》卷一,第 13、21 页。

但山崎氏考证韦世康任吏部尚书时间,是从开皇元年十二月至开皇七年四月,史料依据也是《隋书·高祖纪上》:

> (开皇元年十二月)甲申,以礼部尚书韦世康为吏部尚书。
>
> (开皇七年四月)以民部尚书苏威为吏部尚书。[1]

这就与虞庆则任吏部尚书的时间上有重复,似在开皇四年四月以前,有两位吏部尚书在任,其实不然。万《表》以虞庆则开皇元年迁内史监,吏部尚书由韦世康接任,但帝纪明言虞庆则以内史监兼吏部尚书,并未卸吏部之任。《资治通鉴·陈纪九·宣帝太建十三年》:

> 隋主既立,待突厥礼薄,突厥大怨。……乃与故齐营州刺史高宝宁合兵为寇。隋主患之,敕缘边修保障,峻长城,命上柱国武威阴寿镇幽州,京兆尹虞庆则镇并州,屯兵数万以备之。[2]

本条史料中虞庆则之出镇并州,不见于正史记载,温公系于陈太建十三年(即隋开皇元年,581)末,当有所据。据此可知虞庆则在开皇元年时出镇并州以备突厥。且本传说“开皇元年,进位大将军,迁内史监、吏部尚书、京兆尹,封彭城郡公,营新都总监”[3]。《通鉴》仅记京兆尹虞庆则出镇并州,似乎说明当时虞庆则已非内史监兼吏部尚书。因此,韦世康以当年十二月由礼部尚书转任吏部尚书,就是为了填补虞庆则的空缺。同书《高祖纪上》:

> (开皇二年十二月)乙酉,遣沁源公虞庆则屯弘化,备胡。
>
> (开皇三年八月)壬午,遣尚书左仆射高颎出宁州道,内史监虞庆则出原州道,并为行军元帅,以击胡。

同书《韦世康传》:

> 其年转吏部尚书,余官如故。四年,丁母忧去职。未期,起令视事。世康固请,乞终私制,上不许。世康之在吏部,选用平允,请托不行。开皇七年,将事江南,议重方镇,拜襄州刺史。[4]

---

[1]《隋书》卷一,第16、25页。
[2]《资治通鉴》卷一七五,第5450页。
[3]《隋书》卷四〇,第1174页。
[4]《隋书》卷一,第18、20页;卷四七,第1266页。

可知虞庆则虽有内史监兼吏部尚书之名,其实一直屯兵在外以备突厥。大体对突厥的战事在开皇四年左右告一段落,而此时韦世康的母亲恰好过世,虞庆则回朝之后可能临时代替韦世康做了很短一段时间的吏部尚书,就迁任尚书右仆射了。从韦世康本传来看,文帝对他担任吏部尚书的表现应该是认可的,所以丁母忧未终丧就夺情起复,直至开皇七年出为襄州刺史,吏部尚书方由苏威担任。

2,苏威。山崎氏考苏威第一次任吏部尚书时间从开皇元年(581)三月至十二月。史料依据是《隋书·高祖纪上》:

> (开皇元年三月)戊戌,以太子少保苏威兼纳言、吏部尚书,余官如故。
>
> (十二月)甲申,以礼部尚书韦世康为吏部尚书。[①]

然考《隋书·苏威传》:

> 及(高祖)受禅,征拜太子少保。……俄兼纳言、民部尚书。……寻复兼大理卿、京兆尹、御史大夫,本官悉如故。

《资治通鉴·陈纪九·宣帝太建十三年》:

> (三月)戊戌,以太子少保苏威兼纳言、度支尚书。……寻复兼大理卿、京兆尹、御史大夫,本官悉如故。[②]

可知苏威并未以太子少保兼吏部尚书职,而是以太子少保兼度支尚书(后改民部尚书),且本传后文载威父绰尝言征税之法过重,威"奏减赋役,务从轻典",正是度支尚书职任所系,故本纪所载吏部尚书当是度支尚书之误。万《表》可能察觉到本纪与本传之间的矛盾,所以干脆删去苏威任尚书一事,既不说他曾兼吏部尚书,也不说他曾兼民部尚书。开皇初期,度支尚书人员及任期问题,见下文对民部尚书的考证。

3,卢恺。山崎氏考证卢恺摄吏部尚书时间自开皇九年(589)始,未考何时迁转。万《表》以为礼部尚书卢恺在开皇十一年始摄吏部,未知何据。《隋书·高祖纪下》:

---

① 《隋书》卷一,第 14、16 页。
② 《隋书》卷四一,第 1185—1186 页;《资治通鉴》卷一七五,第 5438—5439 页。

（开皇九年六月）丁丑，以吏部侍郎卢恺为礼部尚书。

（开皇十二年）秋七月乙巳，尚书右仆射、邳国公苏威，礼部尚书、容城县侯卢恺，并坐事除名。

同书《卢恺传》：

（开皇）八年，上亲考百僚，以恺为上。恺固让，不敢受……岁余，拜礼部尚书，摄吏部尚书事。①

据此可知，卢恺拜礼部尚书时就摄吏部尚书事，因为开皇九年四月，苏威由吏部尚书迁尚书右仆射，吏部一职空缺，恺似非至十一年方摄吏部。卢恺除名后就再未重返官场，他的下台，是因为国子博士何妥奏其与苏威共为朋党。《隋书·卢恺传》：

会国子博士何妥与右仆射苏威不平，奏威阴事。恺坐与相连，上以恺属吏。宪司奏恺曰："……又吏部预选者甚多，恺不即授官，皆注色而遣。威之从父弟彻、肃二人，并以乡正征诣吏部。彻文状后至而先任用，肃左足挛蹇，才用无算，恺以威故，授朝请郎。恺之朋党，事甚明白。"②

本段是宪司上奏卢恺的罪状，其中有"吏部预选者甚多，恺不即授官，皆注色而遣"等语句，明显指出开皇十二年时卢恺仍然管理吏部之事，他仍然是以礼部尚书摄吏部尚书事。因此，卢恺摄吏部尚书时间应当与他担任礼部尚书时间相同，即从开皇九年六月至开皇十二年七月。

4，令狐熙。山崎氏考证令狐熙以鸿胪卿兼吏部尚书在开皇中期，万《表》于令狐熙无考。《隋书·令狐熙传》：

（开皇）八年，徙为河北道行台度支尚书……及行台废，授并州总管司马。后征为雍州别驾。寻为长史，迁鸿胪卿。后以本官兼吏部尚书，往判五曹尚书事，号为明干，上甚任之。及上祠太山还，次汴州，恶其殷盛，多有奸侠，于是以熙为汴州刺史。

同书《地理志中》：

---

① 《隋书》卷二，第33—37页；卷五六，第1384页。
② 《隋书》卷五六，第1384页。

太原郡后齐并州，置省，立别宫。后周置并州六府，后置总管，废六府。开皇二年置河北道行台，九年改为总管府，大业初府废。

同书《高祖纪下》：

> （开皇十五年正月）庚午，上以岁旱，祠太山，以谢愆咎。①

开皇九年（589）河北道行台改为并州总管府，令狐熙在废行台之后历多任官职方以鸿胪卿兼吏部尚书，即他兼吏部尚书的时间上限为开皇九年。而开皇十五年正月，文帝祠太山，还京途中以令狐熙担任汴州刺史，则他兼吏部尚书的时间下限为开皇十五年。不过，依山崎氏所考，韦世康从开皇十三年正月至开皇十五年十月正在吏部尚书任上，而上考卢恺以礼部尚书摄吏部尚书事则在开皇九年六月至开皇十二年七月。令狐熙之兼吏部尚书或即在开皇十二年七月至开皇十三年正月之间。

二、礼部尚书

1，辛彦之。山崎氏考辛彦之任礼部尚书时间在开皇初，万《表》在开皇二年（582）礼部尚书目下列辛彦之名。据《隋书·儒林·辛彦之传》：

> 高祖受禅，除太常少卿，改封任城郡公，进位上开府。寻转国子祭酒。岁余，拜礼部尚书，与秘书监牛弘撰《新礼》。②

同书《牛弘传》：

> 开皇初，迁授散骑常侍、秘书监。……三年，拜礼部尚书，奉敕修撰《五礼》，勒成百卷，行于当世。③

牛弘于开皇三年（583）由秘书监拜礼部尚书，当即接替辛彦之。所以，辛彦之任礼部尚书当是开皇二年至开皇三年间事。

2，杨义臣。山崎氏考杨义臣任礼部尚书时间在大业十一年（615）某月至大业十二年某月，但对大业十二年是否卸任不能确定。万《表》也列大业

---

①分见《隋书》卷五六，第1386页；卷三〇，第854页；卷二，第39页。岑仲勉就太原郡设行台、总管的问题，指出"据《本纪》六年十月所书，是时以前，已有并州总管，盖行台虽置，总管之名未废，至九年则省去行台也"（《隋书求是》，第37页）。
②《隋书》卷七五，第1709页。
③《隋书》卷四九，第1297、1300页。

十一、十二年礼部尚书为杨义臣。考《隋书·杨义臣传》：

> 寻从帝复征辽东，进位左光禄大夫。时渤海高士达、清河张金称并相聚为盗……诏义臣率辽东还兵数万击之，大破士达，斩金称。……义臣以功进位光禄大夫，寻拜礼部尚书。未几，卒官。①

《通鉴》将杨义臣讨高士达、张金称，因功遭虞世基谗言事系于大业十二年②，当有所据。则杨义臣任礼部尚书不得早于大业十二年，大业十一年尚在外平叛，不会回朝拜礼部尚书。

三、兵部尚书

1，元岩。山崎氏考元岩任兵部尚书时间是开皇元年（581）二月至开皇二年某月。万《表》以为开皇二年正月，元岩由兵部尚书出为益州刺史。考《隋书·元岩传》：

> （高祖）受禅，拜兵部尚书，进爵平昌郡公，邑二千户。……时高祖初即位……蜀王秀镇益州……由是拜岩为益州总管长史。

同书《高祖纪》：

> （开皇元年九月）辛未，以越王秀为益州总管，改封为蜀王。
> （开皇二年正月辛酉）置西南道行台尚书省于益州，以蜀王秀为尚书令。③

据此，越王秀改封蜀王，出任益州总管在开皇元年九月，元岩必于此时或稍后出任益州总管长史。开皇二年，益州置西南道行台尚书省，并非杨秀迟至此时方才出镇，且元岩也未做过益州刺史，当时的益州刺史就是蜀王秀，万《表》误。元岩任兵部尚书时间在开皇元年二月至九月间。

2，元晖。山崎氏考元晖任兵部尚书在开皇初。万《表》系于开皇二年（582）。考《隋书·元晖传》：

> 开皇初，拜都官尚书，兼领太仆。……明年，转左武候将军，太仆卿如故。寻转兵部尚书，监漕渠之役。未几，坐事免。

①《隋书》卷六三，第1500—1501页。
②《资治通鉴》卷一八三《隋纪七·炀帝大业十二年》，第5713—5715页。
③《隋书》卷六二，第1476页；卷一，第15、16页。

同书《高祖纪上》：

> 开皇元年二月甲子……（以）上开府、义宁县公元晖为都官尚书。①

据此，本传中所谓明年只能指开皇二年，他转兵部尚书也应该在同年，不过没有多久就坐事被免。

3，冯世基。山崎氏考冯世基任兵部尚书时间可能在开皇中，但不确定。万《表》无考。《隋书·张煚附刘仁恩传》：

> 冯翊郭均、上党冯世基，并明悟有干略，相继为兵部尚书。

同书《刑法志》：

> （开皇）十年，尚书左仆射高颎、治书侍御史柳彧等谏，以为朝堂非杀人之所，殿庭非决罚之地。帝不纳。……未几怒甚，又于殿庭杀人，兵部侍郎冯基固谏。②

冯基即冯世基，唐避太宗讳省称，冯基谏文帝勿在朝堂杀人事，《刑法志》所记介于开皇十年（590）、开皇十二年叙事之间，且他当时任官兵部侍郎。由此可知，他升任兵部尚书确在开皇中，且在开皇十年以后。

4，柳述。山崎氏考柳述任两次出任兵部尚书，一次在开皇末，一次在仁寿中。万《表》认为自开皇十八年至仁寿四年，兵部尚书一直是柳述，且述是以黄门侍郎摄兵部事，误。开皇末，据其本传，他是以内史侍郎判兵部尚书事的③，并非以黄门侍郎摄，以黄门侍郎摄兵部尚书大概在仁寿年间。不过，他似乎担任过兵部尚书一职，《隋书·高颎传》：

> 俄而上柱国王世积以罪诛……上欲成颎之罪，闻此大惊。……兵部尚书柳述等明颎无罪，上逾怒，皆以之属吏。④

王世积案在开皇十九年（599），高颎以当年坐免，柳述时在兵部尚书任上，墓志也可证明这一点，《隋故上开府记室参军事卫公墓志铭》记志主卫侗：

---

① 《隋书》卷四六，第1256页；卷一，第13页。
② 《隋书》卷四六，第1262—1263页；卷二五，第713—714页。
③ 《隋书》卷四七，第1272页。
④ 《隋书》卷四一，第1183页。

　　　　开皇十九年,尚公主驸马都尉、兵部尚书柳述,五省要贵,百揆才雄,以君登楼佚思,观池丽藻,召补记室参军事。[1]

可知柳述在开皇十九年时确任兵部尚书。而仁寿中,他以摄兵部尚书的身份参掌机密,更是文帝晚年的权臣,不过,炀帝刚一即位,立即就被除名、流放,死于流所。

四、刑部尚书

　　开皇三年(583)四月,改都官尚书为刑部尚书,在此之前,史籍所见,据山崎氏所考,称都官尚书者有三位:一是元晖,自开皇元年二月至开皇二年某月在任;二是皇甫绩,自开皇二年五月始。三是袁聿修,开皇初在任。等到开皇三年十二月,苏威由刑部尚书转民部尚书时[2],史书已经记为刑部而非都官了。这里需要对袁聿修任都官尚书的时间做一些考订。万《表》以为袁聿修任刑部尚书是自开皇三年十二月苏威任民部尚书,接替苏威,一直到开皇四年四月,刘仁恩拜刑部尚书为止,误。《北齐书·袁聿修传》:

　　　　隋开皇初,加上仪同,迁东京都官尚书。东京废,入朝,又除都官尚书。二年,出为熊州刺史。寻卒,年七十二。[3]

《北齐书》明记袁聿修出为熊州刺史在开皇二年,而且"寻卒",他不可能开皇三、四年间又调回京城任刑部尚书一职。我们知道废东京官在开皇元年八月,那么袁聿修任都官尚书当自开皇元年八月至开皇二年间,是介于元晖与皇甫绩之间,而非介于苏威与刘仁恩之间。

　　1,李圆通。山崎氏考李圆通三次出任刑部尚书,一在开皇初,一在开皇中,一自开皇十九年(599)至仁寿四年(604)。《隋书·李圆通传》:

　　　　高祖受禅,拜内史侍郎,领左卫长史,进爵为伯。历左右庶子、给事黄门侍郎、尚书左丞,摄刑部尚书,深被任信。后以左丞领左翊卫骠骑将军。伐陈之役……以功进位大将军,进封万安县侯,拜扬州总管长史。寻转并州总管长史。……入为司农卿、治粟内史,迁刑部尚书。后数岁,复为并州长史。孝王以奢侈得罪,圆通亦坐免官。寻检校刑

①《隋代墓志铭汇考》第四册,三九六号,第 383 页。
②《隋书》卷一,第 20 页。
③〔唐〕李百药撰:《北齐书》卷四二,北京:中华书局,1972 年,第 566 页。

部尚书事。仁寿中,以勋旧进爵郡公。炀帝嗣位,拜兵部尚书。[①]

李圆通第一次任刑部尚书或是以尚书左丞摄职,在伐陈之役以前即在开皇八年(588)以前。《资治通鉴·隋纪一·文帝开皇十年》:

> 上赐德林庄店,使自择之,德林请逆人高阿那肱卫国县市店,上许之。及幸晋阳,店人诉称高氏强夺民田,于内造店赁之。苏威因奏德林诬罔,妄奏自入,司农卿李圆通等复助之曰……[②]

温公系此事于开皇十年二月,德林本传则系于开皇九年,当以《通鉴》为是[③]。德林本传未载李圆通当时官爵,《通鉴》则明记为司农卿。李圆通第二次是由司农卿迁刑部尚书,故当在开皇十年之后。下考宇文敬任刑部尚书止于开皇十三年,李圆通或继宇文敬之任。万《表》也认为李圆通是继宇文敬任刑部尚书。《隋书·高祖纪下》:

> (开皇十七年七月)丁亥,上柱国、并州总管秦王俊坐事免,以王就第。[④]

李圆通第三次出任刑部尚书,即检校刑部尚书事是在秦王俊坐奢侈免官后不久的事。秦王免官在开皇十七年,那么李圆通检校刑部尚书事也当在本年左右。

2,宇文敬。山崎氏考证其第一次任刑部尚书始于开皇九年(589)四月,未考卸任年月。万《表》认为他在开皇十三年出为并州长史,是对的。据其本传:

> 加开府,擢拜刑部尚书,领太子虞候率。……时朝廷以晋阳为重镇,并州总管必属亲王,其长史、司马亦一时高选。前长史王韶卒,以

---

①《隋书》卷六四,第 1507—1508 页。
②《资治通鉴》卷一七七,第 5526—5527 页。
③《隋书》卷四二《李德林传》载:"(开皇)九年,车驾幸晋阳,店人上表诉称:'地是民物,高氏强夺,于内造舍。'上命有司料还价直。遇追苏威自长安至,奏云:'高阿那肱是乱世宰相,以谄媚得幸,枉取民地,造店赁之。德林诬罔,妄奏自入。'李圆通、冯世基等又进云……上因责德林,德林请勘逆人文簿及本换宅之意,上不听,乃悉追店给所住者。自是益嫌之。"(第 1207 页)按,据《隋书》卷二《高祖纪下》,开皇九年无幸晋阳事,开皇十年二月方幸并州(第 34 页),德林本传既曰幸晋阳,则九年二月当是十年二月之误,温公必是有见于此,故系此事于开皇十年二月条下。
④《隋书》卷二,第 42 页。

敦有文武干用,出为并州长史。①

据同书《王韶传》:

> 开皇十一年……韶对曰:"……加以今年六十有六……"上劳而遣之。秦王俊为并州总管,仍为长史。岁余,驰驿入京,劳敝而卒,时年六十八。②

宇文敬是接替王韶任并州长史的。王韶开皇十一年,时年六十六,卒时年六十八,则当卒于开皇十三年。所以,宇文敬任刑部尚书时间当是从开皇九年四月至开皇十三年。

炀帝时期,宇文敬两次出任刑部尚书,第一次始于大业元年(605)正月,卸任时间不详,万《表》以为正月拜,出巡河北;第二次就任时间不详,卸任于大业三年四月,万《表》以为大业二年出为泉州刺史。山崎氏对宇文敬第二次任刑部尚书时间抱有疑问。这两个时间点都有《炀帝纪》作为依据,应该是没有问题的,山崎氏的疑问是宇文敬中间离任的那段时间。考《隋书·宇文敬传》:

> 炀帝即位,征拜刑部尚书,仍持节巡省河北。还除泉州刺史。岁余,复拜刑部尚书,寻转礼部尚书。

可知宇文敬在中间这段时间担任过泉州刺史,据《隋书·地理志下》"建安郡"条注曰:

> 陈置闽州,仍废,后又置丰州。平陈,改曰泉州。大业初改曰闽州。③

泉州自大业初即改称闽州,宇文敬之任泉州刺史必在大业初,岑仲勉先生又指出,据《元和郡县图志》,泉州之改闽州在大业二年④,所以他说"其(按指宇文敬)拜刺史时似在元年,尚未改称闽州也"⑤,是正确的。那么,宇文

---

①《隋书》卷五六,第 1390 页。
②《隋书》卷六二,第 1474 页。
③《隋书》卷五六,第 1390—1391 页;卷三一,第 879 页。
④〔唐〕李吉甫撰,贺次君点校:《元和郡县图志》卷二九《江南道五·福州》,北京:中华书局,1983 年,第 715 页。
⑤《隋书州郡牧守编年表》"一一〇、泉州"条,见《隋书求是》,第 195—196 页。

敳在炀帝朝两次担任刑部尚书的时间都很短,第一次离任应在大业元年某月,第二次就任在大业二年某月。

3,梁毗。山崎氏考梁毗任刑部尚书自大业二年(606)正月至大业六年十月。万《表》同。所依据史料是《隋书·炀帝纪上》:

> (大业二年正月)以大理卿梁毗为刑部尚书。
> (大业六年)冬十月壬申,刑部尚书梁毗卒。①

本卷校勘记〔一二〕指出"此月己丑朔,无壬申。日干有误"。其实,不仅日干是错的,梁毗也不是本年才死。上面我们在考论宇文敳时,已经指出他第二次任刑部尚书在大业二年某月,《炀帝纪》里也记载他在大业三年四月转礼部尚书。那么,梁毗和宇文敳在大业二年某月以后至大业三年四月间就同在刑部尚书任上,且两人无一是判刑部或检校刑部事,而这又与刑部尚书一人的员数相矛盾,这是因为梁毗的卒年大有问题。《隋书·梁毗传》:

> 炀帝即位,迁刑部尚书,并摄御史大夫事。奏劾宇文述私役部兵,帝议免述罪,毗固诤,因忤旨,遂令张衡代为大夫。毗忧愤,数月而卒。②

张衡代梁毗为御史大夫不得晚于大业三年九月③,从张衡本传来看,他迁御史大夫的时间可能更早。梁毗由于忤旨而被代,数月忧愤而卒,也就是说,梁毗至迟死于大业三年左右。结合上面宇文敳的任职时间来看,我们认为,梁毗任刑部尚书时间当在宇文敳出为泉州刺史时,宇文敳还朝以后,可能梁毗已经亡故,所以他会再次出任刑部尚书一职。

五、民部尚书

1,苏威。上文在考证吏部尚书时已经指出苏威在开皇元年(581)三月是以太子少保兼度支尚书,而非兼吏部尚书。他是取代上月就任该职的杨

---

①《隋书》卷三,第65、75页。
②《隋书》卷六二,第1480页。
③《隋书·张衡传》:"炀帝嗣位,除给事黄门侍郎,进位银青光禄大夫,俄迁御史大夫,甚见亲重。大业三年,帝幸榆林郡,还至太原,谓衡曰:'朕欲过公宅,可为朕作主人。'"(第1392页)可见张衡在大业三年时已在御史大夫任上。

尚希的。《隋书·高祖纪上》：

> （开皇二年）五月戊申，以上柱国、开府长孙平为度支尚书。
>
> （开皇三年闰十二月戊午）刑部尚书苏威为民部尚书。①

据上引史料，可知苏威在开皇二年五月被长孙平取代，改任刑部尚书一职，开皇三年闰十二月又重任民部尚书一职。山崎氏考订杨尚希任度支尚书时间从开皇元年二月至开皇二年五月，据上所考是不准确的，现在我们重新对开皇初期任度支尚书的人员进行排序：首位度支尚书是杨尚希，任职仅一月，从开皇元年二月至三月；第二位是苏威，从开皇元年三月至开皇二年五月；第三位是长孙平，从开皇二年五月至开皇三年闰十二月；第四位仍是苏威，从开皇三年闰十二月至开皇七年四月。

2，苏孝慈。山崎氏考证苏孝慈判民部尚书在开皇初。《苏慈志》：

> （开皇）七年，兼右庶子，寻改授太子左卫率。……八年，判工部尚书。其年，又判民部、刑部尚书事。十二年，授工部尚书。②

则苏孝慈判民部尚书事在开皇八年（588），开皇十二年实授工部尚书。所以苏孝慈的判民部尚书事当在开皇八年至开皇十二年之间。

3，张煚。山崎氏考证张煚任民部尚书时间在开皇七年（587）四月至开皇十年某月。万《表》同。这就与上述苏孝慈的判民部尚书事的时间有了重叠。山崎氏考苏威于开皇七年四月由民部尚书改任吏部尚书。从开皇七年四月至开皇八年苏孝慈判民部尚书事为止，民部尚书一职确有空缺，但为时很短。《隋书·张煚传》：

> 寻迁太府卿，拜民部尚书。晋王广为扬州总管，授煚司马，加银青光禄大夫。③

据本传，张煚在任扬州总管司马之前似一直在民部尚书任上。晋王广出镇扬州是因为江南高智慧等的叛乱，事在开皇十年④。山崎氏也是据此考出张煚任民部尚书的下限。清人毛凤枝在跋《洪州总管安平安公苏慈墓志

---

① 《隋书》卷一，第17、20页。
② 《隋代墓志铭汇考》第三册，二一八号，第65页。
③ 《隋书》卷四六，第1262页。
④ 《隋书》卷三《炀帝纪上》，第60页；卷二《高祖纪下》，第35页。

铭》时提出了一个看法：

> 又《百官志》："开皇三年四月诏尚书左仆射判吏礼兵三尚书事，尚
> 书右仆射判都官即刑部度支即户部，后改称民部。工部三尚书事。"仆射
> 为六曹尚书之长，始得判部事。慈以工部尚书兼仆射之任，乃异
> 数也。①

苏孝慈当时判三部尚书事，恰与朝廷规定的尚书右仆射所判三部尚书事吻
合。不过，苏孝慈仅为"判民部尚书事"②，而非实任官职，所以并不妨碍张
煚任民部尚书一职。

4，斛律孝卿。山崎氏考斛律孝卿任民部尚书自开皇十八年（598）某
月至开皇十九年某月，万《表》同。《资治通鉴·隋纪二·文帝开皇十七
年》：

> （七月）戊戌，突厥突利可汗来逆女……遣太常卿牛弘、纳言苏威、
> 民部尚书斛律孝卿相继为使。③

所以斛律孝卿在开皇十七年时已在民部尚书任上。至于以开皇十九年为
他卸任的时间，山崎氏可能是以开皇十九年时，诸位尚书因王世积案保奏
高颎，而被文帝皆以属吏有关④。《北齐书·斛律羌举传》：

> 子孝卿……隋开皇中，位太府卿，卒于民部尚书。⑤

即斛律孝卿卒于民部尚书任上，时间在开皇中。斛律孝卿卒于何时，尚无
史料可以确定。开皇共二十年时间，山崎氏以孝卿卸任在开皇十九年，虽
无确据，但应当相差不远。

5，杨文思。山崎氏考杨文思两次出任民部尚书，第一次自大业二年
（606）四月至大业三年九月，第二次自大业六年十月至大业七年某月。山
崎氏对第二次任职时间抱有疑问，不能确定。《杨文思志》：

---

① 录文及标点见《隋代墓志铭汇考》第三册所收《苏慈志》附录，第 68 页；原文见〔清〕毛凤枝撰：《关
　中金石文字存逸考》卷九，收入《石刻史料新编》第二辑第 14 册，台北：新文丰出版公司，1979 年，
　第 10579 页。
② 关于官职记载中的"判"，参见王寿南：《隋唐史》，第 423 页。
③《资治通鉴》卷一七八，第 5558 页。
④《隋书》卷二《高祖纪下》，第 44 页；卷四一，第 1183 页。
⑤《北齐书》卷二〇，第 267 页。《北史》卷五三《斛律羌举传》略同，第 1912—1913 页。

（大业）二年，征授民部尚书，三年，授纳言……六年，从驾幸于江
都官。七年，于彼遘疾，改授民部尚书，寻授左光禄大夫。……七年正
月十六日薨于江都郡，春秋七十。[1]

结合《隋书》，可知山崎氏所考杨文思第一次出任民部尚书的时间是正确
的，第二次出任时间需修正，应是在大业七年有疾之后才由纳言改民部尚
书的，而且任职时间非常短，因为到了这一年的正月十六日，杨文思就去
世了。

六、工部尚书

1，杨异。山崎氏考杨异任刑部尚书时间在开皇十一年（591）二月至开
皇十二年九月。这就与上考宇文弼任刑部尚书的时间存在冲突，需要详
究。山崎氏所根据的材料当是如下几条，《隋书·高祖纪下》：

（开皇九年四月）宗正少卿杨异为工部尚书。

（开皇十一年二月）以大将军苏孝慈为工部尚书。

（开皇十二年）九月丁未，以工部尚书杨异为吴州总管。

同书《杨异传》：

高祖作相，行济州事。及践阼，拜宗正少卿，加上开府。蜀王秀之
镇益州也，朝廷盛选纲纪，以异方直，拜益州总管长史，赐钱二十万、缣
三百匹、马五十匹而遣之。寻迁西南道行台兵部尚书。数载，复为宗
正少卿。未几，擢拜刑部尚书。岁余，出除吴州总管，甚有能名。[2]

本纪里对于杨异的历官记载有冲突，既然开皇十一年二月，苏孝慈已经代
杨异任工部尚书，何以开皇十二年九月的时候，杨异又以工部尚书出为吴
州总管呢？而从杨异本传来看，他根本没有出任过工部尚书，在出除吴州
总管之前，他担任的是刑部尚书。山崎氏可能从这些矛盾点出发，认为杨
异担任工部尚书是自开皇九年四月至开皇十一年二月，开皇十一年二月至
开皇十二年九月期间，他担任的是刑部尚书，然后由刑部尚书出除吴州总
管。不过，山崎氏并没有否定本纪的记载，只是对杨异担任工部尚书的时

---

[1]《隋代墓志铭汇考》第四册，三八三号，第333—334页。

[2]《隋书》卷二，第32、36、37页；卷四六，第1258页。

间抱有疑问。这是一种从史料上来看，最为谨慎也最为合理的解释，在这种解释下，上引本纪的最后一条史料就应该改为"(开皇十二年)九月丁未，以刑部尚书杨异为吴州总管"，这样就与杨异本传也不存在矛盾之处了。岑仲勉先生则认为上引本纪中关于杨异出任工部尚书的记载全都是刑部尚书之讹误[①]，这是基于杨异本传没有工部尚书的记载而提出的解释，也是合理的。那么，杨异究竟有没有担任过刑部尚书？《杨异暨妻穆氏志》：

> 开皇元年为宗正少卿，二年为益州总管府长史。……寻除西南道兵部尚书，又为宗正少卿，除工部尚书。……十二年出总管吴泉括婺四州诸军事、吴州刺史。[②]

而且这方墓志的志文标题也题作"大隋使持节上开府仪同三司工部尚书吴州总管昌乐县开国公杨使君墓志铭并序"，丝毫未见杨异担任刑部尚书的痕迹。因此，我们不能不说，杨异本传里的"擢拜刑部尚书"应当是"擢拜工部尚书"之误。他没有担任过刑部尚书一职，而是从开皇九年四月至开皇十二年九月之间，一直在工部尚书任上。

2，苏孝慈。我们在讨论苏孝慈担任民部尚书的时间时，已经征引了他的墓志。从上引墓志可以看出，他从开皇八年(588)判工部尚书事，至开皇十二年实授，而《隋书·高祖纪下》：

> (开皇十一年二月)以大将军苏孝慈为工部尚书。[③]

不能不说是错误的，苏孝慈在开皇十二年上任工部尚书，正好接替卸任的杨异。开皇十五年四月，赵州刺史杨达任工部尚书，应是替换苏孝慈。

　　以上是对隋代三省长官及六部尚书做的一些考证工作，过去考论中欠妥或不确的地方也在行文中做了一些说明，下面将考证的结果结合前辈的成果以表格的形式列出，以清眉目。

---

① 《隋书求是》，第9、13页。
② 《隋代墓志铭汇考》第三册，二〇三号，第10—11页。
③ 《隋书》卷二，第36页。岑仲勉早就注意到了《纪》与《碑》在苏孝慈任工部尚书时间上的差异，指出"与纪后先差一年"(《隋书求是》，第12页)，但如前所述，他以杨异担任工部尚书当改成刑部尚书，与以后出土的杨异墓志不合，所以他在苏孝慈担任工部尚书时间的问题上也无法论断。

表一 隋代三省长官及六部尚书年表

官名	姓名	任免年月
尚书令	杨素	大 2/1—大 6/2
尚书左仆射	高颎	开 2/1—开 8/19
	杨素	仁 1/1—大 2/1
尚书右仆射	赵煚	开 2/1—?
	赵芬	开 8/1—开 4/4
	虞庆则	开 4/4—开 1/9
	苏威	开 4/9—开 7/12
		仁 1/1—大 7/3
	杨素	开 12/12—仁 1/1
纳言	高颎	开 2/1—?
	柳机	开皇初
	苏威	开 3/1—开 4/7
		开 7/14—仁 1/1
		大? /7—大 5/12
	杨素	开 6/9—开 7/10
	杨爽	开皇七年内
	杨达	仁 10/2—大 5/8
	杨文思	大 9/3—大 1/7
内史监、令	虞庆则	开 2/1—开 4/4
	李德林	开 2/1—开 4/10
	赵芬	开 4/3—开 4/4
	杨广	开? /6—开? /8
	杨素	开 7/10—开 12/12
	杨秀	开 2/12—开皇十二、十三年间
	杨暕	开 6/19—仁? /1
	杨昭	仁 1/1—仁? /4
	杨约	仁 7/4—大业三、四年间
	萧琮	大初—大 7/3
	元寿	大 1/4—大 1/8

官名	姓名	任免年月
吏部尚书	虞庆则	开 2/1—开 12/1
	韦世康	开？/4—开 4/4
		开 12/1—开 4/7
	苏威	开 1/13—开 10/15
	卢恺（摄）	开 4/7—开 4/9
	令狐熙（兼）	开 6/9—开 7/12
	牛弘	开 7/12—开 1/13
	柳述（判）	开 9/19—大 12/6
	长孙平（判）	仁寿中
		仁寿中
礼部尚书	韦世康	开 2/1—开 12/1
	辛彦之	开皇二、三年间
	牛弘	开？/3—开？/6
	杨尚希	开 10/6—开？/9
	卢恺	开 6/9—开 7/12
	杨纪（判）	开皇中—仁？/2
	崔仲方	大 11/1—大 4/3
	宇文㒞	大 4/3—大 7/3
	杨玄感	大 1/4—大 6/9
	杨义臣	大业十二年
兵部尚书	元岩	开 2/1—开 9/1
	元晖	开皇二年间
	苏孝慈	开 6/2—开 4/4
	杨尚希	开 4/4—开 10/6
	冯世基	开皇十年后
	郭均	开皇中
	柳述（判）	开皇末
		开皇十九年似实任

官名	姓名	任免年月
兵部尚书	柳述（摄）	仁？—仁 8/4
	李圆通	大业初—大 5/2
	赵仲卿（判）	大业初
	段文振	大 10/2—大 1/8
刑部尚书	元晖	开 2/1—开？/2
	袁聿修	开皇二年间
	皇甫绩	开 5/2—？
	苏威	开？—开 12/3
	李圆通（摄）	开皇八年前
	李圆通	开？/13—？
	李圆通（检校）	开？/17—仁寿末
	苏孝慈（判）	开？/8—？
	刘仁恩	开 4/4—？
	宇文弢	开 4/9—开？/13
		大 1/1—大？/1
		大？/2—大 4/3
	薛胄	开皇末
	梁毗	大？/1—大？/2
	卫玄	大 1/8—大业末
民部尚书	杨尚希	开 2/1—开 3/1
	苏威	开 3/1—开 5/2
		开 12/3—开 4/7
	长孙平	开 5/2—开 12/3
	张煚	开 4/7—开？/10
	斛律孝卿	开？/17—开？/19
	韦冲	仁 9/3—大 5/1
	李子雄	大业初

官名	姓名	任免年月
民部尚书	杨文思	大 4/2—大 9/3
		大业七年间
	长孙炽	大 1/4—大 10/6
	樊子盖	大 5/7—大 7/12
	韦津	大 7/12—大业末
	厍狄崱	开皇时
工部尚书	长孙毗	开 2/1—开? /2
	杜杲	开皇初—开? /2
	贺娄子干	开 10/2—开? /3
	长孙平	开皇三年后(开皇五年五月在任)
	杨异	开 4/9—开 9/12
	苏孝慈	开 9/12—开 4/15
	杨达	开 4/15—仁 10/2
	赵仲卿(判)	大业初
	卫玄	大 7/2—大 1/4
	宇文恺	大 3/4—大 10/8
	李悊	大业中

注：大 2/1—大 6/2 表示大业元年二月始至大业二年六月止。余类此。

第三节　给事黄门侍郎（黄门侍郎）补考

山崎氏上引文章并未考证门下省副长官给事黄门侍郎与内史省副长官内史侍郎，万《表》也未考。但这两种官职分别是门下与内史两省的要职，隋代重大史事之中经常能看到担任这两种官职的人的身影，特别是隋炀帝时期，往往由给事黄门侍郎和内史侍郎来分别负责门下省与内史省的事务。所以第三、四两节拟结合史传与新出土墓志，做一些考订工作。

一、文帝朝

1，陈茂。《隋书·陈茂传》：

> 及（高祖）受禅，拜给事黄门侍郎，封魏城县男，每典机密。在官十余年，转益州总管司马，迁太府卿，进爵为伯。后数载，卒官。①

陈茂自开皇初拜给事黄门侍郎，在官十余年，典机密。

2，柳雄亮。《隋书·柳机附柳雄亮传》：

> 司马消难作乱江北，高祖令雄亮聘于陈，以结邻好。及还，会高祖受禅，拜尚书考功侍郎，寻迁给事黄门侍郎。……俄以本官检校太子左庶子，进爵为伯。秦王俊之镇陇右也，出为秦州总管府司马，领山南道行台左丞，卒官，时年五十一。

柳雄亮任考功侍郎在高祖受禅之时，据《隋书·刑法志》：

> 高祖既受周禅，开皇元年，乃诏尚书左仆射、勃海公高颎……兼考功侍郎柳雄亮等，更定新律，奏上之。②

即于开皇元年（581）兼考功侍郎，传既称"寻迁给事黄门侍郎"，则他任该官也当在开皇元年左右。秦王俊之镇陇右，任秦州总管，事在开皇三年十月③，柳雄亮是以给事黄门侍郎检校太子左庶子的身份外放为秦州总管司马的，所以他任给事黄门侍郎当在开皇元年至开皇三年十月间。

3，杨达。《隋书·观德王雄附杨达传》载达：

> 高祖受禅，拜给事黄门侍郎，进爵为子。时吐谷浑寇边，诏上柱国元谐为元帅，达为司马。军还，兼吏部侍郎，加开府。岁余，转内史侍郎，出为鄯、郑、赵三州刺史，俱有能名。平陈之后，四海大同，上差品天下牧宰，达为第一。④

杨达拜给事黄门侍郎在文帝受禅时，元谐之击吐谷浑，事在开皇元年（581）

---

①《隋书》卷六四，第1508—1509页。
②《隋书》卷四七，第1274—1275页；卷二五，第710页。
③《隋书》卷一，第20页。
④《隋书》卷四三，第1218页。

八月,战事当年即告平定①。军还以后,杨达复以给事黄门侍郎兼吏部侍郎,岁余,方转内史侍郎,则杨达任给事黄门侍郎当在开皇元年至开皇三年间。

4,柳庄。《隋书·柳庄传》:

> 及梁国废,授开府仪同三司,寻除给事黄门侍郎,并赐以田宅。庄明习旧章,雅达政事,凡所驳正,帝莫不称善。苏威为纳言,重庄器识,常奏帝云:"江南人有学业者,多不习世务,习世务者,又无学业。能兼之者,不过于柳庄。"高颎亦与庄甚厚。庄与陈茂同官,不能降意,茂见上及朝臣多属意于庄,心每不平,常谓庄为轻己。……十一年,徐璒等反于江南,以行军总管长史随军讨之。璒平,即授饶州刺史,甚有治名。②

梁国废在开皇七年(587)九月,则柳庄任给事黄门侍郎当在开皇七年至开皇十一年之间。

5,李安。《隋书·李安传》:

> 高祖即位,授安内史侍郎,转尚书左丞、黄门侍郎。平陈之役,以为杨素司马,仍领行军总管,率蜀兵顺流东下。……安率众先锋,大破陈师。……进位上大将军,除郢州刺史。③

平陈役起,事在开皇八年(588)八月,李安以行军司马领行军总管的身份随杨素出征,后以功除郢州刺史。则李安任给事黄门侍郎(本传当脱"给事"二字)当止于开皇八年。

6,李圆通。《隋书·李圆通传》:

> 高祖受禅,拜内史侍郎,领左卫长史,进爵为伯。历左右庶子、给事黄门侍郎、尚书左丞,摄刑部尚书,深被任信。后以左丞领左翊卫骠骑将军。伐陈之役,圆通以行军总管从杨素出信州道,以功进位大将军,进封万安县侯,拜扬州总管长史。④

---

① 《隋书》卷一《高祖纪上》,第15页。
② 《隋书》卷六六,第1552页。
③ 《隋书》卷五〇,第1323页。
④ 《隋书》卷六四,第1507—1508页。

李圆通任给事黄门侍郎也在开皇八年伐陈之前。

7,刘行本。《隋书·刘行本传》：

> 及践阼,征拜谏议大夫,检校治书侍御史。未几,迁黄门侍郎。……于时天下大同,四夷内附,行本以党项羌密迩西域,最为后服,上表劾其使者曰……在职数年,拜太子左庶子,领治书如故。①

行本以开皇初迁黄门侍郎,传文称"天下大同",则当在开皇九年(589)平陈之后,复又"在职数年",方拜太子左庶子。《隋书·元寿传》：

> 及平陈,拜尚书左丞。高祖尝出苑观射,文武并从焉。开府萧摩诃妻患且死,奏请遣子向江南收其家产,御史见而不言。寿奏劾之曰："……谨按仪同三司、太子左庶子、检校治书侍御史臣刘行本,出入宫省,备蒙任遇,摄职宪台,时月稍久,庶能整肃缨冕,澄清风教。而在法司,亏失宪体,瓶罄罍耻,何所逃愆!"②

萧摩诃遣子向江南收家产,似当在平陈之后不久,对于他这种"远念资财,近忘匹好"的行为,身为宪官的刘行本竟不弹纠,故元寿转而劾奏行本,据寿之奏文,行本时已拜太子左庶子,历官于行本本传契合。所以,刘行本之拜太子左庶子似应在平陈之后不久,而非平陈之后又在职数年,故刘行本在给事黄门侍郎任职时间约从开皇初至开皇九年左右。

8,柳述。《隋书·柳机传》载述：

> 岁余,判兵部尚书事。丁父艰去职。未几,起摄给事黄门侍郎事,袭爵建安郡公。仁寿中,判吏部尚书事。

柳述摄给事黄门侍郎事,在丁父艰时,即所谓"夺情起复"。其父柳机卒于何时,虽不能确考,但可知大概。同书同卷载：

> 机伟仪容,有器局,颇涉经史。年十九,周武帝时为鲁公,引为记室。……后数年,以疾征还京师,卒于家,时年五十六。③

考《周书·武帝纪上》：

---

①《隋书》卷六二,第1477—1478页。
②《隋书》卷六三,第1497—1498页。
③《隋书》卷四七,第1271—1272页。

武成元年，入为大司空、治御正，进封鲁国公，领宗师。

同书《明帝纪》：

（武成元年九月）辛未，进封辅城公邕为鲁国公。

同卷载明帝传位遗诏：

鲁国公邕，朕之介弟，宽仁大度，海内共闻，能弘我周家，必此子也。①

可知周武帝宇文邕封鲁国公爵在武成元年（559）九月，至武成二年四月，明帝崩后即位。当周武帝为鲁国公时，柳机时年十九，即柳机生年当在西魏大统七年（541）或大统八年。卒年五十六，则当死于开皇十六年（596）或开皇十七年。所以，柳述在丁父艰时起摄给事黄门侍郎，当在开皇十六或十七年时，不过，我们在上面考证兵部尚书时，指出柳述开皇十九年时在兵部尚书任上，卫伺的墓志在记载柳述官衔时也没有提到给事黄门侍郎，或者柳述在开皇十九年时已不再担任给事黄门侍郎一官。当然，兵部尚书较给事黄门侍郎品秩要高，而且柳述只是摄而不是实任，所以，《卫伺志》不称他为给事黄门侍郎也可以理解，如果据《柳机传》，那么，柳述之摄给事黄门侍郎一职可能延续到仁寿中。

9，杨文纪。《隋书·杨素传》载文纪：

除宗正卿。兼给事黄门侍郎，判礼部尚书事。仁寿二年，迁荆州总管。岁余，卒官，时年五十八。②

杨文纪任给事黄门侍郎当在仁寿二年（602）迁荆州总管前。《杨纪暨妻韦氏志》：

（开皇）十八年，授宗正卿兼给事黄门侍郎，判礼部尚书事。……仁寿二年，授使持节、总管荆复峡都鄂岳澧朗辰九州诸军事、荆州刺史。③

虽然名、字与史传记载有异，但此杨纪即杨文纪无疑。综合史传碑文，可知

①〔唐〕令狐德棻等撰：《周书》，北京：中华书局，1971年，卷五第63页，卷四第58、59页。
②《隋书》卷四八，第1295页。
③《隋代墓志铭汇考》第三册，二二八号，第108页。

他于开皇十八年(598)以宗正少卿兼给事黄门侍郎,至仁寿二年出为荆州总管为止。

10,张衡。《隋书·张衡传》:

> 及王为皇太子,拜衡右庶子,仍领给事黄门侍郎。

杨广为皇太子,事在开皇二十年十一月①,张衡以太子右庶子的身份领给事黄门侍郎,未闻去职,任职时间当是从开皇二十年至仁寿末。

11,许善心。《隋书·许善心传》:

> 仁寿元年,摄黄门侍郎。二年,加摄太常少卿,与牛弘等议定礼乐,秘书丞、黄门,并如故。四年,留守京师。……大业元年,转礼部侍郎。②

许善心自仁寿元年(601)摄黄门侍郎,至仁寿四年文帝去世时仍在位,炀帝大业元年(605)方转任礼部侍郎。

12,元岩。《隋书·列女·华阳王楷妃传》:

> 华阳王楷妃者,河南元氏之女也。父岩,性明敏,有气干。仁寿中,为黄门侍郎,封龙涸县公。炀帝嗣位,坐与柳述连事,除名为民,徙南海。

同书《后妃·宣华夫人陈氏传》:

> 初,上寝疾于仁寿宫也,夫人与皇太子同侍疾。……因呼兵部尚书柳述、黄门侍郎元岩曰:“召我儿!”③

此元岩并非《隋书》卷六二所载之元岩,彼元岩以开皇十三年卒官。此元岩为华阳王楷妃之父,仁寿中为黄门侍郎,并与柳述同侍文帝疾,炀帝即位,除名流放。任黄门侍郎即在仁寿中。

13,豆卢寔。《隋书·高构传》:

> 开皇中,昌黎豆卢寔为黄门侍郎,称为慎密。④

---

① 《隋书》卷五六,第1391页;卷二《高祖纪下》,第45页。
② 《隋书》卷五八,第1427页。
③ 《隋书》卷八〇,第1800页;卷三六,第1110页。
④ 《隋书》卷六六,第1557页。

按：文帝朝门下省副官称为给事黄门侍郎，炀帝方去给事之名，直曰黄门侍郎。传既称为慎密，则与给事黄门侍郎职当内侍颇为吻合，或认为此处可能缺漏"给事"两字，实则豆卢寔于文帝朝并未做过给事黄门侍郎。《豆卢寔志》：

> 其年（开皇元年），蒙授直后，俄兼右亲卫。四年，授大都督，领亲卫。……其年，兼通直散骑常侍，与薛道衡聘陈……五年，检校内史舍人。……九年，除尚书兵部侍郎。……十二年，除秦州总管府司马。……特授仪同三司，以酬勤绩，奉敕于成州煮盐。……（大业）二年，特诏除黄门侍郎。①

《高构传》中所言豆卢寔在文帝朝任黄门侍郎一职，赵万里已加驳正。②

二、炀帝朝

炀帝减给事黄门侍郎员，只置二人，并去给事之名。

1，张衡。《隋书·张衡传》：

> 炀帝嗣位，除给事黄门侍郎，进位银青光禄大夫，俄迁御史大夫，甚见亲重。大业三年，帝幸榆林郡，还至太原，谓衡曰："朕欲过公宅，可为朕作主人。"③

张衡为炀帝心腹，开皇二十年（600）炀帝为皇太子，他就以太子右庶子领给事黄门侍郎，文帝暴崩就传闻与他有关，炀帝嗣位只是正除给事黄门侍郎一职，或许当时尚未去"给事"二字④，不过他很快就迁御史大夫之职，大业三年九月，炀帝亲至其家，本纪里就称之为"幸御史大夫张衡宅"了。

2，王弘。《隋书·炀帝纪上》：

> （大业元年三月）庚申，遣黄门侍郎王弘、上仪同於士澄往江南采木。

---

① 《隋代墓志铭汇考》第四册，三八七号，第349页。
② 赵万里：《汉魏南北朝墓志集释》卷九，收入《石刻史料新编》第三辑第3册，台北：新文丰出版公司，1986年，第234页。
③ 《隋书》卷五六，第1392页。
④ 《隋代墓志铭汇考》第五册四二一号《张衡志》，志文"隋故银青光禄大夫太子右庶子给事黄门侍郎御史大夫榆林郡太守张衡建平之铭。大业十年十月廿一日"（第73页），与《隋书》本传完全吻合，但王其祎先生疑为唐人翻刻，故不拟讨论。

同书《辛公义传》：

> 及炀帝即位，扬州长史王弘入为黄门侍郎，因言公义之短，竟去官。①

王弘是在炀帝即位时，由扬州长史入为黄门侍郎的，从大业元年（605）三月就被派往江南采木一事来看，他调入朝廷当在仁寿末大业初，卸任时间不可考。

3，元弘嗣。《隋书·酷吏传》载弘嗣：

> 大业初，炀帝潜有取辽东之意，遣弘嗣往东莱海口监造船。……寻迁黄门侍郎，转殿内少监。辽东之役，进位金紫光禄大夫。……及玄感作乱，逼东都，弘嗣屯兵安定。或告之谋应玄感者，代王侑遣使执之，送行在所。②

元弘嗣任黄门侍郎在大业初，转殿内少监事在辽东之役在大业八年前，具体任职时间已不可考。

4，豆卢寔。《豆卢寔志》：

> （大业）二年，特诏除黄门侍郎。……其年，改授东京尚书右丞，加朝议大夫。③

上面在考证文帝朝给事黄门侍郎时，已据该方墓志指出，豆卢寔任黄门侍郎在炀帝朝而非文帝朝，任期仅在大业二年间。

5，柳旦。《隋书·柳机附柳旦传》载：

> （大业）四年，征为太常少卿，摄判黄门侍郎事。卒官，年六十一。④

柳旦大业四年以太常少卿摄判黄门侍郎至于卒官，卒年未可考。

6，柳謇之。《隋书·柳机附柳謇之传》载：

> 大业初，启民可汗自以内附，遂畜牧于定襄、马邑间，帝使謇之谕令出塞。及还，奏事称旨，拜黄门侍郎。时元德太子初薨，朝野注望，

---

①《隋书》卷三，第 63 页；卷七三，第 1683 页。
②《隋书》卷七四，第 1701 页。
③《隋代墓志铭汇考》第四册，三八七号，第 349 页。
④《隋书》卷四七，第 1273 页。

皆以齐王当立。帝方重王府之选,大业三年,车驾还京师,拜为齐王长史。①

元德太子昭薨于大业二年(606)七月,柳謇之拜黄门侍郎当在此稍前,大业三年,拜齐王长史。任黄门侍郎在一年左右。

7,裴矩。《隋书·裴矩传》:

> 转民部侍郎,未视事,迁黄门侍郎。帝复令矩往张掖,引致西蕃,至者十余国。大业三年,帝有事于恒岳,咸来助祭。
>
> 宇文化及之乱,矩晨起将朝,至坊门,遇逆党数人,控矩马诣孟景所。贼皆曰:“不关裴黄门。”②

裴矩由民部侍郎迁黄门侍郎,大概在大业一、二年间,至大业十四年三月宇文化及之乱,炀帝被弑时,他仍然是黄门侍郎,前后任职十余年。

第四节　内史侍郎补考

一、文帝朝

1,李安。《隋书·李安传》:

> 高祖即位,授安内史侍郎,转尚书左丞、黄门侍郎。平陈之役,以为杨素司马。③

他在隋朝先任内史侍郎,后转尚书左丞、黄门侍郎。上文已经说过李安任给事黄门侍郎止于开皇八年(588)。则李安任内史侍郎在开皇初。

2,杨达。《隋书·观德王雄附杨达传》载:

> 时吐谷浑寇边,诏上柱国元谐为元帅,达为司马。军还,兼吏部侍郎,加开府。岁余,转内史侍郎,出为鄜、郑、赵三州刺史,俱有能名。平陈之后,四海大同……擢拜工部尚书,加位上开府。

---

① 《隋书》卷四七,第 1275—1276 页。
② 《隋书》卷六七,第 1580、1583 页。
③ 《隋书》卷五○,第 1323 页。

以元谐为元帅击吐谷浑,事在开皇元年(581)八月①。杨达转内史侍郎时间当在开皇二、三年间,后出为三州刺史,既然"俱有能名",且在开皇九年平陈之前,则在刺史任上时间当不至于太短,所以,杨达开皇二、三年间在内史侍郎任上,且时间较短。

3,卢思道。《隋书·卢思道传》:

> 开皇初,以母老,表请解职,优诏许之。……岁余,被征,奉诏郊劳陈使。顷之,遭母忧,未几,起为散骑侍郎,奏内史侍郎事。……是岁,卒于京师,时年五十二。②

卢思道奉诏郊劳陈使似在开皇二、三年间,开皇二年正月、三年二月均有陈使来聘③。他起为散骑侍郎,奏内史侍郎事当也在开皇二、三年间。不过,卢思道并没有授内史侍郎实职,是年即卒于京师。

4,段文振。《隋书·段文振传》:

> 司马消难之奔陈也,高祖令文振安集淮南,还除卫尉少卿,兼内史侍郎。寻以行军长史从达奚震讨叛蛮,平之,加上开府。岁余,迁鸿胪卿。卫王爽北征突厥,以文振为长史,坐勋簿不实免官。④

司马消难之奔陈,事在大象二年(580)七、八月间,卫王爽北征突厥则在开皇三年⑤。文振既然安集淮南,还朝以卫尉少卿兼内史侍郎,期间出讨叛蛮后,岁余方迁鸿胪卿。则段文振兼内史侍郎时间当在开皇元年至三年间。

5,柳述。《隋书·柳机附柳述传》载:

> 少以父荫,为太子亲卫。后以尚主之故,拜开府仪同三司、内史侍

---

①《隋书》卷四三,第 1218 页;卷一,第 15 页。

②《隋书》卷五七,第 1400—1403 页。

③《隋书》卷一《高祖纪上》,第 16、18 页。

④《隋书》卷六〇,第 1458 页。

⑤《周书》卷二一《司马消难传》系于八月(据校勘记[一],本卷原残缺,《尉迟迥传》和《王谦传》,后人以某种节本补。但《司马消难传》及传论似未缺,第 354、355 页);《资治通鉴》卷一七四《陈纪八·宣帝太建十二年》则系于七月末,本卷载"司马消难以郧、随、温、应、土、顺、沔、儛、岳九州及鲁山等八镇来降,遣其子为质以求援。八月,己未,诏以消难为大都督、总督九州八镇诸军事、司空、赐爵随公"(第 5422 页),温公当有所本,故司马消难当是以七月末降,陈宣帝八月授官。卫王爽征突厥事,见《隋书》卷一《高祖纪上》,第 19 页。

郎。上于诸婿中,特所宠敬。岁余,判兵部尚书事。①

柳述拜内史侍郎在尚主之后,主即兰陵公主,考同书《列女·兰陵公主传》:

> 初嫁仪同王奉孝,卒,适河东柳述,时年十八。②

王奉孝乃王谊子,同书《王谊传》:

> 及上受禅,顾遇弥厚,上亲幸其第,与之极欢。……未几,其子奉孝卒。逾年,谊上表,言公主少,请除服。御史大夫杨素劾谊曰:"……奉孝以去年五月身丧,始经一周,而谊便请除释。……况复三年之丧,自上达下,及期释服,在礼未详。……若纵而不正,恐伤风俗,请付法推科。"有诏勿治。

同书《高祖纪上》:

> 二年春正月癸丑,幸上柱国王谊第。③

文帝幸王谊府第,事在开皇二年(582)正月,王奉孝卒当在此后不久,公主服丧一年左右,王谊就奏请除服,遭到了当时御史大夫杨素的弹劾。文帝虽然没有追究王谊的责任,恐怕兰陵公主还是三年丧期满了之后才嫁给柳述的。假设公主一满丧期就下嫁柳氏,大概也要到开皇五年。所以,柳述至早在开皇五年左右任内史侍郎一职,任期约年余。

6,李圆通。《隋书·李圆通传》:

> 高祖受禅,拜内史侍郎,领左卫长史,进爵为伯。历左右庶子、给事黄门侍郎、尚书左丞,摄刑部尚书,深被任信。后以左丞领左翊卫骠骑将军。伐陈之役,圆通以行军总管从杨素出信州道。④

李圆通任内史侍郎也在开皇初,他在开皇八年(588)从杨素伐陈之前,已历多任官职,他在内史侍郎任上的时间应该不长。

7,柳晉。《隋书·柳晉传》:

> 及梁国废,拜开府、通直散骑常侍,寻迁内史侍郎。以无吏干去

①《隋书》卷四七,第1272页。
②《隋书》卷八○,第1798页。
③《隋书》卷四○,第1169—1170页;卷一,第16页。
④《隋书》卷六四,第1507—1508页。

职,转晋王谘议参军。[1]

梁国废在开皇七年(587)九月,之后不久柳聱即迁内史侍郎,以无吏干去职,故柳聱任内史侍郎当在开皇七年,任职时间应该不长。

8,元善。《隋书·元善传》:

> 开皇初,拜内史侍郎,上每望之曰:"人伦仪表也。"凡有敷奏,词气抑扬,观者属目。陈使袁雅来聘,上令善就馆受书,雅出门不拜。善论旧事有拜之仪,雅不能对,遂拜,成礼而去。后迁国子祭酒。上尝亲临释奠,命善讲《孝经》。于是敷陈义理,兼之以讽谏。

陈使袁雅来聘,事在开皇八年(588)正月,文帝亲临国学行释奠礼,当在开皇十年十一月[2]。开皇八年,元善以内史侍郎的身份接对陈使,开皇十年,他已经以国子祭酒的身份讲《孝经》了,升迁的时间不详,大概在开皇九、十年间。所以,元善任内史侍郎当从开皇初至开皇九、十年间。

9,李孝贞。《隋书·李孝贞传》:

> 开皇初,拜冯翊太守……后数岁,迁蒙州刺史,吏民安之。……征拜内史侍郎,与内史李德林参典文翰。然孝贞无干剧之用,颇称不理,上谴怒之,敕御史劾其事,由是出为金州刺史。[3]

《隋书·音乐志下》:

> (开皇)十四年三月,乐定。秘书监、奇章县公牛弘……等奏曰……先是高祖遣内史侍郎李元操、直内史省卢思道等,列清庙歌辞十二曲。

同书《王劭传》:

> 高祖受禅,授著作佐郎。以母忧去职,在家著《齐书》。时制禁私撰史,为内史侍郎李元操所奏。[4]

《大唐内典录》卷五"占察经二卷"条:

---

[1]《隋书》卷五八,第1423页。
[2]《隋书》卷七五,第1707—1708页;卷二,第29、35页。
[3]《隋书》卷五七,第1405页。
[4]《隋书》卷一五,第359页;卷六九,第1601页。

开皇十三年,有人告广州官司,云是其妖……广州司马郭谊来向岐州,具状闻奏。有敕不信《占察经》道理,令内史侍郎李元操共郭谊,就宝昌寺问诸大德。①

李孝贞字元操,于开皇初拜冯翊太守,数年迁蒙州刺史。既曰刺史,是必在开皇三年(583)十一月之后,因开皇三年十一月,文帝罢天下诸郡,以州统县,州长官称刺史。"内史李德林"的"内史"二字下,当脱一"令"字,李德林任内史令止于开皇十年四月。他与李德林参掌内史省事,却因职事不理,被文帝怒而出为金州刺史。所以,李孝贞任内史侍郎似当在开皇三年十一月至开皇十年四月间。但《内典录》却明确记李元操在开皇十三年时在内史侍郎任上,而《本传》是说他卒于金州刺史任上,或孝贞迟至开皇十三年后方被出外为刺史。

10,裴矩。《隋书·裴矩传》:

时俚帅王仲宣逼广州,遣其所部将周师举围东衡州。矩与大将军鹿愿赴之……矩进击破之……以功拜开府,赐爵闻喜县公,赍物二千段。除民部侍郎,寻迁内史侍郎。时突厥强盛,都蓝可汗妻大义公主,即宇文氏之女也,由是数为边患。后因公主与从胡私通,长孙晟先发其事,矩请出使说都蓝,显戮宇文氏。……诏太平公史万岁为行军总管,出定襄道,以矩为行军长史,破达头可汗于塞外。万岁被诛,功竟不录。上以启民可汗初附,令矩抚慰之,还为尚书左丞。②

据《慕容三藏传》,王仲宣反,围广州,事在开皇九年(589);慕容三藏解广州围则在开皇十年③。裴矩除民部侍郎即因援广州功,寻迁内史侍郎,事当在开皇十年左右。矩请出使都蓝,据《隋书·长孙览附长孙晟传》载:

(开皇)十三年,流人杨钦亡入突厥,诈言彭公刘昶共宇文氏女谋欲反隋,称遣其来,密告公主。……公主见晟,乃言辞不逊,又遣所私

---

① 〔唐〕道宣撰:《大唐内典录》,收入大正一切经刊行会编:《大正新修大藏经》第 55 册,台北:新文丰出版公司影印日本大正一切经刊行会刊本,1983 年,第 279 页;此事又见〔唐〕智昇撰,富世平点校:《开元释教录》卷七"占察善恶业报经二卷"条,北京:中华书局,2018 年,第 465 页,文字微有不同。

② 《隋书》卷六七,第 1577—1578 页。

③ 《隋书》卷六五,第 1532 页。

胡人安遂迦共钦计议,扇惑雍闾。晟至京师,具以状奏。……晟乃货其达官,知钦所在,夜掩获之,以示雍闾,因发公主私事,国人大耻。雍闾执遂迦等,并以付晟。上大喜,加授开府,仍遣入藩,莅杀大义公主。①

雍闾即雍虞闾,也即都蓝可汗。裴矩说都蓝杀大义公主当在开皇十三年(593)左右,后又从史万岁击突厥,万岁被诛,矩功掩而不录。史万岁死于开皇二十年,当时突厥达头可汗新败,正是启民可汗初附之时②,裴矩方以抚慰之功还为尚书左丞。因此,裴矩任内史侍郎时间当在开皇十年至开皇二十年间,在此期间,他多担任平叛以及出使的任务。

11,李长雅。《隋书·李衍传》:

> 衍弟子长雅,尚高祖女襄国公主,袭父纶爵,为河阳郡公。开皇初,拜将军、散骑常侍,历内史侍郎、河州刺史、检校秦州总管。③

李长雅为帝婿,从其前后任职来看,他任内史侍郎时间也当在开皇中。

12,晋平东。《隋书·高构传》:

> 高祖受禅,转冀州司马,甚有能名。征拜比部侍郎,寻转民部。时内史侍郎晋平东与兄子长茂争嫡,尚书省不能断,朝臣三议不决。④

高构转冀州司马在开皇初,既然"甚有能名",声闻朝廷,想来在冀州任职时间不会太短。征拜比部,寻转民部侍郎当在开皇中。故晋平东开皇中任内史侍郎。

13,薛道衡。《隋书·薛道衡传》:

> 后坐抽擢人物,有言其党苏威,任人有意故者,除名,配防岭表。……寻有诏征还,直内史省。……后数岁,授内史侍郎,加上仪同三司。……仁寿中,杨素专掌朝政,道衡既与素善,上不欲道衡久知机密,因出检校襄州总管。

《隋书·高祖纪下》:

---

① 《隋书》卷五一,第1332—1333页。
② 《隋书》卷五三《史万岁传》,第1355—1356页;卷八四《北狄·突厥传》,第1873页。
③ 《隋书》卷五四,第1363页。
④ 《隋书》卷六六,第1556页。

（仁寿二年九月）乙未，上柱国、襄州总管、金水郡公周摇卒。

（闰十月）己丑，诏曰："礼之为用，时义大矣。……尚书左仆射、越国公杨素，……内史侍郎薛道衡……可并修定五礼。"①

苏威坐党事除名，在开皇十二年（592）七月，道衡受牵连配防岭表，不过很快就被诏征还直内史省，数岁授内史侍郎，则道衡任内史侍郎当在开皇中。仁寿二年（602）九月，襄州总管周摇卒，十月，道衡仍以内史侍郎参与修定五礼之事，当时杨素专掌朝政，文帝不欲与杨素相善的薛道衡久典机密，因此，笔者认为他不久就被文帝出为检校襄州总管，接替不久前去世的周摇。所以，薛道衡任内史侍郎的时间当是从开皇中至仁寿二、三年间。

二、炀帝朝

1，虞世基。《隋书·虞世基传》：

炀帝即位，顾遇弥隆。……俄迁内史侍郎，以母忧去职，哀毁骨立。有诏起令视事……宇文化及杀逆也，世基乃见害焉。

同书《恭帝纪》：

（义宁二年三月）金紫光禄大夫、内史侍郎虞世基……皆遇害。②

虞世基直到大业十四年（618）与帝同被杀时，仍然是内史侍郎，而且他从炀帝即位之初，就开始担任这一官职了。《隋书·礼仪志五》：

大业元年，更制车辇，五辂之外，设副车。诏尚书令楚公杨素……内史侍郎虞世基……等，详议奏决。

同书《礼仪志七》：

及大业元年，炀帝始诏吏部尚书牛弘……兼内史侍郎虞世基……等，宪章古制，创造衣冠，自天子逮于胥皂，服章皆有等差。③

可见虞世基在大业元年时已经任内史侍郎，他终炀帝一朝都在这个位子上。

---

① 《隋书》卷五七，第 1407—1408 页；卷二，第 48 页。
② 《隋书》卷六七，第 1572—1574 页；卷五，第 101 页。
③ 《隋书》卷一〇，第 203—204 页；卷一二，第 262 页。

2,辛公义。《隋书·循吏·辛公义传》载：

> 及炀帝即位，扬州长史王弘入为黄门侍郎，因言公义之短，竟去官。吏人守阙诉冤，相继不绝。后数岁，帝悟，除内史侍郎。丁母忧。未几，起为司隶大夫，检校右御卫武贲郎将。①

辛公义除内史侍郎当在大业中，后以母忧去官，起复未再任内史侍郎。

3,韦津。《隋书·韦世康附韦津传》载：

> 津位至内史侍郎，判民部尚书事。

同书《炀帝纪下》：

> （大业十二年七月）甲子，幸江都宫，以越王侗、光禄大夫段达、太府卿元文都、检校民部尚书韦津、右武卫将军皇甫无逸、右司郎卢楚等总留后事。②

韦津何时任内史侍郎不可考，大业十二年（616），检校民部尚书时不知是否仍带内史侍郎之官。《韦君妻元咳女志》，志文标题"隋朝请大夫内史侍郎河南郡赞治韦府君夫人故元氏墓志铭"，王其祎认为"志主之夫韦府君疑即韦孝宽子韦津"③。若志主之夫确是韦津，则津至迟在大业六年已是内史侍郎，且本年尚未检校民部尚书。

4,萧瑀。《隋书·外戚·萧瓛附萧瑀传》载：

> 瑀，历内史侍郎、河池太守。

《旧唐书·萧瑀传》：

> 及（炀帝）践祚，迁尚衣奉御，检校左翊卫鹰扬郎将。……累加银青光禄大夫、内史侍郎。既以后弟之亲，委之机务，后数以言忤旨，渐见疏斥。炀帝至雁门，为突厥所围，瑀进谋曰……炀帝又将伐辽东，谓群臣曰："突厥狂悖为寇，势何能为？以其少时未散，萧瑀遂相恐动，情不可恕。"因出为河池郡守，即日遣之。④

---

① 《隋书》卷七三，第1683页。
② 《隋书》卷四七，第1271页；卷四，第90页。
③ 《隋代墓志铭汇考》第四册，三一八号，第73页。
④ 《旧唐书》卷六三，第2399—2400页。

炀帝至雁门为突厥所围,事在大业十一年(615)八月,此前瑀已是内史侍郎。突厥围解,炀帝以嫌恶出瑀为河池太守。大业十三年(恭帝义宁元年)十二月,萧瑀以河池太守身份降后来的唐太宗李世民[①]。

现在将隋代给事黄门侍郎(黄门侍郎)、内史侍郎任职情况制成表二。

表二　隋代给事黄门侍郎、内史侍郎任职情况表

官名	姓名	任职时间
给事黄门侍郎(黄门侍郎)	陈茂	开皇初任,在职十余年
	柳雄亮	开皇元年至开皇三年十月间
	杨达	开皇元年至开皇三年间
	柳庄	开皇七年至开皇十一年之间
	李安	开皇初至开皇八年
	李园通	开皇初至开皇八年
	刘行本	开皇初至开皇九年
	柳述	开皇十六、七年至仁寿中
	杨文纪	开皇十八年至仁寿二年
	张衡	开皇二十年至大业三年前
	许善心	仁寿元年至大业元年
	元岩	仁寿中
	王弘	仁寿末大业初任职,卸任不详
	元弘嗣	大业初至大业八年
	豆卢寔	大业二年
	柳旦	大业四年任职,卸任不详
	柳謇之	大业二年至大业三年
	裴矩	大业初至大业十四年
内史侍郎	李安	开皇初
	杨达	开皇二、三年间
	卢思道	开皇二、三年间

---

① 《旧唐书》卷一《高祖纪》,第5页。

续表

官名	姓名	任职时间
	段文振	开皇元年至三年
	柳述	开皇五年左右
	李圆通	开皇初
	柳䚒	开皇七年左右
	元善	开皇初至开皇九、十年间
	李孝贞	开皇三年至开皇十三年左右
内史侍郎	裴矩	开皇十年至开皇二十年间
	李长雅	开皇中
	晋平东	开皇中
	薛道衡	开皇中至仁寿二、三年间
	虞世基	炀帝一朝
	辛公义	大业中
	韦津	起讫时间无考,大业六年在任
	萧瑀	起始时间无考,至大业十一年左右

小　结

　　本章所考,只是在前辈学者较少注意或者没有注意到的地方略陈管见,加上《隋代墓志铭汇考》在隋代墓志的收集、整理上提供了大量的便利,所以能够对既往的研究成果进行重新的审视。所考是否准确,又是否存在对史料的误读、误解,尚请指教。如有新出墓志,自当随时补正。

　　以下将依照本章所考,对隋代三省制度重新加以思考,以求在实证的基础上,进一步探索前贤较少注意到的地方。

第二章　隋代尚书省性质的转变

——兼论录尚书事之废止于隋

第一节　从决策到执行:隋代尚书省性质的转变

一、问题的提出

隋代官制,可以炀帝大业三年(607)为界,划分为前后两个阶段。《隋书·百官志下》所说"炀帝即位,多所改革"①,就是对隋代官制改革的一种大致概括。文帝、炀帝前后两期官制改革的内容,不仅仅是在一些官名的改变,还涉及官僚机构的省并,包括职能的更改等。当然,这只是就大的方面,或者说是从官僚制度整体上来说的;而具体到他们各自当政的时期,也都对官僚机构做出过调整②。尚书省作为中央行政体制中的重要一环,由于涉及到隋唐时期的三省体制形成的问题,学界早有关注,且成果颇丰,前辈的研究已见前文综述,此处不赘。这里只拟对构成本节研究基础的三篇文章略作回顾。

其一是日本学者山崎宏氏的《隋朝官僚の性格》。该文是全面系统研究有隋一代中央官僚体系的力作,不仅详细考证了三省、禁卫大将军的任职人员、任职年限等问题,而且从任官者中汉、胡的比例,隋代以前所任官职,出身地的分布等方面分析,指出隋室并无汉胡隔阂,相反从禁卫大将军中有很多胡人来看,不如说隋代的治国政策是相当开放的。从宰相、尚书、大将军胡汉比例的变化上,山崎氏指出隋代官位在向北齐、南朝系人员开

---

① 《隋书》卷二八,第 773 页。
② 《隋书》卷二八《百官志下》记文帝开皇三年、六年、十二年、十三年、十四年、十五年、十六年、十八年、二十年、仁寿元年、仁寿三年都对官制做过调整(第 792—793 页);记炀帝则说"帝自(大业)三年定令之后,骤有制置,制置未久,随复改易。其余不可备知者,盖史之阙文云"(第 803 页),就是指的这种情况。

放的同时,也应该看到民族和前朝影响等多元化要素①。这种从严密的考证入手,对民族、地域等问题的研究,是建立在作者对六朝隋唐社会构成问题的思考之上的,如果推的稍远一点,或许还受到上个世纪五、六十年代,日本学界兴起的关于贵族制讨论的影响②。

其二是唐长孺先生的《读隋书札记·一　隋代尚书省长官和他官参预朝政》。该文专门讨论了隋代尚书省的尚书令、左右仆射。认为唐代不置尚书令虽有太宗曾任此官的缘故,但也是因袭了隋代旧制。隋文帝虽不置尚书令,但尚书左仆射权重;炀帝虽然短时间任命杨素为尚书令,但自大业三年(607)以后,就不再任命尚书令、仆,原因就在于"由于尚书省位高权重,文帝、炀帝都不愿有这样一个上逼皇权的宰相。……而以门下、内史两省长官和他官参预朝政者共同执政。……唐代以他官参知政务、参知政事也是因袭隋制"③。

其三是王素先生在《三省制略论》中对隋及唐初三省体制提出了一系列富有启发性的观点,如他认为隋代三省制运转的轴心在"尚书都省","中书出令、门下封驳、尚书执行的三省分职,在以尚书首长为首相,以尚书省为政务中心的大前提下,很难见诸实行"。唐初针对隋制,正式确立了三省体制,并以"三省首长制""三省并重制"和"三省分权制"为"三省制"的内涵④。

唐先生的札记是从尚书省长官的任免来说尚书省的权重,王先生的专著则认为隋代尚书省首长权力过重妨碍了三省制的建立,两说都是正确

---

① 刊《東京教育大学文学部紀要·史学研究》第六辑,1956 年,第 1—59 页。另外,日本学者对隋炀帝时期的官制有专门的研究,如内田昌功:《隋煬帝期官制改革の基礎の研究》(北海道大学東洋史談話会:《史朋》第 33 号,2004 年,第 23—49 页)指出炀帝对尚书省的改革确立了该省的四等官制;对门下省的改革使其成为政策决定的中心机关;内史省则调整官品、员数,与门下省对应;殿内省继承了门下省掌管皇帝日常生活的职能等等。该文重在对炀帝时期有过变动的职官系统做个别的分析,所以名为基础研究。同氏撰:《隋煬帝期官制改革の目的と性格》(《東洋文庫和文紀要·東洋学報》第 85 卷第 4 号,第 33—63 页)提出了三个问题:第一,官制的象征性问题;第二,官制改革的规划问题;第三,文帝时期制度与炀帝时期制度、炀帝时期制度与唐制的关系问题。该文以前篇文章为基础,提出炀帝官制改革中存在的军事性质的缩小、削弱北朝的影响,采用汉代官制和《周礼》官制的影响等几个方面,对于理解这个时期的官制演变是很有启发意义的。
② 参见刘俊文主编:《日本学者研究中国史论著选译》第二卷《专论》附录《战后日本的中国史论争·六朝贵族制论》(中村圭尔执笔),北京:中华书局,1993 年,第 359—391 页。
③ 唐长孺:《山居存稿》,北京:中华书局,2011 年,第 303—309 页。
④ 王素:《三省制略论》,第 161—163、187—192 页。

的。但是尚书省的位高权重体现在哪些方面,有没有具体的史实可以证明?文帝、炀帝除了不设尚书省长官之外还有没有其他措施来限制尚书省的权力?这些措施带来了怎样的影响?本章即拟利用上一章的考订成果来重新审视这些问题,以期对前辈学者得出的结论做一些补充论证。

二、文帝朝尚书省的位高权重

(一)制度上的规定与重臣的任职

学界在对唐初三省制有详细研究和深刻认识的基础上,自然地去审视作为唐代制度渊源的隋制。这种看法当然是有道理的,因为任何制度都不可能凭空发生,总是继承了前代并为后代所继承,而且杨隋享国日短,很多制度尚未得到时间的检验,李唐已经代兴。《通典·历代官制总序》:

> 大唐职员多因隋制,虽小有变革,而大较不异。[1]

《新唐书·百官志一》:

> 唐之官制,其名号禄秩虽因时增损,而大抵皆沿隋故。[2]

就是指的隋唐制度的这种连续性[3]。据唐初所修《隋书·百官志下》记文帝时制度:

> 三公,参议国之大事,依后齐置府僚。无其人则阙。……寻省府及僚佐,置公则坐于尚书都省。朝之众务,总归于台阁。
> 尚书省,事无不总。[4]

台阁即尚书,所谓“总归于台阁”“事无不总”,即一再强调隋代尚书省职权之重。唐代则不同,《唐六典·尚书都省》载尚书令之职:

> 皇朝武德中,太宗初为秦王,尝亲其职,自是阙不复置,其国政枢

---

① 〔唐〕杜佑撰,王文锦等点校:《通典》卷一九《职官一》,北京:中华书局,1988年,第471页。
② 〔宋〕欧阳修、〔宋〕宋祁撰:《新唐书》卷四六,北京:中华书局,1975年,第1181页。《旧唐书》卷四二《职官志一》载“高祖发迹太原,官名称位,皆依隋旧。及登极之初,未遑改作,随时署置,务从省便”(第1783页)。
③ 陈寅恪指出“李唐传世将三百年,而杨隋享国日至短,两朝之典章制度传授因袭几无不同,故可视为一体,并举合论,此不待烦言而解者”(《隋唐制度渊源略论稿》,北京:三联书店,2001年,第3页)。
④ 《隋书》卷二八,第773—774页。

密皆委中书,八座之官但受其成事而已。

同书《门下省》载:

> 侍中之职,掌出纳帝命,缉熙皇极,总典吏职,赞相礼仪,以和万邦,以弼庶务,所谓佐天子而统大政者也。

同书《中书省》载:

> 中书令之职,掌军国之政令,缉熙帝载,统和天人。入则告之,出则奉之,以厘万邦,以度百揆,盖以佐天子而执大政者也。①

太宗曾为尚书令,所以阙而不置的说法虽不准确,但原本属于尚书省的"国政枢密",现在"皆委中书"。门下、中书两省,一为"佐天子而统大政",一为"佐天子而执大政",已经可见唐代三省分掌国政之大概,这种记载显然与隋代不同。就官制史料的比较来看,隋代尚书省事无不总,唐代尚书省受成而已,也就是说,隋尚书省长官不仅是执行机构,而且有参预机密之权②。

　　从制度层面上来看,因文帝一朝无尚书令,故尚书左、右仆射为尚书省最高长官,统领六部尚书。尤以左仆射权任更重,这倒并非隋代定制。《唐六典·尚书都省》"尚书左丞相一人,右丞相一人,并从二品"条引《宋百官阶次》:

> 尚书仆射,胜右减左,望在二者之间。仆射职为执法,置二则曰左、右执法。……令阙,则左仆射为省主。……若左、右仆射并阙,则置尚书仆射以掌左事,置祠部尚书以掌右事。③

---

① 〔唐〕李林甫等撰,陈仲夫点校:《唐六典》卷一、卷八、卷九,北京:中华书局,1992 年,第 6、241、273 页。

② 《唐六典》对尚书、中书、门下三省的描述是基于玄宗朝三省体制下权力的分配而言的,唐初并非如此。除上揭王素大作之外,严耕望在《论唐代尚书省之职权与地位》开篇就说过,"汉代国家政令,丞相总其纲,而九卿分掌之;尚书乃皇帝之秘书机关,非行政机关。西汉之末,尚书已渐侵宰相之权。东汉魏晋以下,权势益隆,既夺宰相之权,兼分九卿之职,直接参预行政。经数百年之演变,至隋及唐初,则尚书令仍为宰相正官,六部分曹,共行国政,故尚书省为宰相机关兼行政机关。及神龙以后,仆射虽被摒于衡轴之外,然尚书省上承君相,下行百司,为国家政事之总枢纽,仍不失其为国家最高行政机关之地位"(《严耕望史学论文集》,第 261 页),在尚书省的研究上,将隋及唐初、唐神龙以后区分开,这种从大势上所做的论断,在笔者看来是非常准确的。

③ 《唐六典》卷一,第 7 页;《隋书》卷二六《百官志上》记梁尚书仆射之制,与宋全同,第 721 页。

《隋书·百官志中》记北齐尚书省制：

> 尚书省……又有录尚书一人，位在令上，掌与令同，但不纠察。令则弹纠见事，与御史中丞更相廉察。仆射职为执法，置二则为左、右仆射，皆与令同。左纠弹，而右不纠弹。①

南朝置一尚书仆射时，所谓"胜右减左，望在二者之间"的意思，就是尚书仆射位望介于左右仆射之间，比右仆射要高，比左仆射要低，因此南朝尚书左仆射的位望是要高于右仆射的。北齐尚书左仆射掌纠弹，而右仆射无此权力，是北齐左右仆射中仍以左仆射为高。隋代制官，多循北魏、北齐之制，而北魏太和制度，多有南朝前期制度影响②，所以隋代尚书左仆射较右仆射权任更重，实是继承南北朝以来传统。本节所指隋代尚书省官员位高权重，也主要是指尚书令、尚书左右仆射这些尚书都省的长官。

高颎在开皇元年(581)二月，文帝刚即位时，以尚书左仆射兼纳言，身兼尚书、门下两省长官，虽然不久之后就似不再兼任纳言，但任尚书左仆射直至开皇十九年(599)，几与开皇一朝相始终，权势如日中天，当时朝臣无与为比。尚书左仆射本就位高权重，高颎又曾是文帝相府心腹，高颎专任左仆射十九年，以重臣任重职，实际上无形之中更加重了左仆射的位望，这恰如南朝文武官位清浊问题，官、人之间相互影响③。开皇年间，君臣相得，不失为主明臣贤的典范。《隋书·高颎传》：

> 未几，尚书都事姜晔、楚州行参军李君才并奏称水旱不调，罪由高颎，请废黜之。二人俱得罪而去，亲礼逾密。
>
> 时荧惑入太微，犯左执法。术者刘晖私言于颎曰："天文不利宰相，可修德以禳之。"颎不自安，以晖言奏之。上厚加赏慰。④

水旱不调即阴阳不调，秦汉以来即为宰相之责。术者刘晖言天文不利宰相，高颎也以己当之，可见尚书左仆射是为宰相，权重更逾于右仆射。

---

①《隋书》卷二七，第752页。
②陈寅恪：《隋唐制度渊源略论稿》之《礼仪》《职官》两章，第15—16、94页。
③周一良《〈南齐书·丘灵鞠传〉试释兼论南朝文武官位及清浊》指出清浊之分的原因是"大抵上述诸官其先专用高门，习之既久，世遂目为高门专利。门阀之显与官位之清遂互相呼应，连为一事"(收入氏撰：《魏晋南北朝史论集》，北京：北京大学出版社，1997年，第118页)。高颎之任尚书左仆射虽与南朝官分清浊事不同，但任职之人与所任官职之间能够互相影响则无异。
④《隋书》卷四一，第1181、1182页。

（二）由"四贵"史料所见之尚书省官员

《隋书·观德王雄传》：

> 高祖受禅，除左卫将军，兼宗正卿。俄迁右卫大将军，参预朝政。……或奏高颎朋党者，上诘雄于朝。雄对曰："臣忝卫官闱，朝夕左右，若有朋附，岂容不知！至尊钦明睿哲，万机亲览，颎用心平允，奉法而行。此乃爱憎之理，惟陛下察之。"高祖深然其言。雄时贵宠，冠绝一时，与高颎、虞庆则、苏威称为"四贵"。
>
> 雄宽容下士，朝野倾瞩。高祖恶其得众，阴忌之，不欲其典兵马。乃下册书，拜雄为司空，曰："维开皇九年八月朔壬戌，皇帝若曰：於戏！惟尔上柱国、左卫大将军、宗正卿、广平王……是用命尔为司空。……"外示优崇，实夺其权也。雄无职务，乃闭门不通宾客。①

这篇本传透露出很多开皇年间朝政的信息，我们试加分析。

首先，关于"四贵"。据杨雄本传，所谓"四贵"，是指杨雄、高颎、虞庆则、苏威四人。广平王杨雄（后改封清漳王、安德王，炀帝时改封观王，薨后谥德）"时贵宠，冠绝一时"，则其他三人也不应例外。四人处于权力核心应无疑问。杨雄本传说他开皇九年（589）八月"高升"司空，实际上是"外示优崇，实夺其权"，即四贵局面的瓦解最迟不得晚于开皇九年。开皇九年被剥夺权力的并不止杨雄一人，《隋书·虞庆则传》：

> （开皇）九年，转为右卫大将军，寻改为右武候大将军。开皇十七年，岭南人李贤据州反，高祖议欲讨之。诸将二三请行，皆不许。高祖顾谓庆则曰："位居宰相，爵乃上公，国家有贼，遂无行意，何也？"庆则拜谢恐惧，上乃遣焉。②

---

① 《隋书》卷四三，第 1216 页。黄永年也注意到隋代有"四贵""五贵"之说，但他是用这些史料来证明"关陇集团"早在隋代就已经开始解体，所用方法即观察当时朝贵的籍贯（见《从杨隋中枢政权看关陇集团的开始解体》），他还利用同样的方法研究过唐初的"关陇集团问题"（《关陇集团到唐初是否继续存在》，这篇文章有多个表格讨论唐初功臣宰相的籍贯问题）。两文同收入氏撰：《文史探微》，北京：中华书局，2000 年。对于这样的统计分析，笔者总有一些疑虑。众所周知，唐太宗是关陇集团的中坚，他对关中、山东的籍贯是很在意的（参见《旧唐书》卷七八《张行成传》，第 2703 页），像皇帝这样的人物，是否能放入表格进行统计分析？因为我们不可能视皇帝为一般数据，他的言行与意志往往能左右整个朝局。基于这个疑问，笔者并不赞成黄先生的结论。
② 《隋书》卷四〇，第 1175 页。

据山崎氏所考,开皇九年正月,虞庆则由尚书右仆射转任右卫大将军,同年十一月即改为右武候大将军①,接替他担任右仆射的是苏威。显然他并没有杨雄当年的幸运,杨雄能以右卫大将军参预朝政,而虞庆则虽是右武候大将军,却并没有得到那样的恩旨。隋文帝说他"位居宰相",显然是指他曾经担任过的尚书右仆射一职。虞庆则在开皇十七年(597)平定岭南之后,当年十二月以谋反的罪名被杀。因此,开皇九年实是文帝一朝权力变动的关键年份。"四贵"之名始于何时,我们并不能考知,也就无法确定四人当时各任何种官职。但"四贵"之风光应当结束于开皇九年正月,即虞庆则转任右卫大将军之际。以此时间点为一个判断标准,当时高颎任尚书左仆射,虞庆则转任前为尚书右仆射、杨雄以右卫大将军"参预朝政",苏威任吏部尚书。除了杨雄之外,其他三位俱供职尚书省,由此也可见尚书省长官地位之要重。

　　其次,高颎在开皇年间虽然宠信无比,几至于凡人言颎不贤,必遭文帝降罪的地步。但有一件事却非文帝所能忍,此即朋党。所以当有人告高颎事涉朋党时,文帝急不可耐,诘杨雄于朝,若非雄进谏,高颎恐不免于罪。我们知道,开皇十二年七月,苏威就是因朋党案而被免职的。《隋书·苏威传》:

> (国子博士何)妥……遂奏威与礼部尚书卢恺、吏部侍郎薛道衡、尚书右丞王弘、考功侍郎李同和等共为朋党……上令蜀王秀、上柱国虞庆则等杂治之,事皆验。……于是免威官爵,以开府就第。知名之士坐威得罪者百余人。②

苏威在开皇十二年时,任尚书右仆射,本次朋党案,事涉礼部尚书、吏部侍郎、尚书右丞、考功侍郎,全部是尚书省官员。文帝震怒,坐朋党事得罪者竟有百余人之多,可见文帝对朋党忌讳犹深。文帝一朝,朋党案似仅此一次,结果是以当事人的罢官夺爵收场。我们注意到,高颎被告朋党,时任尚书左仆射;苏威被告朋党,时任尚书右仆射。我们不能说当时不存在其他官员结为朋党,但是文帝特别注意尚书左、右仆射是否结朋党一事,适足以说明尚书左右仆射位高权重,极易引起皇帝的猜疑,以朋党事为例,一旦查

①《隋书》卷二《高祖纪下》,第32、34页。
②《隋书》卷四一,第1186—1187页。

实,严惩不贷。

再次,由文帝对尚书左右仆射的猜疑,方有"四贵"共执朝政局面的出现,而且,从朝臣对高颎的不满中,也可以考见当时权力并非由高颎一人掌握。《隋书·高颎传》:

> 是后右卫将军庞晃及将军卢贲等,前后短颎于上。上怒之,皆被疏黜。①

上面在谈到左仆射权重时所引姜晔、李君才请废黜高颎一事,因史料记载有缺,尚难稽考。但庞晃、卢贲之短颎于上,却并非仅针对高颎一人,由此或可考见当时权力之所在。《隋书·庞晃传》:

> 晃性刚悍,时广平王雄当涂用事,势倾朝廷,晃每陵侮之。尝于军中卧,见雄不起,雄甚衔之。复与高颎有隙,二人屡谮晃。由是宿卫十余年,官不得进。

同书《元谐传》:

> 后数岁,有人告谐与从父弟上开府滂、临泽侯田鸾、上仪同祁绪等谋反。上令案其事。有司奏:"……时广平王雄、左仆射高颎二人用事,谐欲谮去之,云:'左执法星动已四年矣,状一奏,高颎必死。'又言:'太白犯月,光芒相照,主杀大臣,杨雄必当之。'……"上大怒,谐、滂、鸾、绪并伏诛,籍没其家。

同书《卢贲传》:

> 时高颎、苏威共掌朝政,贲甚不平之。柱国刘昉时被疏忌,贲因讽昉及上柱国元谐、李询、华州刺史张宾等,谋黜颎、威,五人相与辅政。又以晋王上之爱子,谋行废立。复私谓皇太子曰:"贲将数谒殿下,恐为上所谴,愿察区区之心。"谋泄,上穷治其事。昉等委罪于宾、贲,公卿奏二人坐当死。上以龙潜之旧,不忍加诛,并除名为民。②

庞晃之短高颎,实因受到杨雄和高颎的共同排挤;元谐之谮高颎与杨雄,原因也应相近;而卢贲之不平,也是由于高颎、苏威之共掌朝政。由此可知,

---

① 《隋书》卷四一,第 1181 页。
② 《隋书》卷五〇,第 1322 页;卷四〇,第 1172 页;卷三八,第 1142 页。

高颎当时以尚书左仆射身份主持朝政，实为众人攻击之目标。但他虽然权势显赫，却并非一人当国。所谓杨雄的"当涂用事"，高颎与苏威的"共掌朝政"，实指出了开皇年间权任所寄，并非高颎一人而已。

最后，尚书省虽然事无不总，掌朝政者却并非一定要是尚书省官员，杨雄并不在尚书省任职，却以右卫大将军身份"参预朝政"。《通典·职官三·宰相并官属》：

> 隋有内史、纳言，（即中书令、侍中。）是为宰相，亦有他官参与焉。（柳述为兵部尚书，参掌机事。又杨素为右仆射，与高颎专掌朝政。）①

以他官参预朝政，并非到柳述以兵部尚书参掌机事方才开始，开皇初年，杨雄之参预朝政即是一例。且杜君卿以隋之内史、纳言为宰相，而不提尚书省之官员，显然是以唐制言隋制，而唐代中书令、侍中之为宰相，前引《唐六典》也已经指出。《通典》于"亦有他官参与焉"所引三条史料，柳述为兵部尚书、杨素为尚书右仆射、高颎为尚书左仆射，均是尚书省官员，即在杜佑看来，隋代尚书省长官参与朝政属于以"他官参与焉"，尚书省长官本身并非宰相。从高颎和杨雄的史料来看，我们不能不说杜佑的观点是不准确的。正因为高颎是尚书左仆射，是当然的宰相，所以本传里并不要指明他是否参与朝政；而杨雄并不是尚书省长官，本传里才特别要交代他以右卫大将军"参预朝政"。

（三）废太子案所见尚书左右仆射之职权

杨雄本传所见尚书左右仆射权重一事的讨论已见上，更有一事可资说明仆射权重，曰太子杨勇被废案②。现排比史料，依次论述。

杨勇被废，实因文帝疑窦生于前，晋王广因此建夺嫡之谋，而文献皇后、杨素推波助澜于后，开皇二十年（600）遂有废勇立广之举。《隋书·房陵王勇传》：

> 其后经冬至，百官朝勇，勇张乐受贺。高祖知之，问朝臣曰："近闻至节，内外百官相率朝东宫，是何礼也？"太常少卿辛亶对曰："于东宫是贺，不得言朝。"高祖曰："改节称贺，正可三数十人，逐情各去。何因有司征召，一时普集，太子法服设乐以待之？东宫如此，殊乖礼制。"于

---

①《通典》卷二一，第540页。括号中为原注。
②关于杨勇在东宫时的交往圈子，请参见本书附录一。

是下诏曰："礼有等差,君臣不杂,爰自近代,圣教渐亏,俯仰逐情,因循成俗。皇太子虽居上嗣,义兼臣子,而诸方岳牧,正冬朝贺,任土作贡,别上东宫,事非典则,宜悉停断。"自此恩宠始衰,渐生疑阻。

同书《高祖纪下》:

> (开皇二十年)十二月戊午,诏东宫官属不得称臣于皇太子。[①]

文帝君臣之防甚严,亲如父子,位居正嫡,犹不免被猜忌。太子虽为储君,却"义兼臣子",百官朝贺于东宫,正触文帝忌讳。所以,在废勇立广方才一月,就下诏东宫官属于太子不得称臣,明皇帝与太子之间,君臣之分昭然。下文有云:

> 时高祖令选宗卫侍官,以入上台宿卫。高颎奏称,若尽取强者,恐东宫宿卫太劣。高祖作色曰:"我有时行动,宿卫须得雄毅。太子毓德东宫,左右何须强武? 此极散法,甚非我意。如我商量,恒于交番之日,分向东宫上下,团伍不别,岂非好事? 我熟见前代,公不须仍踵旧风。"盖疑高颎男尚勇女,形于此言,以防之也。[②]

文帝选东宫侍官以为己之宿卫,显然已不信任太子,所谓"熟见前代",盖指东宫宿卫兵强,或有兵变弑君之嫌,如刘劭弑刘义隆之比。本段史料尚有一事需注意,即高颎与杨勇为儿女亲家,文帝既疑勇,必不能不疑颎。勇既被君父猜疑,复失爱于母后,《隋书·房陵王勇传》:

> 勇多内宠,昭训云氏,尤称嬖幸,礼匹于嫡。勇妃元氏无宠,尝遇心疾,二日而薨。献皇后意有他故,甚责望勇。[③]

文献皇后于夫妇之义督责文帝甚严,复以此道强求诸子。太子失爱于亲母,与此大有关联。太子地位不稳,夺嫡之争遂起。《隋书·高颎传》:

> 时太子勇失爱于上,潜有废立之意。谓颎曰:"晋王妃有神凭之,言王必有天下,若之何?"颎长跪曰:"长幼有序,其可废乎!"上默然而止,独孤皇后知颎不可夺,阴欲去之,夫人卒,后言于上曰:"高仆射老

①《隋书》卷四五,第1230—1231页;卷二,第45页。
②《隋书》卷四五,第1231页。
③《隋书》卷四五,第1231页。

矣,而丧夫人,陛下何能不为之娶!"上以后言谓颍,颍流涕谢曰:"臣今已老,退朝之后,唯斋居读佛经而已。虽陛下垂哀之深,至于纳室,非臣所愿。"上乃止。至是,颍爱妾产男,上闻之极欢,后甚不悦。上问其故,后曰:"陛下当复信高颍邪?始陛下欲为颍娶,颍心存爱妾,面欺陛下。今其诈已见,陛下安得信之!"上由是疏颍。

同书《文献独孤皇后传》:

> 时皇太子多内宠,妃元氏暴薨,后意太子爱妾云氏害之。由是讽上黜高颍,竟废太子,立晋王广,皆后之谋也。[①]

文献皇后设计使文帝疏远高颍,本不足信,设使高颍承旨续弦,或颍妾不产,后之计便不行。然有一事近实,即后必欲上黜高颍,为何?因高颍为尚书左仆射,总统朝政之故。文帝有废立之意,明知高颍与杨勇为亲家,而不得不谋于高颍者,也是这个原因。文帝当然可以不顾众臣反对,强行废换太子,但他并不想这么做,他很希望获得百官特别是尚书省最高长官的支持,当他从高颍那里得不到这种支持时,他就不能不罢免高颍。所以,开皇十九年(599)八月,文帝借王世积案中泄露宫禁中事免颍官,高颍本传说"上欲成颍之罪"[②],可谓道出了其中真相。我们认为,高颍之被罢免,虽有各种原因,如文帝的猜疑,臣僚的不满,但废太子这件事前后所体现出的君臣矛盾是一个重要的因素,而高颍本身担任尚书左仆射使他不能不被卷入这件事的核心。《隋书·高颍苏威传》史臣曰:

> 属高祖将废储宫,由忠信而得罪;逮炀帝方逞浮侈,以忤时而受戮。若使遂无猜衅,克终厥美,虽未可参纵稷、契,足以方驾萧、曹。继之实难,惜矣![③]

唐人就很明白地指出高颍最后之得罪,废太子一事占据了重要的位置。

废换太子,朝臣中有两人与此事关系最密,一为高颍,已见上述;一则为杨素。《隋书·房陵王勇传》:

> 勇妃元氏无宠,尝遇心疾,二日而薨。献皇后意有他故,甚责望

---

①《隋书》卷四一,第1182页;卷三六,第1109页。
②《隋书》卷四一《高颍传》,第1183页。
③《隋书》卷四一,第1191—1192页。

勇。……晋王知之，弥自矫饰……其后晋王来朝……临还扬州，入内辞皇后……此别之后，知皇后意移，始构夺宗之计。因引张衡定策，遣襄公宇文述深交杨约，令喻旨于越国公素，具言皇后此语。素瞿然曰："但不知皇后如何？必如所言，吾又何为者！"后数日，素入侍宴，微称晋王孝悌恭俭，有类至尊，用此揣皇后意。……素既知意，因盛言太子不才。皇后遂遗素金，始有废立之意。

同书《高祖纪下》：

（开皇十年十一月）是月，婺州人汪文进、会稽人高智慧、苏州人沈玄憎皆举兵反，自称天子，署置百官。

（开皇十一年春正月）丙午，皇太子妃元氏薨，上举哀于文思殿。

同书《炀帝纪上》：

俄而江南高智慧等相聚作乱，徙上为扬州总管，镇江都，每岁一朝。①

高智慧等叛乱，事在开皇十年（590）十一月，叛乱当年就被杨素平定，接着文帝就以晋王广为扬州总管以震慑江南，镇江都，每年朝觐一次。而杨勇妃元氏薨于开皇十一年正月，当时杨广已任扬州总管，所以有"其后晋王来朝"之语，两者在时间上是没有冲突的。晋王来朝，最早一次也当在开皇十一年，也就是说，夺嫡之谋最早也要在开皇十一年之后方能开始酝酿。我们还可以做更精确一点的推论。据上所引杨勇本传，知晋王夺嫡之谋，由张衡定策，宇文述深交杨素弟杨约，再由约将晋王之意传达给杨素。《隋书·宇文述传》：

时晋王广镇扬州，甚善于述，欲述近己，因奏为寿州刺史总管。王时阴有夺宗之志，请计于述，述曰："……然废立者，国家之大事，处人父子骨肉之间，诚非易谋也。然能移主上者，唯杨素耳。……"晋王大悦，多赍金宝，资述入关。述数请约，盛陈器玩，与之酣畅，因而共博，每佯不胜，所赍金宝尽输之。约所得既多，稍以谢述。……述因为王申意。约然其说，退言于素，素亦从之。②

①《隋书》卷四五，第1231—1232页；卷二，第35、36页；卷三，第60页。
②《隋书》卷六一，第1464—1465页。

宇文述之能与杨广接近,就是因为他当时担任寿州刺史总管。考《隋书·高祖纪下》:

> (开皇十一年三月)癸未,以幽州总管周摇为寿州总管。
> (开皇十二年)夏四月辛卯,以寿州总管周摇为襄州总管。①

晋王广之镇扬州已如上述,在开皇十年,那么,晋王广奏宇文述出任寿州,也应当是在开皇十二年四月周摇调任襄州以后②。所以,宇文述之邀结杨约,似当在开皇十二年以后。我们知道,开皇十二年十二月,杨素升任尚书右仆射。宇文述所谓"能移主上者,唯杨素耳",杨素固然甚为得宠,但得宠的人很多,又为何非杨素不可?我想这主要得力于他当时所处的官位。废立太子这样的大事,当大家得不到左仆射高颎的支持时,自然会把目光转向与其地位相当的右仆射,而杨素此时正在任上。《隋书·天文志下》:

> (开皇)二十年十月,太白昼见。占曰:"大臣强,为革政·为易王。"右仆射杨素,荧惑高祖及献后,劝废嫡立庶。

同书《五行志下》:

> 开皇二十年十一月……扬雄以为人君不聪,为众所惑,空名得进,则鼓妖见。时独孤皇后干预政事,左仆射杨素权倾人主。帝听二人之谮,而黜仆射高颎,废太子勇为庶人,晋王钓虚名而见立。③

《五行志》之"左仆射杨素","左"乃"右"之误。从上引两条史料来看,在废立太子这件事上,作为人臣的杨素遭到了严厉的批判。其实包括文帝、独孤皇后、晋王广在内,大家更看重的是他的官位,他们需要有个人能代表百官的意见,而恰好杨素善于迎合上意,所以双方一拍即合。设使高颎能赞成废立之意,文帝恐怕并不需要杨素的支持;设使文帝无废立之心,杨素又从何处进其谮言?

　　开皇十九年八月,尚书左仆射高颎免,时任右仆射的杨素成为尚书省的最高长官,而且他是积极赞成废立太子的,此时再无阻拦文帝的障碍了。开皇二十年十月,废皇太子勇为庶人;十一月,立晋王广为太子。作为此事

---

① 《隋书》卷二,第36、37页。
② 岑仲勉撰:《隋书州郡牧守编年表》"二二九、寿州"条,收入《隋书求是》,第268页。
③ 《隋书》卷二一,第612—613页;卷二三,第655页。

积极的谋划者与参与者的杨素,两个月后,即仁寿元年(601)正月,由尚书右仆射升任尚书左仆射,成为真正的尚书省最高长官;而高颎以后却再也没有回到尚书省。

从废立太子这件事上,我们看到能与文帝、文献皇后沟通的朝臣只有两个人——高颎与杨素。而当这件事被提上日程时,两人分别担任尚书省的左右仆射,这当然不是一种巧合。左右仆射是尚书省的最高长官,执掌朝政。废立这种事,如果能获得两人的支持当然是最好的,但因左仆射高颎守正,且与杨勇为亲家,即便文帝亲自出面,也不能使他改变主意,那么只能退而求其次,寻求右仆射杨素的支持。在杨素积极活动之时,似乎没有看到文帝的干预,我们认为文帝对此是持默认态度的。

尚书左右仆射位高权重,实为百官之长。文帝一朝,尚书左仆射相对于尚书右仆射来说,任官之人比较稳定,高颎任职十九年,杨素任职四年至文帝去世。而尚书右仆射变动比较频繁,赵煚、赵芬之出任该职[1],优礼前朝老臣之意似乎更重于让他们执政。以后虞庆则、苏威、杨素迭相继任,苏威更是两次出任尚书右仆射。我们在上面说过,虞庆则、苏威名列“四贵”,处于权力中心自不待言。杨素多领兵在外,在开皇九年(589)前一直南征北讨,九年六月方从荆州总管转任纳言,即从地方回到中央,以他的功绩,任尚书左右仆射本不为过,但当时高颎在左仆射任上不需说,右仆射之任方由苏威调任,以后苏威因朋党案罢官,杨素方升任右仆射,《隋书·杨素传》:

> 代苏威为尚书右仆射,与高颎专掌朝政。素性疏而辩,高下在心……其才艺风调,优于高颎,至于推诚体国,处物平当,有宰相识度,不如颎远矣。[2]

也指出了素虽有才,然不能“推诚体国”,亦无“宰相识度”。杨素之出任尚书右仆射完全是因为苏威犯忌。以后他因在废立太子一事上支持文帝而取代高颎任左仆射,不过相比于高颎当国的才能,唐人认为他相差甚远。

(四)六部尚书之职权

尚书左右仆射下设六部尚书,分职管理。所谓“分司曹务”就是指这种

---

① 赵煚、赵芬任官及任免年月事,第一章有考。
② 《隋书》卷四八,第 1285 页。

情况。六部尚书，每部下辖四曹郎，因职务之闲剧，或一人，或二人，但每部曹郎人数相等，均是六人。所可注意者有二事。

1，以他官判、摄尚书的。这其中也要分两种情况。第一种是以本部尚书摄、判他部尚书的情况，如卢恺以礼部尚书摄吏部尚书。第二种是以尚书省外官判尚书事的，如柳述先以内史侍郎判兵部尚书事，后以给事黄门侍郎判吏部尚书事，长孙平以太常卿判吏部尚书事。这种摄、判，前代多有，本不足怪，但隋代有二例仍值得注意。

（1）令狐熙①。令狐熙以鸿胪卿兼吏部尚书，判五曹尚书事，任职的时间虽然不长，自开皇十二年（592）七月至开皇十三年正月间，但是权力极大。开皇三年定令，尚书左仆射判吏、礼、兵三尚书事；尚书右仆射掌判刑、民、工三尚书事。现在令狐熙以吏部尚书判另外五曹尚书事，即通判六部尚书事务，权力已在尚书左、右仆射之上，几与前朝之尚书令、录尚书事相差无几。但这似乎是暂时的情况，开皇十二年七月，右仆射苏威，以礼部尚书摄吏部尚书事的卢恺因朋党案被罢，令狐熙可能是来填补这一暂时的权力真空的，当年十二月，杨素升任左仆射，十三年正月，韦世康任吏部尚书，这种真空状态就消失了。可是，当时高颎正在尚书左仆射任上，不让高颎通判省事，而让令狐熙来执行这一职能。仁寿年间，杨素任尚书左仆射，由于文帝的疏忌，他"终仁寿之末，不复通判省事"②。以令狐熙判尚书省事是否也暗示文帝对高颎的疏忌呢？

（2）苏孝慈③。苏孝慈的任官也能说明上述判断。苏孝慈在开皇八年以太子左卫率判工部、民部、刑部事，清人毛凤枝就指出苏孝慈当时以工部尚书判民、刑二部事是异数，实际上是在行使尚书右仆射的职权。按，苏孝慈当时以太子左卫率判三部事，并非以工部尚书判民、刑二部事，而所指苏孝慈行使尚书右仆射之职权虽不错，但只是一部分。从开皇八年到十二年间，"称为干理"，当时高颎也在任，虞庆则、苏威相继为右仆射，何以非要苏孝慈以一非尚书省官员的身份来判尚书省事务呢？其中可以想见的一个原因恐怕就是限制两位仆射的权力。

2，各部尚书并不参掌机密。尚书左右仆射是当然的宰相，必然参预机

---

① 令狐熙任官，第一章有考。
② 《隋书》卷四八，第 1288 页。
③ 苏孝慈任官，第一章有考。

密,上面我们引用过《通典》的资料,并认为杜佑的说法是不准确的。另外还可以举出一些例子,《隋书·高颎传》:

> 颎有文武大略,明达世务。及蒙任寄之后,竭诚尽节,进引贞良,以天下为己任。……当朝执政将二十年,朝野推服,物无异议。治致升平,颎之力也,论者以为真宰相。……所有奇策密谋及损益时政,颎皆削稿,世无知者。①

高颎当国,朝野推服,连高下任心、才辩无双的杨素对他也是颇为推崇;物无异议则不尽然,开皇年间就有好几次针对高颎的弹劾,文帝对他的态度也处于一种微妙的状态。所谓论者,就是唐初普遍的看法认为高颎是真宰相。宰相必然参掌机密,所以,颎有奇策密谋及损益时政的奏稿。而六部尚书却没有这个权力,《隋书·柳机附柳述传》载:

> 杨素时称贵倖……述每陵侮之,数于上前面折素短。……俄而杨素亦被疏忌,不知省务。述任寄逾重,拜兵部尚书,参掌机密。
> 上于仁寿宫寝疾,述与杨素、黄门侍郎元岩等侍疾宫中。

同书《杨素传》:

> 上渐疏忌之,后因出敕曰:"仆射国之宰辅,不可躬亲细务,但三五日一度向省,评论大事。"外示优崇,实夺之权也。
> 及上不豫,素与兵部尚书柳述、黄门侍郎元岩等入阁侍疾。②

柳述拜兵部尚书,特意要标明参掌机密,也就是说,单单拜兵部尚书的话,还没有资格参掌机密,即如上举令狐熙、苏孝慈两例,虽判多部尚书事,但从史料和碑志中都没有表示出他们可以参预机密,这恐怕是他们与真正的尚书令、左右仆射最大的不同,推及其他尚书似也因如此。文帝寝疾,攸关皇位继承,柳述有参掌机密之权,元岩时任给事黄门侍郎,所以二人可以侍疾在侧。杨素虽被疏忌,但他作为尚书左仆射,当然有参掌机密之权,所以,他也可以入宫侍疾。当时的右仆射是苏威,因为文帝"不豫,皇太子自京师来侍疾,诏威留守京师",所以他才没有在场。

---

① 《隋书》卷四一,第1184页。
② 《隋书》卷四七,第1272—1273页;卷四八,第1288页。

三、炀帝时期尚书省权力的衰退

隋炀帝大业三年的改革涉及到官僚制度的很多方面,不仅仅是官名的更易。但尚书省作为行政体制中重要的一环,除了给六部尚书各增一侍郎,以贰尚书之职及对内部做出一些调整外,似没有更多的动作。究其原因,则在于空缺尚书都省那些位高权重的长官。既然尚书省已没有了上逼君主之嫌的官员,改与不改也就没什么太大意义了。

(一)炀帝不设尚书都省长官

隋炀帝在猜忌重臣这一点上与他父亲并无区别,甚至有过之而无不及,此点唐长孺先生早已指出,杨素临死前的一句"我岂须更活耶",也道出了位极人臣者的悲哀。另一位尚书省的重臣——尚书左仆射苏威,虽有宰相之才,无奈是典型的墙头草,《隋书·苏威传》:

> 威自以隋室旧臣,遭逢丧乱,所经之处,皆与时消息,以求容免。及大唐秦王平王充……王遣人数之曰:"公隋朝宰辅,政乱不能匡救,遂令品物涂炭,君弑国亡。见李密、王充,皆拜伏舞蹈。今既老病,无劳相见也。"
>
> 及大业末年,尤多征役,至于论功行赏,威每承望风旨,辄寝其事。[1]

所谓"与时消息,以求容免""承望风旨"恰当地指出了苏威的性格,李世民责其身为"隋朝宰辅,政乱不能匡救",虽然没有错,但站在苏威的立场,他在文帝朝历任民、刑、吏三部尚书,尚书右仆射、纳言,都是高官.在炀帝朝做到尚书左仆射,在两朝权欲极强且猜忌心颇重的皇帝手下当高官,能保全首领的确需要苏威这种本事。苏威在文帝朝虽被数次免官,终究还是得到任用;炀帝也是如此,数次罢其官爵,但"将复用威",只是由于裴蕴、虞世基等言威"昏耄羸疾",方止。相对于高颎、虞庆则之被黜被杀,杨素的有疾不治,苏威算是最能够宦海沉浮的一个人了。其中,他在大业三年(607)因为牵扯进贺若弼等人的案件而被免官,《隋书·炀帝纪上》:

> (大业三年七月)丙子,杀光禄大夫贺若弼、礼部尚书宇文敁、太常

---

① 《隋书》卷四一,第 1190 页。

卿高颎。尚书左仆射苏威坐事免。①

这是炀帝朝人事上的一次大清洗。也就是在这一年,炀帝对官制进行了改革,不仅传世文献提到了这次改革的内容,出土碑志也多少提到了大业三年的定令。《段济志》:

> (开皇元年)以勋授上开府仪同三司。……(大业)三年,以例改授银青光禄大夫。

上开府仪同三司,开皇中是从三品散实官,大业三年,"旧都督已上,至上柱国,凡十一等,及八郎、八尉、四十三号将军官,皆罢之",新定银青光禄大夫为从三品,所谓"以例",就是以大业新定改开皇旧有。《刘则志》:

> 以仁寿元年,正除内给事。大业三年,令文新颁,官号沿革,改内给事为内承奉。

本志称"内给事改内承奉",据《隋书·百官志下》炀帝时,"改内常侍为内承奉,置二人,正五品;给事为内丞直,置四人,从五品",内给事改名后为内丞直;内承奉则由内常侍改名而来。考虑到开皇中,内常侍,官正五品上;内给事,官从五品下。内给事改为内丞直的可能性较大,疑志文误。《萧玚志》:

> 大业元年,授东京卫尉少卿。二年,授上开府仪同三司。三年,朝旨以近代官号,随时变改,虽取旧名,不存事实,改上开府,授银青光禄大夫。②

其中两方志文都提到了大业三年的官制改革。从《萧玚志》来看,炀帝的理由是"以近代官号,随时变革,虽取旧名,不存事实"的缘故。

苏威在大业三年七月被免,不管此次改革是在七月前还是在七月后,炀帝已无必要再对尚书都省做制度、结构上的调整,因为他已经打定主意,不再任命尚书都省的长官了。

尚书都省既然自苏威罢左仆射之后再无人任职,那么我们来看尚书都

---

① 《隋书》卷三,第 70 页。

② 三方墓志分见《隋代墓志铭汇考》第五册,四六五号,第 285 页;第四册,三三六号,第 139 页;第四册,三六二号,第 245 页。

省下辖的六部尚书。尚书六部之中，以吏部位望权力最高，炀帝一朝，吏部尚书仅牛弘一人，自大业六年十二月，牛弘卒后，就不再设吏部尚书。在对尚书省高官的提防上，炀帝似乎更过于文帝。《隋书·牛弘传》：

> 弘荣宠当世，而车服卑俭，事上尽礼，待下以仁，讷于言而敏于行。……大业之世，委遇弥隆。……隋室旧臣，始终信任，悔吝不及，唯弘一人而已。

> 史臣曰：……绸缪省闼三十余年，夷险不渝，始终无际。虽开物成务非其所长，然澄之不清，混之不浊，可谓大雅君子矣。①

唐人虽认为牛弘无"开物成务"之能，但作为大雅君子，能得二帝始终信任，有隋一代，一人而已。如果只看《隋书》本传，以及与他同朝为臣，如高颎、苏威等高官的经历来看，确乎如此。但《资治通鉴·隋纪四·炀帝大业二年》载：

> 秋，七月，庚申，制百官不得计考增级，必有德行、功能灼然显著者进擢之。帝颇惜名位，群臣当进职者，多令兼假而已；虽有阙员，留而不补。时牛弘为吏部尚书，不得专行其职，别敕纳言苏威、左翊卫大将军宇文述、左骁卫大将军张瑾、内史侍郎虞世基、御史大夫裴蕴、黄门侍裴矩参掌选事，时人谓之"选曹七贵"。虽七人同在坐，然与夺之笔，虞世基独专之，受纳贿赂，多者超越等伦，无者注色而已。②

"制百官不得计考增级"的规定也见于《隋书·炀帝纪上》，但自"帝颇惜名位"始，这段史料仅见于《通鉴》。从这里可以看到，始终保其荣宠的牛弘，在任吏部尚书时并不能专行其职，而需与其他六人共同参掌，更有甚者，七人之中，吏部之事，吏部尚书反不得专任，而由内史侍郎虞世基独擅大权。由此看来，炀帝在牛弘任吏部尚书时，已经派人分权。所谓"帝颇惜名位，群臣当进职者，多令兼假而已；虽有阙员，留而不补"，就是说炀帝对于官职颇为吝惜，只愿授以兼、假的名义，而不愿实授官职。量才叙官本是吏部之职，炀帝忌吏部权重，不仅派人干涉吏部权力，而且自己亲自过问。所以，牛弘死后，索性不再授人吏部尚书一职。

---

① 《隋书》卷四九，第 1310 页。
② 《资治通鉴》卷一八〇，第 5624 页。

　　我们在上面研究隋文帝时期的尚书省时说过,文帝时不设尚书令,尚书左右仆射参预机密,是为宰相,而六部尚书不加"参预机密"等头衔是不能参与决策的。文帝虽时时注意防止尚书左、右仆射权力过大,但终文帝一朝,左右仆射始终得参机密。炀帝大业初,杨素为第一功臣,但自文帝末期以来,素为左仆射,"终仁寿之末,不复通判省事";新朝建立,贵为尚书令,"特为帝所猜忌"。虽然猜忌,但从制度上说,尚书令当然可以参预机密,这无疑只能增加炀帝的疑心,所以杨素只当了一年多的尚书令,就被迁为司徒,外示崇重,实夺之权,因为三公久已成为虚名了,这与当年文帝升杨雄任司空一职的手法如出一辙。在迁司徒一个月以后,大业二年(606)七月,杨素病故。而一年以后的大业三年七月,炀帝借杀高颎之机,免尚书左仆射苏威,尚书都省没有了长官。苏威的被免,当然是文帝以来削弱尚书都省长官的结果,但此后尚书都省再无长官却造成了一个后果——尚书省全面退出了参预机密、决策的环节,尚书都省长官能参预机密,但无人任职;六部尚书不加参预机密等衔又不得参预决策,尚书省退出国政制定而变成政务的执行机构应该是由炀帝确定下来的,但是,炀帝只是不任命,并非从制度上剥夺尚书都省长官的权力。

　　(二)炀帝朝的权力核心——从"四贵"到"五贵"

　　尚书省权势与地位的下降还可以从"朝贵"的问题上看出来。上面说过,文帝时有所谓"四贵",其中三位均在尚书省供职;而上段所引《通鉴》也指出了炀帝时的"选曹七贵",即吏部尚书牛弘、纳言苏威、左翊卫大将军宇文述、左骁卫大将军张瑾、内史侍郎虞世基、御史大夫裴蕴、黄门侍郎裴矩,这还只是涉及到选举之事。正史又有"五贵"之说,《隋书·苏威传》:

　　　　后岁余,复为纳言。与左翊卫大将军宇文述、黄门侍郎裴矩、御史大夫裴蕴、内史侍郎虞世基参掌朝政,时人称为"五贵"。[①]

这份"五贵"的名单是苏威第二次任纳言之后,即大业七年(611)初至大业十二年五月之间[②]。对比这两份名单,"五贵"全部被包含在"选曹七贵"里,后者多出两人是牛弘和张瑾。牛弘为吏部尚书,职掌选曹是分内之事,可以不论,且他在大业六年就亡故了。《隋书·宇文述传》:

———————————

①《隋书》卷四一,第1188页。
②苏威在炀帝朝任纳言事,第一章有考。

　　　　时述贵幸，言无不从，势倾朝廷。左卫将军张瑾与述迕官，尝有评

　　议，偶不中意，述张目叱之，瑾惶惧而走，文武百僚莫敢违忤。①

当时宇文述是左卫大将军，张瑾是左卫将军，所以是连官。《隋书》《北史》

中，张瑾仅一见，内容完全相同，知张瑾虽参与选举，其势大概不如"五贵"。

　　下面来具体分析一下"五贵"。苏威是纳言，门下省的长官；宇文述是

左翊卫大将军，十二卫大将军之一；裴矩是黄门侍郎，门下省的副长官；裴

蕴是御史大夫，御史台的长官；虞世基是内史侍郎，内史省的副长官。从制

度上来讲，门下省、内史省本可参预机密，过问朝政。宇文述为杨广邀结杨

素弟杨约，参预夺嫡之谋，因此晋王在藩时，他就是心腹，《隋书·宇文述

传》：

　　　　还至江都官，敕述与苏威常典选举，参预朝政。述时贵重，委任与

　　苏威等，其亲爱则过之。②

同书《裴蕴传》：

　　　　未几，擢授御史大夫，与裴矩、虞世基参掌机密。蕴善候伺人主微

　　意，若欲罪者，则曲法顺情，锻成其罪。所欲宥者，则附从轻典，因而释

　　之。……于时军国多务，凡是兴师动众，京都留守，及与诸蕃互市，皆

　　令御史监之。③

宇文述参预朝政需下敕，是因为十二卫大将军在制度上是不能参预朝政

的，这里的参预朝政即可以参预国政制定。《裴蕴传》特别要点出与裴矩、

虞世基参掌机密，是因为裴矩、虞世基在制度上本有参掌机密之权，御史大

夫则没有，当也是炀帝所加。御史台官员的权力在很大程度上反映了皇权

的强弱。《唐六典·御史台》"御史大夫一人，从三品"条注曰：

　　　　历晋、宋、齐、梁、陈、后魏、北齐、后周，并不置大夫，而以中丞为台

　　主。〔八〕隋讳"忠"，依秦、汉置御史大夫，从三品；大业八年，〔九〕降为正

　　四品。④

————————————

①《隋书》卷六一，第1465—1466页。

②《隋书》卷六一，第1465页。

③《隋书》卷六七，第1575、1576页。

④《唐六典》卷一三，第377页。本卷校勘记〔八〕引《隋书·百官志》云："御史台，梁国初建，置大

　　夫；天监元年，复曰中丞。"校勘记〔九〕引《隋书·百官志》，"八"作"五"。

魏晋南北朝普遍只置御史中丞为御史台长官,隋因避讳,虽依秦汉之旧而
复置御史大夫,但品秩、地位已非秦汉之比。自东晋以来,高门多不愿就御
史台官,而皇权则通过御史台来抵制门阀的影响,周一良先生说:

> 东晋,尤其宋齐以后,根据清议来惩处官吏的,不再是中正贬降其
> 乡品,而是政府,特别是御史中丞出面,来处理触犯清议的案件。……
> 御史中丞直接弹劾代替了中正先降乡品再贬官职的作法,说明皇权支
> 配下的官吏取代了高门士族所支持的中正的作用。①

据裴蕴的本传,他"善候伺人主微意",对炀帝很忠诚,且能完全执行炀帝的
旨意,也能证成周先生的上述观点。

与文帝时的"四贵"相比,炀帝时的"五贵"无一人在尚书省任职,也充
分说明了尚书省权力的降低,而这个过程是由炀帝空缺官位来完成的。杜
佑所说的"隋有内史、纳言,是为宰相,亦有他官参与焉"的论断,只提内史
省、门下省而不提尚书省,如果单指炀帝朝的话,是有相当理由的。

四、结论

文帝时期,尚书省的最高长官尚书左右仆射,不仅执掌朝政,参预机
密,而且当时人就称之为真宰相,隋代宰相制度由魏晋南北朝发展演变而
来,如果按照祝总斌先生的意见,隋文帝时期的尚书左右仆射也当然应该
是宰相②。王素先生以隋代三省制运转的轴心在尚书都省,尚书省实为政
务中心的观点在文帝朝是可以成立的。其中尤其以尚书左仆射位高权重,
加上高颎任左仆射专掌朝政几二十年,无论是在朝中的威望,还是后代对
其执掌国政时的评价,当时朝臣均无出其右者。他先后与杨雄、苏威、杨素
等共掌朝权。杨素虽继高颎为左仆射,但他并无经国之才,由右转左,文帝
只是在酬答他在废太子事上的功劳而已。六部尚书各掌一面,非加掌知机
密等则不得与闻政事。炀帝虽然在制度上并没有作出规定,但在操作过程
中,尚书都省长官缺而不补,使能够参预国家决策的尚书省官员长期处于
缺员之中,六部尚书又不加参预机密等衔,使尚书省全面退出了国家政务
的决策层面。严耕望先生说"至隋及唐初,则尚书令仆为宰相正官,六部分

①周一良:《两晋南朝的清议》,收入氏撰:《魏晋南北朝史论集》,第439—440页。
②祝总斌:《两汉魏晋南北朝宰相制度研究》,第4—6页。

曹,共行国政,故尚书省为宰相机关兼行政机关",从隋到唐初,其实经历了反复,文帝朝的尚书左右仆射领导下的尚书省的确是宰相机关兼行政机关,炀帝朝的尚书省则是行政机关,唐初尚书省官员的设置则又回到开皇旧制①。

以上是就官僚制度的层面来说的,但是我们不能忽略隋代另一个足以影响政治进程的因素,那就是皇帝本人。文帝疑忌之心颇重,尚书省长官既然位高权重,自然首当其冲。高颎就是一个明显的例子,正是"成也文帝、败也文帝"。君臣相得之时,无论朝臣如何奏颎,俱得罪而去。但高颎的位高权重迟早必然引起多疑文帝的不满,所以文帝先以杨雄参预政事,当时已疑颎有朋党事,赖雄善言维持。后杨雄亦以深得众心而去官。高颎失势,史书谓肇始于拒绝更易太子,其实以颎之心性才干,早晚必遭横祸,故当文帝黜颎之时,举朝以为不可②,而帝必欲去之,与君臣相得之时正形成强烈反差。继高颎者杨素,然"素作威作福。上渐疏忌之"③。杨素出将入相,所谓"素之贵盛,近古未闻",但素作威作福并非一日,何以等到他当了尚书左仆射,文帝才疏忌之? 可见并非由于杨素这个人的问题,实由于尚书左仆射这个官的问题。尚书左仆射的权力过大,在制度上并无有效的约束机制,所以去杨素之权还要"外示优崇",文帝只是通过自己的皇权来加以干涉。炀帝比起文帝来,权欲更强,采取的办法也更巧妙——空缺不补。既不设尚书令、仆,复对六部之首的吏部尚书进行干预,以他官参与选官以分吏部尚书之权,从"四贵"到"五贵"的转变足以显示有隋一代尚书省权力的衰弱。因此,我们认为,隋代尚书省权力的演变确如唐长孺先生所说,是来自于皇权的压迫而非制度的变革。

第二节　论隋代尚书省与九寺的关系

隋代中央职官制度,大概来说,有省、寺、监、台、卫、府之分。寺监为分部主事机构。从汉至唐,三公渐为虚位,而事归台阁。九卿虽时有废省,但

①唐初尚书省的考论,见第五章。
②据《隋书》卷四一《高颎传》,时上柱国贺若弼、吴州总管宇文弢、刑部尚书薛胄、民部尚书斛律孝卿、兵部尚书柳述等明颎无罪,第1183页。
③《隋书》卷四八《杨素传》,第1288页。

历代相承,大体皆置。我对尚书与九卿在隋代的关系问题,以前虽略有涉及,但未深考①。六十多年前,严耕望先生在《史语所集刊》第二十四本上刊布其名作《论唐代尚书省之职权与地位》,详考唐代尚书六部与九寺诸监之关系,他说:

> 尚书六部与九寺、诸监,其职掌之性质大异,而有下行上承之关系。盖尚书六部之职是"掌政令",以"行(君相之)制命";而九寺诸监之职是"掌诸事",以"行(尚书之)政令"。……故尚书六部为上级机关,主政务;寺监为下级机关,掌事务。②

唐制省寺之间既然是上主政、下主事的下行上承的关系,而"大唐职员多因隋制,虽小有变革,而大较不异"③,所以隋制似乎也应如此。隋历二代而亡,时间短促,传世文献资料也有限,政治史研究中往往将其与唐合并,概称隋唐。隋代建制大多为唐代继承,这没有问题,但细微之处往往似是而非,有沿有革。本章以隋代尚书与九卿的关系为例,旨在说明严先生的论断是一种理想模式,是一种不受其他外力干扰的理想状态,这种状态虽然存在,但经常会被干扰。

一、从卢思道的上奏谈起

《隋书·卢思道传》:

> 开皇初,以母老,表请解职,优诏许之。思道自恃才地,多所陵轹,由是官途沦滞。既而又著《劳生论》,指切当时,其词曰……岁余,被征,奉诏郊劳陈使。顷之,遭母忧,未几,起为散骑侍郎,奏内史侍郎事。于时议置六卿,将除大理。思道上奏曰:"省有驾部,寺留大仆,省有刑部,寺除大理,斯则重畜产而贱刑名,诚为未可。"又陈殿庭非杖罚之所,朝臣犯笞罪,请以赎论,上悉嘉纳之。是岁,卒于京师,时年五十二。④

---

① 拙撰:《魏晋南北朝九卿研究》,新北:花木兰文化出版社,2013 年,第 236—238 页。
② 严耕望:《严耕望史论论文集》,第 262—263 页。另参楼劲:《唐代的尚书省——寺监体制及其行政机制》,《兰州大学学报(社科版)》1988 年第 2 期;《汉—唐诸卿沿革发微》,《青海社会科学》1988 年第 3 期。
③ 《通典》卷一九《职官一·历代官制总序》,第 471 页。
④ 《隋书》卷五七,第 1400—1403 页。

卢思道的上奏与本文主旨关系密切,所以略为考释。

(一)上奏的时间问题

祝尚书先生将卢思道的上奏时间定在开皇元年(581)①,笔者认为似乎还有一种可能。祝先生的依据是开皇元年文帝改官制,所以卢思道才会有这篇奏疏。但是文帝开皇年间对于官制曾有多次改动,依据本传并不能确定此次上奏就是在开皇元年。

此次上奏之前,卢思道曾"奉诏郊劳陈使"。开皇元年九月,高颎节度诸军伐陈,据祝尚书先生所撰《卢思道年谱》,卢思道也在军中,至次年二月班师方回朝。从开皇二年至开皇六年卢思道死亡之间,陈使聘脩计有开皇三年二月、十一月,开皇四年七月,开皇五年七月,开皇六年四月五次②。所以,本次上奏也应在开皇三年二月之后。

卢思道上奏建议不能废除大理,文帝接受了这个意见。当时,朝廷的确有省废九卿的举动,据《隋书·百官志下》,开皇三年四月,废光禄、卫尉、鸿胪三卿③,而没有废大理卿。所以这份奏疏应作于本年或之前。

另外,据《卢思道年谱》,知卢思道生于东魏孝静帝天平二年(535)。据本传,卢思道在此次上奏之前,曾写过一篇《劳生论》,其中有一句"余年五十"④一句。如果确信他写《劳生论》时是五十岁,那么此时已经是隋开皇四年,则议省寺关系的上奏似应在本年之后。而开皇三年已经进行省寺改革,所以这里的"五十"应是虚指。因为卢思道在北周大象二年(580)另外写过一篇《孤鸿赋》,其中也有"余五十之年,忽焉已至"一句,当时他才四十六岁,祝先生认为"叹老嗟卑,乃古代文人常态,将四十余说成五十忽至,未为不可"⑤,我赞同这个意见。不过,祝先生将《劳生论》的写作定于开皇元年,卢思道四十七岁时,似有不妥。《劳生论》作于开皇初卢思道解职之后,岁余方被征入朝。但开皇元年九月至开皇二年二月,卢思道正在高颎伐陈的军中,所以,似将《劳生论》之作定在开皇二年二月之后比较妥当。

排比《卢思道传》的史文,对于卢思道上奏的时间似乎可以另外提出一

①祝尚书:《〈卢思道集〉校注》附录二《卢思道年谱》,成都:巴蜀书社,2001年,第235—236页。

②《隋书》卷一,第18、20、21、24页。

③《隋书》卷二八,第792页。

④《隋书》卷五七,第1400页。

⑤祝尚书:《〈卢思道集〉校注》附录二《卢思道年谱》,第238页。

种解释。即开皇二年(582)二月伐陈回朝之后，卢思道以母老为由提交辞呈。同年著《劳生论》。岁余，也就是开皇三年被征，二月郊劳陈使，不久母丧，夺情起复后参与了制度改革的讨论，四月，朝廷废三寺。因此，卢思道的上奏很可能在开皇三年的二月至四月间。

(二)奏疏所反映的省寺关系

卢思道上奏的背景是"议置六卿，将除大理"。这里的"六卿"显然与《周礼》无关，而只能是指汉魏官制里九卿中的六个。从奏文中的"省—寺""驾部—大仆""刑部—大理"对举来看，此次会议就是要讨论省寺的关系问题。为什么只保留六个呢？因为尚书省只有六部，为了与部对应，所以才要讨论保留哪六个卿。这说明，即使到了开皇三年(583)，朝廷仍在讨论省寺的关系问题。隋文帝是想解决自魏晋以来尚书与九卿职务重叠、权责不明等一系列问题的，但是他的办法很机械，仅是想从数字上对应。所以，《隋书·百官志下》：

> (开皇三年四月)废光禄寺及都水台入司农，废卫尉入太常尚书省，废鸿胪亦入太常。罢大理寺监、评及律博士员，加置正为四人。[①]

光禄、卫尉、鸿胪三寺被废，九卿的确只剩下太常、宗正、太仆、大理、司农、太府六寺了。虽然只剩下六寺，但是所废三寺之职能全部并入其他六寺和尚书省之中，也就是此次废并的范围限于省、寺之间，因此仍然是省寺的关系问题。从表面上看，废寺的举动只是历朝尚书与九卿到底孰存孰废的隋代版。这种非此即彼的模式包含了两层意思：尚书与九卿到底以谁为主；尚书与九卿权责不明[②]。由卢思道的上奏可以看出，省是必须保留的，讨论的只是寺的存废问题。因此，隋文帝废三寺的目的就很明确了，是以尚书省为主，以六部统六寺。那么省与寺怎样对应呢？卢思道说，太仆寺对应驾部，驾部属兵部，那么就是尚书兵部—太仆寺；大理寺最终也没有废，对应刑部，刑部属都官，那么就是尚书都官—大理寺。其他四寺怎样对应，限于史料，已难得其详。

但是这种一一对应的关系并不能维持得太久，开皇十二年(592)"复置

---

① 《隋书》卷二八，第 792 页。
② 祝总斌：《两汉魏晋南北朝宰相制度研究》，第 167—169 页；胡秋银：《桓温并官省职考释》，《武汉大学学报(人文社会科学版)》第 53 卷第 4 期。

光禄、卫尉、鸿胪等寺"①，九寺又恢复了。省、寺之间怎样对应仍然不清楚，不过，开皇三年以后，隋代史料里并未再见到关于省寺关系问题的讨论，说明文帝确定的以省统寺的方针并没有改变。

二、尚书与九卿的关系

（一）集议体制下的九卿负责制

《新唐书·杨收传》：

> 收因建言："汉制，总群官而听曰省，分务而专治曰寺。"②

杨收所言，与其说是汉制，倒不如说是唐代前期尚书省与九寺关系的写照，可以为严耕望大作做一注脚。隋自开皇三年确定以省统寺的方针以后，两者关系如何，效果如何，以下略作分析。

《隋书·礼仪志五》：

> 大业元年，更制车辇，五辂之外，设副车。诏尚书令楚公杨素、吏部尚书奇章公牛弘、工部尚书安平公宇文恺、内史侍郎虞世基、礼部侍郎许善心、太府少卿何稠、朝请郎阎毗等，详议奏决。于是审择前朝故事，定其取舍云。③

大业元年（605）这次集议讨论的是如何制造车辇，"舆辇之别，盖先王之所以列等威也"④，涉及礼仪制度、官僚等级制度以及如何制造等一系列问题。尚书省的参加者包括尚书令，吏部、工部二尚书，礼部侍郎；太府寺的参加者则是太府少卿。省、寺集议的结果是"审择前朝故事，定其取舍"，最终将此次集议的内容付诸实施的则是太府寺⑤。《资治通鉴·隋纪四》"（炀帝大业元年）二月，丙戌，诏吏部尚书牛弘等议定舆服"条：

> 二月，丙戌，诏吏部尚书牛弘等议定舆服、仪卫制度。以开府仪同

---

① 《隋书》卷二八，第 792 页。
② 《新唐书》卷一八四，第 5394 页。
③ 《隋书》卷一〇，第 203—204 页。
④ 《隋书》卷一〇《礼仪志五》，第 191 页。
⑤ 隋太仆寺有乘黄署，依北齐制度，乘黄署"掌诸辇辂"（《隋书》卷二七《百官志中》，第 756 页）。乘黄署的职责是"掌"，而非"造"。唐制，"乘黄令掌天子车辂，辨其名数与驯驭之法"（《唐六典》卷一七《太仆寺》，第 480 页），同样是"掌"，是管理，所以大业元年的这次集议，太仆寺并没有人出席。

三司何稠为太府少卿,使之营造,送江都。①

《隋书·何稠传》:

> 大业初,炀帝将幸扬州,谓稠曰:"今天下大定,朕承洪业,服章文物,阙略犹多。卿可讨阅图籍,营造舆服羽仪,送至江都也。"其日,拜太府少卿。稠于是营黄麾三万六千人仗,及车舆辇辂、皇后卤簿、百官仪服,依期而就,送于江都。所役工十万余人,用金银钱物巨亿计。②

《通鉴》直接点明了营造之事是由太府少卿何稠具体负责的,从《何稠传》也可以看出营造规模与消耗均十分巨大,但整个营造过程并无尚书省的相关官员参与,这符合严先生所说尚书行君相(炀帝诏)之制命,而九卿行尚书(集议)的政令的判断。

九卿行政令,常常躬亲细务,《隋书·赵元淑传》:

> 及炀帝嗣位,汉王谅作乱,元淑从杨素击平之。以功进位柱国,拜德州刺史,寻转颍川太守,并有威惠。因入朝,会司农不时纳诸郡租谷,元淑奏之。帝谓元淑曰:"如卿意者,几日当了?"元淑曰:"如臣意不过十日。"帝即日拜元淑为司农卿,纳天下租,如言而了。帝悦焉。③

《隋书·杨汪传》:

> 炀帝即位,守大理卿。汪视事二日,帝将亲省囚徒。其时系囚二百余人,汪通宵究审,诘朝而奏,曲尽事情,一无遗误,帝甚嘉之。④

司农寺负责天下租谷的收纳,赵元淑作为司农卿以十日便能了结此事;杨汪守大理卿,通宵审定二百余人案件,二人无论是才干还是精力都是过人的。因此,年老体衰者很难胜任九卿职务。《隋故礼部尚书固安公崔公墓志铭》:

> 大业元年,加大将军,除民部尚书,徙礼部尚书。三年,除国子祭酒,寻迁太常卿。……公以年在悬车,表请致事。优诏授公信都郡守,

---

① 《资治通鉴》卷一八〇,第 5623 页。
② 《隋书》卷六八,第 1597 页。
③ 《隋书》卷七〇,第 1621 页。
④ 《隋书》卷五六,第 1394 页。

令自怡养。九年，又抗表求退，方遂请焉。日以十年七月十九日，薨于东都教业里之第，春秋七十有六。①

崔公即崔仲方，据墓志，他任太常卿时已六十九岁。墓志说他以年龄原因自己提出辞呈，但《隋书·崔仲方传》载：

> 进位大将军，拜民部尚书，寻转礼部尚书。后三载，坐事免。寻为国子祭酒，转太常卿。朝廷以其衰老，出拜上郡太守。②

实际的原因却是"朝廷以其衰老"，不能胜任太常繁重的工作。这里应该注意的是，崔仲方在六十七岁时还做过民部、礼部二尚书，由此也可以看出尚书与九卿工作重点的不同。

躬亲细务，虽然像赵元淑、杨汪那样有表现的机会，然而一旦出错，往往首先被追责。《旧唐书·屈突通传》：

> 开皇中，为亲卫大都督，文帝遣通往陇西检覆群牧，得隐藏马二万余匹。文帝盛怒，将斩太仆卿慕容悉达及诸监官千五百人，通谏曰："人命至重，死不再生，陛下至仁至圣，子育群下，岂容以畜产之故，而戮千有余人。愚臣狂狷，辄以死请。"文帝瞋目叱之，通又顿首曰："臣一身如死，望免千余人命。"帝寤，曰："朕之不明，以至于是。感卿此意，良用恻然。今从所请，以旌谏诤。"悉达等竟以减死论。③

陇西群牧擅藏马匹，文帝盛怒之下，将斩太仆卿及诸监官千余人。卢思道在上奏中已经指出，太仆寺与尚书兵部有对应关系，但就此事来看，不管是兵部尚书，还是驾部侍郎，都未受到处分。又《隋书·刑法志》：

> 仁寿中，用法益峻，帝既喜怒不恒，不复依准科律。时杨素正被委任。素又禀性高下，公卿股栗，不敢措言。素于鸿胪少卿陈延不平，经蕃客馆，庭中有马屎，又庶仆毡上樗蒲。旋以白帝，帝大怒曰："主客令不洒扫庭内，掌固以私戏污败官毡，罪状何以加此。"皆于西市棒杀，而

---

① 吴钢主编：《全唐文补遗》第八辑，西安：三秦出版社，2005 年，第 258 页。
② 《隋书》卷六〇，第 1450 页。崔仲方外任刺史地应从《墓志》作信都，而非本传的上郡。
③ 《旧唐书》卷五九，第 2319 页。《新唐书》卷八九《屈突通传》略同，第 3749 页。《资治通鉴》卷一七八《隋纪二·文帝开皇十七年》"帝遣亲卫大都督长安屈突通往陇西检覆群牧"条略同，第 5556 页。

榜棰陈延,殆至于毙。①

鸿胪寺有典客署,置令,胡三省认为典客即主客②。隋代尚书省中哪一部与鸿胪寺对应并不清楚,但可略作推测。单以名称而论,尚书礼部有主客侍郎。北齐之尚书省主客曹"掌诸蕃杂客等事","鸿胪寺,掌蕃客朝会,吉凶吊祭"③,隋应无太大差异。如果按照开皇三年确定的以省统寺的方针,当时的鸿胪寺或与尚书礼部,特别是主客侍郎有对应关系。但是,文帝的愤怒完全发泄在鸿胪寺一系官员的身上,未见对尚书礼部有何申斥。

(二)皇权对省寺关系的影响

如果说严耕望所论尚书省与寺监之间下行上承关系是隋与唐前期省寺体制的理想模式的话,那么,皇权经常会破坏这种模式。文帝"素无术学,不能尽下,无宽仁之度,有刻薄之资",炀帝"负其富强之资,思逞无厌之欲"④,因此,皇权既可以让尚书省官员去掌诸事,也可以让寺监官员去掌政令,或者一身二任。

开皇十三年(593)二月,造仁寿宫。《隋书·宇文恺传》:

> 既而上建仁寿宫,访可任者,右仆射杨素言恺有巧思,上然之,于是检校将作大匠。岁余,拜仁寿宫监,授仪同三司,寻为将作少监。⑤

在此之前,宇文恺曾营造过大兴城,当时负责此事的尚书省官员是左仆射高颎,不过,"上以恺有巧思,诏领营新都副监。高颎虽总大纲,凡所规画,皆出于恺"⑥,符合尚书省掌政令以行君命的模式。这次造仁寿宫,尚书右仆射杨素虽然推荐宇文恺检校将作大匠负责此事,但是他自己却并没有像高颎那样只是总大纲而已。《隋书·杨素传》:

> 寻令素监营仁寿宫,素遂夷山堙谷,督役严急,作者多死,宫侧时闻鬼哭之声。及宫成,上令高颎前视,奏称颇伤绮丽,大损人丁,高祖不悦。

①《隋书》卷二五,第715页。按,据《百官志》,典客署有掌客十人,无掌固,疑《刑法志》此处当作"掌客"。
②《资治通鉴》卷一七八《隋纪二·文帝开皇十七年》"帝既喜怒不恒"条,第5556页。
③《隋书》卷二七《百官志中》,第753页。
④《隋书》卷二《高祖纪下》"史臣曰",第55页;卷四《炀帝纪下》"史臣曰",第95页。
⑤《隋书》卷六八,第1587—1588页。
⑥《隋书》卷一《高祖纪上》,第18页;卷六八《宇文恺传》,第1587页。

同书《食货志》：

> （开皇）十三年，帝命杨素出，于岐州北造仁寿宫。素遂夷山堙谷，营构观宇，崇台累榭，宛转相属。役使严急，丁夫多死，疲敝颠仆者，推填坑坎，覆以土石，因而筑为平地。死者以万数。宫成，帝行幸焉。时方暑月，而死人相次于道，素乃一切焚除之。①

相较于史传多次提到杨素修建仁寿宫时的暴政，宇文恺在此事上的政绩仅有上引本传的寥寥数语而已。杨素不仅"监"，而且"营"，既总大纲，且亲细务，所以才会穷极奢华，死者无数。无论是杨素本传的"令素监营"，还是《食货志》的"帝命杨素出"，都显示了是文帝的命令。因此，在皇权的主导下，尚书右仆射也可以直接执掌具体事务。《隋书·杨素传》：

> 上渐疏忌之，后因出敕曰："仆射国之宰辅，不可躬亲细务，但三五日一度向省，评论大事。"外示优崇，实夺之权也。终仁寿之末，不复通判省事。②

等到文帝疏忌杨素的时候，居然以仆射不可躬亲细务的理由夺其权。开皇十三年，杨素是尚书右仆射，后代高颎为尚书左仆射。同为仆射，一受皇命监营仁寿宫，一受皇命不可躬亲细务，由此也可以看出皇权对于官制的影响。

《隋书·裴蕴传》：

> 大业初，考绩连最。炀帝闻其善政，征为太常少卿。初，高祖不好声技，遣牛弘定乐，非正声清商及九部四儛之色，皆罢遣从民。至是，蕴揣知帝意，奏括天下周、齐、梁、陈乐家子弟，皆为乐户。其六品已下，至于民庶，有善音乐及倡优百戏者，皆直太常。③

《裴蕴传》实际上说了文帝与炀帝两朝定乐之事。自开皇初以来，作乐之事就一直在进行，除了负责其事的太常卿牛弘、国子祭酒辛彦之等人外，由于久议不决，所以"又诏求知音之事，集尚书，参定音乐"④，至开皇九年（589）

---

① 《隋书》卷四八，第 1285 页；卷二四，第 682—683 页。
② 《隋书》卷四八，第 1288 页。
③ 《隋书》卷六七，第 1574—1575 页。
④ 《隋书》卷一四《音乐志中》，第 345 页。

平陈,当年十二月诏太常牛弘等人议定作乐,其事见《音乐志》《牛弘传》。这里应该注意的是,开皇年间的议乐,曾经"集尚书"参定,然后由太常卿具体负责。而炀帝朝的这次大括乐户,却未见尚书省参预,从奏请到实施,是由太常少卿裴蕴一个人负责的[①]。由此也可以看出,只要皇权许可,九卿可以绕开尚书,直接行君相之制命。

三、余论

在魏晋南北朝约四百年的纷扰中,尚书与九卿的关系一直在职官制度中纠缠不清。废尚书存九卿还是废九卿存尚书,一直存在着争论。随着尚书成为政本,九卿的存废问题成为争议的焦点。

《晋书·裴秀传》:

> 初,秀以尚书三十六曹统事准例不明,宜使诸卿任职,未及奏而薨。[②]

同书《荀勖传》:

> 时又议省州郡县半吏以赴农功,勖议以为:"省吏不如省官,省官不如省事,省事不如清心。……若欲省官,私谓九寺可并于尚书,兰台宜省付三府。然施行历代,世之所习,是以久抱愚怀而不敢言。"[③]

同书《刘颂传》:

> 颂在郡上疏曰:"古者六卿分职,冢宰为师。秦汉已来,九列执事,丞相都总。今尚书制断,诸卿奉成,于古制为重,事所不须,然今未能省并。可出众事付外寺,使得专之,尚书为其都统,若丞相之为。惟立法创制,死生之断,除名流徙,退免大事,及连度支之事,台乃奏处。其余外官皆专断之,岁终台阁课功校簿而已。"[④]

同在西晋,对于尚书和九卿的关系应该如何处理,裴秀、荀勖、刘颂的意见代表着三种不同的倾向。

---

① 《隋书》卷一三《音乐志上》说当时裴蕴的官职是御史大夫(第287页),不确。《资治通鉴》卷一八〇《隋纪四·炀帝大业二年》"初,齐温公之世"条也记此事,裴蕴当时是太常少卿,第5626页。
② 〔唐〕房玄龄等撰:《晋书》卷三五,北京:中华书局,1974年,第1041页。
③ 《晋书》卷三九,第1154—1155页。
④ 《晋书》卷四六,第1303页。

裴秀认为,既然尚书三十六曹在制度上(准例)并无管辖事务的明确规定,那么,就应该将管辖事务的权力还给诸卿。这就表明,当时尚书三十六曹确已侵夺诸卿之职权,而且尚书与九卿的关系并未理顺,所以裴秀才建议恢复诸卿任职,很可能是想恢复东汉三公部九卿的制度。

荀勖的意见与裴秀恰好相反,他认为直接将九卿并入尚书,使尚书全面接管行政。这就表明,尚书在国家行政事务中的地位与作用已在九卿之上。但是汉唐间尚书吏员相比于九卿吏员少得可怜,以九卿并入尚书,不仅会使尚书机构瞬间庞大臃肿,而且势必影响到尚书省行政中枢的地位。

刘颂的意见是以尚书制取代丞相制,总其大纲;九卿还是负责"众事",这其实与严耕望所说唐代的制度已经非常接近了。

对这三种意见,陈仲安、王素先生认为"以第三种意见最为合理。但在当时,由于三省制尚未完全形成,尚书省还不是真正的宰相机构,缺乏取代丞相九卿制、形成上述九卿制的条件"①。黄惠贤进一步从当时的社会性质分析,补充认为"有权势的尚书,或者职高禄重的九卿,这些都是贵族门阀们充任之官"②,所以,无论是废尚书还是废九卿其实都办不到。

不过,东晋哀帝时期,在桓温的主持下,的确曾经省并过九卿。《太平御览·职官部一·总叙官》引《桓温集略·表》：

今天下分崩,丧乱殄瘁,虽道隆中兴,而户口凋寡。……且设官以理务,务寡则官省,官省以国治,则职显而人清。……宜从权制,并官省职。……古以九卿综事,不专尚书,故重九棘也。今事归内台,则九卿为虚设之位。唯太常、廷尉,职不可阙。其诸员外散官及军府参佐,职无所掌者,皆并。若车驾、郊庙、籍田之属,凡诸大事,于礼宜置者,临时权兼,事讫则罢。职既并则官少而才精,职理则无害民而治道康矣。③

桓温的意见其实就是荀勖的意见,也就是省官省事,废九卿入尚书,以尚书管理各项事务。桓温以权臣当国,省并九卿的政策的确得到了执行,但是这并不能持久,很快就得到了恢复④。

①陈仲安、王素:《汉唐职官制度研究》,第65—66页。
②白钢主编、黄惠贤撰:《中国政治制度通史》第四卷《魏晋南北朝》,北京:人民出版社,1996年,第170页。
③〔宋〕李昉等撰:《太平御览》卷二〇三,北京:中华书局,1960年,第979—980页。
④拙撰《魏晋南北朝九卿研究》对九卿的省并置废有所考论。

　　两晋时期关于尚书与九卿关系的讨论可以视为两者关系纠缠不清的一个缩影,除了裴秀以外,荀勖、刘颂、桓温有一点是共通的,就是他们都认为尚书不能废,那么九卿能不能废呢?

　　无论从桓温的实践,还是以后南北朝官志的记载,都表明九卿并不能废罢,因此刘颂的意见就值得重视,即怎样理顺尚书与九卿的关系。陈仲安、王素先生指出:

> 省并机构说起来容易,做起来艰难。因为要想彻底解决问题,就必须痛下决心,譬如完全罢废卿监,或者完全罢废尚书,但这样一来,势必要同时罢免一大批官僚,断送一大批人的前程,绝对不会为官僚阶层所接受。而理顺关系则无此虞。……理顺关系的工作,大概从隋代就已开始,到唐代才基本完成。①

隋文帝开皇三年(583)左右,尚书与九卿的关系在一次御前会议上被重新提及,并确定了省寺关系的指导方针,给魏晋以来关于这个问题的讨论划上了句号。这次会议透露出以下几点信息:首先,直至开皇三年,省寺之间、尚书与九卿之间的关系仍在朝廷中讨论。第二,会议确定了废三卿,存六卿,以六卿对应尚书六部的省寺指导方针。这种方法当然很机械,而且目前也只知道太仆、大理与兵部、都官的对应关系,但表明隋文帝是想以一对一的模式来解决问题。

　　严耕望阐释了省寺关系的理想状态,炀帝大业初年关于舆服的讨论与制造一事也证明这种理想状态是存在的。但这种不受外力干扰的运行实际上经常不能维持下去。当门阀政治回归到皇权政治,皇权作为唯一的权力来源,既可以制定有效的职官运行规则,也可以破坏它。就如本文所论的省寺关系,文帝虽然确定了以省统寺的方针,他本人却又让尚书右仆射去躬亲细务。炀帝更是直接绕开尚书省让太常少卿直接负责乐户之事。所以,皇帝与官僚之间的权力的界限一直是帝国时代永恒的话题,毕竟,像唐太宗那样懂得为君之道乃是“委百司商量、宰相筹画,于事稳便,方可奏行”②的皇帝并不太多,能够付诸实践的更是少之又少。

---

① 陈仲安、王素:《汉唐职官制度研究》,第91页。
② 〔唐〕吴兢撰,谢保成集校:《贞观政要集校》卷一《政体》,北京:中华书局,2003年,第31页。

第三节 从职到官的转变及其被废止：
从使职角度论汉隋间的"录尚书事"

一、问题的提出

《南齐书·褚渊传》：

> 太祖崩，遗诏以渊为录尚书事。江左以来，无单拜录者，有司疑立优策。尚书王俭议，以为"见居本官，别拜录，推理应有策书，而旧事不载。中朝以来，三公王侯，则优策并设，官品第二，策而不优。优者褒美，策者兼明委寄。尚书职居天官，政化之本，故尚书令品虽第三，拜必有策。录尚书品秩不见，而总任弥重，前代多与本官同拜，故不别有策。即事缘情，不容均之凡僚，宜有策书，用申隆寄。既异王侯，不假优文"。从之。①

这件事非常奇怪，"录尚书事"并不是南齐首创，褚渊更不是第一个担任"录尚书事"者，为什么到此时才提出策书的问题？王俭就此事提出了自己的意见，其中涉及到"录尚书事"的一系列特征，正是这些特征决定了拜"录尚书事"者"宜有策书"。因此，研究"录尚书事"的特征成为解决策书问题的关键。那么，在王俭眼里，"录尚书事"有哪些特征呢？

首先，"江左以来，无单拜录者"，说明自东晋至南齐初年，"录尚书事"不能单拜。其次，"前代多与本官同拜，故不别有策"，说明前代"录尚书事"一般是与本官同拜。拜本官时有策书，在策书里会提到以这个本官去"录尚书事"，所以拜"录尚书事"不需要另有一份策书。第三，"录尚书品秩不见"，至少说明"录尚书事"在南齐初年尚没有品秩。第四，"总任弥重"，说明"录尚书事"权责很大，并不是闲散官员。

无品秩、有本官、有权责，南齐初年"录尚书事"所具备的这三个特征说明了什么呢？如果将视线转移到唐代，南齐初年的"录尚书事"似乎更像是一个使职，它在名称上难道不像唐代的"同中书门下平章事""同中书门下

---

① 〔南朝梁〕萧子显撰：《南齐书》卷二三，北京：中华书局，1972 年，第 429—430 页。录尚书事又可称为平尚书奏事、平尚书事、领尚书事，东汉章帝以后称录尚书事，本文除引用史料外，一般称作录尚书事。

三品"吗？

关于使职差遣制度，主要的研究集中于唐宋。陈仲安把已经固定成型的职称称为使职，并指出唐代使职差遣制度的一系列特点①。近年，赖瑞和通过一系列的论文详细探讨唐代使职的定义、范围，提出唐代"举凡没有官品的实职官位，都是使职"的观点②。就王俭所议，南齐初年的"录尚书事"完全符合这个定义，本节就是尝试在这种视角下辨析"录尚书事"的使职特征。

"本来，临时的使职差遣，历代王朝都有，并非唐朝始出现。"③录尚书事自汉代设置以来，历经汉魏六朝，至隋始废，绝非临时设置④。王俭是以汉魏南朝的故事来解有司之疑的，难道汉魏南朝的"录尚书事"都是使职

①陈仲安：《唐代的使职差遣制》，《武汉大学学报（人文科学）》1963 年第 1 期。陈仲安、王素：《汉唐职官制度研究》，第 98—101 页。

②赖瑞和：《唐代使职的定义》，《史林》2012 年第 2 期；《为何唐代使职皆无官品——论唐代使职和职事官的差别》，杜文玉主编：《唐史论丛》第十四辑，西安：三秦出版社，2012 年，第 325—339 页；《唐代宰相的使职特征和名号》，《中华文史论丛》2014 年第 3 期。他在《唐代知制诰的使职特征》（《史林》2014 年第 6 期）中指出唐代使职的特征之一就是官名往往是动词加宾语构成的，如"知"是动词，"制诰"是名词。如果仅从官名上来看，"录尚书事"也完全符合这个特征。另参见宁志新：《隋唐使职制度研究》，北京：中华书局，2005 年，第 19—23 页。就本节所论，赖氏对于唐代使职的定义适用于汉隋间"录尚书事"的研究，但并不是说这个定义对两汉魏晋南北朝的无官品的职位都适用。

③陈仲安、王素：《汉唐职官制度研究》，第 99 页。秦汉时期皇帝的使者有的演变成了固定的职官，有的变成了专职使者，参见廖伯源：《使者与官制演变：秦汉皇帝使者考论》卷十、十一，台北：文津出版社，2006 年。综合以上诸位学者的研究，对于两汉魏晋南北朝的这种无官品的职位，笔者认为，"职位"一词，在史籍中经常见到，大体来说，是指官职位次及其职责（或职分）范围内的权能、职掌及地位。现代汉语中的"职位"，则是指机关或团体中执行一定职务的位置。我们这里需要研究的"职位"，与现代汉语语义并不完全相同，它大致包括了两个方面的内容：

首先，没有官品，这是"职位"的核心要素。如果某个"职位"在魏晋南北朝时期取得了官品，那么，我们就认为这个"职位"变成了"官位"。

其次，必须有事可做，有权力、有责任，这也是"职位"或者说"职"本来具有的含义。

对于两汉魏晋南北朝时期的这种无官品的职位，笔者目前尚未在史籍中找到有如"使职""使者"等职官制度史中比较明确的分析概念，因此怎样来定义，是今后需要研究的课题。

④关于两汉魏晋南北朝"录尚书事"的权力与地位，学界研究丰富，这里只列举一些有代表性的成果。祝总斌《两汉魏晋南北朝宰相制度研究》与上举陈仲安、王素《汉唐职官制度研究》都分断代详细讨论了"录尚书事"。渡边将智对两汉的"领（录）尚书事"制度做全面回顾，并将诸家观点做了分类概括，参见氏撰：《後漢政治制度の研究》第一章《後漢における宦官の制度の基盤と尚書台》、第二章《後漢における外戚の制度の基盤と尚書台》，東京：早稲田大学出版部，2014 年，特别是第 97 页注 4，第 101—102 页。渡边氏将东汉的"录尚书事"与"平尚书事"加以区分，并与西汉的"省尚书事"进行比较。魏晋南北朝的研究，参见陈琳国：《魏晋南北朝政治制度研究》，台北：文津出版社，1994 年，第 5—8、36—43、77—81、132—135 页。白钢主编、黄惠贤撰：《中国政治制度通史》第四卷《魏晋南北朝》，第 128—132 页。黄炽霖《曹魏时期中央政务机关之研究》，台北：文史哲出版社，2002 年，第 128—131、189 页。陈启云《略论两汉枢机职事与三台制度之发展》《曹魏时代中书、尚书二省权势之比较》《两晋三省制度之渊源、特色及其演变》《刘宋时代尚书省权势之演变》，以上四文均收入氏撰：《儒学与汉代历史文化》，桂林：广西师范大学出版社，2007 年。北魏时期"录尚书事"的研究，见本节第四部分。

吗？在使职的视角下，"优策"的问题应该怎样理解呢？北朝"录尚书事"的情况又如何呢？

二、释"录尚书品秩不见"与"单拜录"

如果翻看汉魏南朝正史里的职官志与《唐六典》《通典·职官》等的记载，就会发现，"录尚书事"虽然见于志书与政书的记载，但是从设置到废除，它从来就是既无官品，也无秩级。不仅南齐初年"品秩不见"，汉魏南朝就一直如此。汉代以"石"为单位的秩级里没有它，魏晋的九品官制里没有它，萧梁的十八班制里也没有它。更有甚者，《隋书·礼仪志六》载陈制：

> 录尚书无章绶品秩，悉以余官总司其任，服则余官之服，犹执笏紫荷。①

"录尚书事"没有官品，没有秩级，甚至连朝服章绶都没有。没有品秩，也就意味着没有俸禄，原来担任"录尚书事"只是义务劳动！王俭说"多与本官同拜"，陈制"悉以余官总司其任"，这里的"本官""余官"正是"录尚书事"用来计品发俸与服章所寄的"本官"。

《通典·职官四》"录尚书"条：

> 汉武帝时，左右曹诸吏分平尚书奏事，知枢要者始领尚书事。张安世以车骑将军、霍光以大将军、王凤以大司马、师丹以左将军，并领尚书事。后汉章帝以太傅赵熹、太尉牟融并录尚书事。尚书有录名，盖自熹、融始，亦西京领尚书之任，犹唐虞大麓之职也。和帝时，太尉邓彪为太傅，录尚书事，位在三公上，汉制遂以为常。每少帝立，则置太傅录尚书事，犹古冢宰总己之义，薨辄罢之。自魏晋以后，亦公卿权重者为之，职无不总。……宋孝武孝建中，不欲威权外假，省录。大明末复置，此后或置或省。②

如果注意到文中"以××领尚书事""以××录尚书事""公卿权重者为之（"之"即指"录尚书事"）"等语，已经得其要领。这里的"××""公卿"就是"录尚书事"的本官。实际上，如果检索汉魏南朝的文献，就会发现所有的

---

① 《隋书》卷一一，第 220 页。
② 《通典》卷二二，第 591—592 页。

"录尚书事"都有本官。

既然所有的"录尚书事"都有本官,那么,褚渊的"单拜录"就显得非常特殊,这是否说明"录尚书事"到了南齐初年已经作为一个独立的官职可以除授,不再需要本官了呢? 王鸣盛在《十七史商榷·南朝官录尚书权最重》中说道:

> 齐《志》于尚书中又特标"录尚书"一目,前未有如此特标一目者。……驯至南朝,惟录尚书权最重,此《志》所以特标之。……录权之重久矣,然单拜录则自齐始……知录始于齐,权最重,有录而令权又分。①

王氏注意到《南齐书·百官志》为"录尚书事"特标一目,是很好的观察。但从"单拜录"的角度说"知录始于齐",说明他认为从褚渊"单拜录"这件事上可以看出"录尚书事"已经成为一个独立的存在。但事实并非如此。《南齐书·褚渊传》:

> 建元元年,进位司徒,侍中、中书监如故。……渊固让司徒。……寻加尚书令,本官如故。二年,重申前命为司徒,又固让。②

《南齐书·高帝纪下》:

> (建元二年正月)以司空、尚书令褚渊为司徒……十二月戊戌,以司空褚渊为司徒。
>
> (建元四年)三月庚申,召司徒褚渊、左仆射王俭诏曰……壬戌,上崩于临光殿,年五十六。③

褚渊虽然竭力辞让司徒,但建元二年(480)十二月还是接受了任命④。根据本传,他同时还有尚书令、侍中、中书监的官位。王俭所撰《褚渊碑文》:

> 太祖升遐,绸缪遗寄。以侍中、司徒录尚书事。⑤

---

① 〔清〕王鸣盛撰:《十七史商榷》卷五八,北京:中国书店据上海文瑞楼版影印,1987年,第2页b—第3页a。
② 《南齐书》卷二三,第428—429页。
③ 《南齐书》卷二,第35—38页。
④ 参见《南齐书》卷二《高祖纪下》校勘记〔七〕,第41页。
⑤ 〔梁〕萧统编,〔唐〕李善注:《文选》卷五八,上海:上海古籍出版社,1986年,第2519页。

据此,褚渊是以侍中、司徒的本官去"录尚书事"的。因此,所谓的"单拜录",并不是说"录尚书事"作为一个单独的官职除授,而应该如王俭所说"见居本官,别拜录",即在本官不变的情况下加上一个"录尚书事"的使职而已①。

这种情况之所以少见,那是因为前代拜"录尚书事"时,本官往往发生变化。《后汉书·百官志一》:

> 太傅,上公一人。本注曰:掌以善导,无常职。世祖以卓茂为太傅,薨,因省。其后每帝初即位,辄置太傅录尚书事,薨,辄省。②

东汉"录尚书事"的本官是太傅,只有新帝即位时才设置,也就意味着任"录尚书事"者的本官会变成太傅。《后汉书·章帝纪》:

> (永平十八年十月)诏曰:"朕以眇身,托于王侯之上,统理万机,惧失厥中,兢兢业业,未知所济。深惟守文之主,必建师傅之官。……行太尉事节乡侯熹三世在位,为国元老;司空融典职六年,勤劳不怠。其以熹为太傅,融为太尉,并录尚书事。……"

同书《和帝纪》:

> (章和二年三月)庚戌,皇太后诏曰:"先帝以明圣,奉承祖宗至德要道,天下清静,庶事咸宁。今皇帝以幼年,茕茕在疚,朕且佐助听政。……故太尉邓彪,元功之族,三让弥高,海内归仁,为群贤首,先帝褒表,欲以崇化。今彪聪明康强,可谓老成黄耇矣。其以彪为太傅,赐爵关内侯,录尚书事,百官总己以听,朕庶几得专心内位。……"

同书《陈蕃传》:

> 永康元年,帝崩。窦后临朝,诏曰:"夫民生树君,使司牧之,必须良佐,以固王业。前太尉陈蕃,忠清直亮。其以蕃为太傅,录尚书事。"③

赵熹由行太尉变为太傅录尚书事,牟融由司空变为太尉录尚书事,邓彪致仕以后直接由平民变为太傅录尚书事,陈蕃由前太尉变为太傅录尚书事,

---

①据齐高帝的遗诏,褚渊的尚书令官衔由尚书左仆射王俭接替,参见《南齐书》卷三《武帝纪》,第45页;《文选》卷四六《王文宪集序》,第2077页。中书监的官位何时卸任,史无明文。但是,侍中、司徒的官位在"录尚书事"前后并无变化。
②《后汉书》志二四《百官一》,第3556页。
③《后汉书》卷三,第129—130页;卷四,第166页;卷六六,第2168页。

本官都发生了改变,这也就是王俭所说"前代多与本官同拜"的含义。

当然,也有例外。《后汉书·桓帝纪》:

> (延熹九年)五月,太常胡广为司徒。

同书《灵帝纪》:

> 建宁元年春正月壬午,城门校尉窦武为大将军。……庚子,即皇
> 帝位,年十二。改元建宁。以前太尉陈蕃为太傅,与窦武及司徒胡广
> 参录尚书事。

同书《胡广传》:

> 延熹二年,大将军梁冀诛,广与司徒韩縯、司空孙朗坐不卫宫,皆
> 减死一等,夺爵土,免为庶人。后拜太中大夫、太常。九年,复拜司徒。
>
> 灵帝立,与太傅陈蕃参录尚书事,复封故国。以病自乞。会蕃被
> 诛,代为太傅,总录如故。①

以太尉陈蕃为太傅录尚书事,符合新帝即位以太傅录尚书事的故事,陈蕃
的官位也由太尉变成了太傅。但窦武与胡广在录尚书事前后,官位并无变
化,仍然是大将军与司徒,也就是"单拜录",与褚渊正相同②。

如果按照《褚渊传》所说,"江左以来,无单拜录者",是可以将东汉胡广
等人的例子排除在外的。但是,从东晋以来,在褚渊之前,也有"单拜录"
者。东晋王导在成帝即位时以司徒录尚书事,而他早在明帝即位时已经是
司徒,从现有的史料看,官位并未发生变化,可能就是"单拜录"③。更为明
显的是刘宋江夏王刘义恭,他也是"单拜录"。《宋书·前废帝纪》:

> (大明)八年闰五月庚申,世祖崩,其日,太子即皇帝位。大赦天
> 下。太宰江夏王义恭解尚书令,加中书监……甲子,置录尚书,太宰江
> 夏王义恭录尚书事。

---

① 《后汉书》卷七,第 317 页;卷八,第 328 页;卷四四,第 1509—1510 页。

② 除胡广以外,梁冀与何进都曾以大将军录尚书事。梁冀虽然辞不肯当,但何进在"录尚书事"前
后的官位一直是"大将军",并无变化。参见《后汉书》卷八《质帝纪》,第 282 页;卷三四《梁冀
传》,第 1179 页;卷八《灵帝纪》,第 357 页;卷六九《何进传》,第 2248 页。

③ 《晋书》卷七《成帝纪》,第 169 页;卷六《明帝纪》,第 160 页;卷六五《王导传》,第 1750 页。司马道
子也有"单拜录"的嫌疑,见《晋书》卷九《孝武帝纪》,第 232 页。

同书《武三王·江夏文献王义恭传》：

> （大明）八年闰月，又领太尉。其月，世祖崩，遗诏："义恭解尚书令，加中书监……"前废帝即位，诏曰："……太宰江夏王义恭新除中书监、太尉，地居宗重，受遗阿衡，实深凭倚，用康庶绩，可录尚书事，本官监、太宰、王如故。……"①

虽然当时重置"录尚书"，属于特殊情况，但刘义恭任"录尚书事"时的本官，在诏书里清楚地表明"本官……如故"，就是在本官不变的情况下单拜"录尚书事"。从刘宋前废帝即位到萧齐武帝即位，不到三十年，王俭不可能不知道这份诏书、这次任命。褚渊的"单拜录"的确少见，但刘义恭拜"录尚书事"的事例与褚渊如出一辙，王俭为什么没有援引呢？

三、关于"优策"的一些推测

在讨论这个问题之前，首先需要澄清另一个问题。《南齐书·褚渊传》的记载是"有司疑立优策"，《南史·褚渊传》《册府元龟·台省部》并同②。但《通典·职官四》"录尚书"条：

> （齐）高帝崩，遗诏以褚彦回录尚书事。江左以来，无单为录者，有司拟立优策，王俭议宜有策书，乃从之。③

作"有司拟立优策"④。"疑"与"拟（擬）"形近，应从《南齐书》作"疑"。"有疑"始有朝"议"。王俭所议均是针对优策问题。若是"拟"，即有司已无疑义，已在议事日程，王俭之"议宜有策书"岂非多此一举⑤？

---

① 〔南朝梁〕沈约撰：《宋书》卷七，北京：中华书局，1974 年，第 141 页；卷六一，第 1650 页。

② 〔唐〕李延寿撰：《南史》卷二八，北京：中华书局，1975 年，第 753 页。〔宋〕王钦若等编：《册府元龟》卷四七一，北京：中华书局，1960 年，第 5619 页。《宋本册府元龟》卷四七一同，北京：中华书局，1989 年，第 1154 页。

③ 《通典》卷二二，第 592 页，注文引王俭议，文字全同《南齐书》。本条呈赖瑞和先生提示，谨致谢。

④ 〔宋〕郑樵撰：《通志》卷五三《职官略第三》"录尚书"条同（北京：中华书局，1987 年，第 659 页）。〔元〕马端临撰：《文献通考》卷五一《职官考五》"录尚书"条同（北京：中华书局，1986 年，第 469 页）。史籍中"疑"与"拟（擬）"常因形近而有讹误的可能，试举一例。《南齐书》卷五二《文学·王智深传》："世祖使太子家令沈约撰《宋书》，拟立《袁粲传》，以审世祖。世祖曰：'袁粲自是宋家忠臣。'"（第 896 页）但《南史》卷七二《文学·袁粲传》："武帝使太子家令沈约撰《宋书》，疑立《袁粲传》，以审武帝。帝曰：'袁粲自是宋家忠臣。'"（第 1771 页）这里似也应从《南史》作"疑"，有疑才要武帝审定是否给袁粲立传。

⑤ 〔宋〕孙逢吉撰：《职官分纪》卷八《录尚书事·优策》作"有司议立优策"（北京：中华书局，1988 年，第 195 页），与诸本皆不同。但既然是"议"，还是说明有疑问。

　　褚渊之前既有"单拜录"的例子,也有"单拜录"的诏书,问题究竟出在哪里? 王俭与有司商讨的最终结果是"宜有策书……不假优文",因此,从结果看问题,关键在于"策书"。与"策"相对,"优"是什么[①]? 首先,"优策并设","策"指策书,说明"优"与"策"是不同的文书;其次,"优"是用来褒美的;最后,三公王侯的封拜才有"优",官品第二就没有了。据此,"优"似乎只能指"优诏"。

　　在汉代,诏、策是有别的,《后汉书·光武帝纪上》"(建武元年九月)辛未,诏曰"注引《汉制度》:

　　　　帝之下书有四:一曰策书,二曰制书,三曰诏书,四曰诫敕。策书者,编简也,其制长二尺,短者半之,篆书,起年月日,称皇帝,以命诸侯王。三公以罪免亦赐策,而以隶书,用尺一木,两行,唯此为异也。……诏书者,诏,告也,其文曰告某官云云,如故事。[②]

《唐六典·中书省》"皆宣署申复而施行焉"条注引蔡邕《独断》:

　　　　汉制,天子之书,一曰策书,二曰制书,三曰诏书,四曰戒敕策。策者,以简为之,其制长三尺,短者半之,其次一长一短两编,下附篆书,题年、月、日,称"皇帝曰"以命诸侯王、三公。……诏书有三品:其文曰"告某官某官如故事",是为诏书;群臣有所奏请,尚书令奏下之,有"制诏,天子答之曰可",以为诏书;群臣有所表请,无尚书令奏"制曰"之字,则答曰"已奏如书,本官下所当至",亦曰诏书。[③]

按照汉制,赵熹拜太傅,牟融拜太尉,邓彪拜太傅,陈蕃拜太傅时都应该有策书,因为太傅是"上公",太尉则是"三公"。他们的拜官策书中一定有一句"以××录尚书事",应劭《汉官仪》:

　　　　和帝丁酉策书曰:"故太尉邓彪,元功之族,三让弥高,海内归仁,为群贤首。其以彪为太傅,录尚书事,百官总己以听,庶得专位内之事。"

---

①另请参见周文俊:《优文考释》,《文学遗产》2019年第2期。
②《后汉书》卷一上,第24页。
③《唐六典》卷九,第274页。参见〔汉〕蔡邕撰:《独断》卷上,《四部丛刊》三编影印常熟瞿氏铁琴铜剑楼藏明弘治癸亥刊本,上海:商务印书馆,1936年,第3页b—第4页b。另参见汪桂海:《汉代官文书制度》,南宁:广西教育出版社,1999年,第27—30、32—34页。

殇帝策曰："张禹三世在位，黄发罔愆，忠孝弥笃。其以禹为太傅，录尚书事，百官总己以听。"

冲帝丁酉策书曰："舅氏辅翼股肱，三公国之桢干，朝廷取正，以成断金。太尉赵峻，三世掌典机衡，有匪石不二之心。大司农李固，公族之苗，忠直不回，有史鱼之风。今以峻为太傅，固为太尉，与大将军冀参录尚书事。"

灵帝策书曰："故太尉陈蕃，忠亮謇谔，有不吐茹之节。司徒胡广，惇德允元，五世从政。今以蕃为太傅，与广参录尚书事。"

殇帝策书曰："司徒徐防，以台阁机密，施政牧守。其以防为太尉，录尚书事，百官总己以听。"①

在这五份策书中，邓彪、陈蕃在上引《后汉书》的史料中都有相应的诏书②。值得注意的是，上文说过，梁冀与胡广是"单拜录"，在冲帝、灵帝策书中也得到了证明。但冲帝策书是拜赵峻为太傅、李固为太尉，灵帝策书是拜陈蕃为太傅，对象是他们三人，梁冀与胡广只是因为要"参录"才被提到。策书的性质是册拜三公，而不是"录尚书事"。当时朝廷是否另外以正式的文书告知梁冀、胡广去"录尚书事"不得而知。如果是另外以策书告知的话，那就是"单拜录"的策书了，但是因"旧事不载"，王俭并没有见过。

与此相类似的，汉代在免三公的一份策书里也提到了免"录尚书事"。《汉书·王莽传中》：

（始建国天凤元年三月）策大司马逯并曰："日食无光，干戈不戢，其上大司马印韨，就侯氏朝位。太傅平晏勿领尚书事，省侍口诸曹兼官者。以利苗男䜣为大司马。"③

---

① 〔清〕孙星衍等辑，周天游点校：《汉官六种》，北京：中华书局，1990 年，第 120—121、123 页。

② 《汉官仪》记载的这几份策书也有一些问题。首先，和帝与冲帝的策书时间都在"丁酉"，是巧合还是传抄之误？（周天游点校本"冲帝丁酉策书"条校勘记〔一二〕云《袁纪》卷一九作建康元年秋八月庚午诏。今检袁宏《后汉纪》卷一九并无此诏，未知周先生何据。）其次，和帝的丁酉策书与《后汉书》记载的章和二年三月庚戌皇太后诏内容几乎一致，灵帝策书与永康元年窦后诏也类似，因此有误"诏书"为"策书"的嫌疑。但诏、策性质有别，策书是以拜官爵者为对象，诏书是以百官或天下为对象，内容重复也属正常。

③ 〔汉〕班固撰，〔唐〕颜师古注：《汉书》卷九九中，北京：中华书局，1962 年，第 4134—4135 页。"天凤"年号是"始建国"年号之下设置的，参见辛德勇：《所谓"天凤三年郙郡都尉"砖铭文与秦"故郙郡"的名称以及莽汉之际的年号问题》，收入氏撰：《建元与改元：西汉新莽年号研究》，北京：中华书局，2013 年。

这是一份免大司马逯并的策书。根据这份策书,平晏仅仅是被撤掉了"领尚书事",仍然是太傅,或可称之为"单免录(领)"。这份策书也仍然有很多问题,既然是免大司马逯并,提到以利苗男䜣为大司马尚属正常,为什么会提到与此事毫无关系的太傅平晏? 平晏是否收到另一份正式的文书? 这些问题似乎也无从稽考了。

　　汉代诏、策在制度上虽然有别,但"自魏、晋已后因循,有册书、诏、敕,总名曰诏"①,因此很难判定魏晋以下出现"录尚书事"的诏书,到底是"诏",还是"策"。上引刘义恭的单拜"录尚书事",是出自诏书而非策书。不仅如此,只要稍稍留意就会发现,魏晋时期所能见到有关"录尚书事"除授的最原始史料,似乎都出自"诏",未见有"策"②。不过,从刘义恭单拜录的诏书没有被引用看来,直至南齐初年,在诏、策问题上似乎还是有明确界

---

① 《唐六典》卷九,第274页。

② 如〔晋〕陈寿撰、〔南朝宋〕裴松之注:《三国志》卷九《魏书·夏侯尚附夏侯玄传》:"初,中领军高阳许允与丰、玄亲善。先是有作尺一诏书,以玄为大将军,允为太尉,共录尚书事。有何人天未明乘马以诏版付允门吏,曰'有诏',因便驰走。允即投书烧之,不以开呈司马景王。"(北京:中华书局,1959年,第302—303页)

《晋书》卷八《穆帝纪》:"(永和元年)夏四月壬戌,诏会稽王昱录尚书六条事。"(第191页)

《太平御览》卷二一〇《职官部八》"录尚书"条引《晋中兴书》曰:"泰和元年诏:'会稽王体道冲虚,理识明允。阿衡孝文,有保乂之规;辅弼哀衷,尽翼亮之道。朕承洪绪,仍闻善诱,慎徽五教,仪形具瞻。登贤显亲,国之典也。其以为丞相录尚书事,入朝不趋,赞拜不名,剑履上殿。给羽葆鼓吹班剑六十人。'"(第1006页)

《晋书》卷九《孝武帝纪》:"(太元八年)九月,诏司徒、琅邪王道子录尚书六条事。"(第232页)

《晋书》卷四二《王浑传》:"帝然之。又诏浑录尚书事。"(第1204—1205页)

〔隋〕虞世南撰:《北堂书钞》卷五九《设官部十一·录尚书》"宜参机衡"条引《晋起居注》云:"元康元年,诛杨俊。诏曰:'司徒王浑,秉法清正,思量宏远。历位内外,文武勋庸,著在方策。宜参弼机衡,以亮天工。其可录尚书事也。'"(收入董治安主编:《唐代四大类书》,影印南海孔氏三十有三万卷堂校注重刊本,北京:清华大学出版社,2003年,第233页)

《晋书》卷五九《汝南王亮传》:"及(杨)骏诛,诏曰:'大司马、汝南王亮体道冲粹,通识政理,宣翼之绩显于本朝,二南之风流于方夏,将凭远猷,以康王化。其亮为太宰、录尚书事,入朝不趋,剑履上殿,增掾属十人,给千兵百骑,与太保卫瓘对掌朝政。'"(第1592页)

《晋书》卷六四《简文三子·会稽文孝王道子传》:"使录尚书六条事,寻加开府,领司徒。及谢安薨,诏曰:'新丧哲辅,华戎未一,自非明贤懋德,莫能绥御内外。司徒、琅邪王道子体道自然,神识颖远,实当旦奭之重,宜总二南之任,可领扬州刺史、录尚书、假节、都督中外诸军事。卫府文武,一以配骠骑府。'让不受。"(第1732页)

《晋书》卷七七《陆晔传》:"帝不豫,晔与王导、卞壶、庾亮、温峤、郗鉴并受顾命,辅皇太子,更入殿将兵直宿。遗诏曰:'晔清操忠贞,历职显允,且其兄弟事君如父,忧国如家,岁寒不凋,体自门风。既委以六军,可录尚书事,加散骑常侍。'"(第2024页)

限的。有司的疑惑在于"策",而不在"诏"①。

　　"策"在汉代是用来命诸侯王和拜三公的,从王俭的议来看,这点在南齐时不仅没有改变,而且有了发展。南齐的策书除了封拜王侯三公,还用来封拜品官。王侯是爵位,可以不论。三公品秩第一,封拜有策书;官品第二的封拜也有策书;尚书令虽然官品第三,但是由于尚书省的地位,封拜也有策书②。唯独"总任弥重"的"录尚书事"却找不到一份单独封拜的策书。为什么呢? 那是因为"录尚书事"没有官品,从来不是一个独立的官职。不过,现在王俭想要把"录尚书事"纳入到品秩序列中来。因此,王俭解释时开宗明义,"推理应有策书",在这里,他是将"录尚书事"置于品秩序列里,希望通过类比的方法在文书行政上给"录尚书事"找到一个合适的定位。从王俭提出的有策书而无优诏的办法来看,他是将"录尚书事"区别于"优策并设"的王侯三公,而类比于只有策书而无优诏的二品官或三品尚书令的。

　　将"录尚书事"当成品官的,王俭并不是唯一的一个。《宋书·后妃传》:

> 其后太宗留心后房,拟外百官,备位置内职。列其名品二后。
>
> 后宫通尹,准录尚书。　　　　　　　　　　　官品第一。
>
> 后宫列叙,准尚书令,铨六宫。　　　　　　官品第二。③

"录尚书事"根本没有官品,却被拿来作为后宫内职地位高低评判的依据,它被当成是"外百官"中的一员,而且地位要高于"尚书令"。

---

① 《三国志》卷三五《蜀书·诸葛亮传》:"先主于是即帝位,策亮为丞相曰:'朕遭家不造,奉承大统,兢兢业业,不敢康宁,思靖百姓,惧未能绥。於戏! 丞相亮其悉朕意,无忌辅朕之阙,助宣重光,以照明天下,君其勖哉!'亮以丞相录尚书事,假节。……(臣寿等言)益州既定,以亮为军师将军。备称尊号,拜亮为丞相,录尚书事。"(第916—917、930页)这是一份拜诸葛亮为丞相的策书。据陈寿的记录,诸葛亮很有可能是以丞相单拜录尚书事,但是在这份策书里却丝毫没有提到。

② 从王俭的议来看,西晋以来,官品第一、官品第二和爵位,封拜必有策书。官品第三的尚书令由于尚书省的地位,封拜也有策书,似乎暗含其他官品第三以及官品在此之下的官位,封拜并无策书。郝懿行说:"古者职官除授,必有策命。上至帝王,受、终莫不皆然。"(〔清〕郝懿行撰:《晋宋书故·策命》,《广雅丛书》本,广雅书局光绪十七年刊,第8页a—第8页b)郝氏所举为帝王登基策书,似没有证据表明所有职官的除授都有策书。魏晋南朝时期,凡是涉及到"录尚书事"的文书,都是"诏书",未见有"策书"。"策书"是用来拜官爵的,无论是汉代的王侯三公,还是南齐的品官(官品第一、第二,官品第三的尚书令),都属于官爵的范畴。因此,我认为,拜"录尚书事"没有"策书"(褚渊例外,这也正是本节讨论的),正反映了"录尚书事"不在官爵体系之内。当然,汉魏南北朝"策书"的性质是否一致,其中是否有变化仍然需要研究。

③ 《宋书》卷四一,第1270页。

《宋书·武帝纪中》：

> （义熙十二年十月）天子诏曰："……其进位相国，总百揆，扬州牧……加相国绿綟绶。"策曰："……相国位无不总，礼绝朝班，居常之名，宜与事革。其以相国总百揆，去录尚书之号。上送所假节、侍中貂蝉、中外都督太傅太尉印绶，豫章公印策。进扬州牧，领征西将军、司豫北徐雍四州刺史如故。"①

《南齐书·高帝纪上》：

> （升明三年）三月甲辰，诏进位相国，总百揆……甲寅，策相国齐公曰："……相国位总百辟，秩逾三铉，职以礼移，号随事革。其以相国总百辟，去录尚书之称。送所假节、侍中貂蝉、中外都督太傅太尉印绶、竟陵公印策。其骠骑大将军、扬州牧、南徐州刺史如故。"②

《梁书·武帝纪上》：

> （中兴二年正月戊戌）诏曰："……其进位相国，总百揆，扬州刺史……加相国绿綟绶。其骠骑大将军如故。依旧置梁百司。"策曰："……相国位冠群后，任总百司，恒典彝数，宜与事革。其以相国总百揆，去录尚书之号，上所假节、侍中貂蝉、中书监印、中外都督大司马印绶，建安公印策，骠骑大将军如故。"③

《陈书·高祖纪上》：

> （太平二年）九月辛丑，诏曰："……其进公位相国，总百揆……其镇卫大将军、扬州牧如故。"策曰："……相国秩逾三铉，任总百司，位绝朝班，礼由事革。其以相国总百揆，除录尚书之号，上所假节侍中貂蝉、中书监印章、中外都督太傅印绶、义兴公印策，其镇卫大将军、扬州牧如故。"④

这是南朝宋齐梁陈四位开国君主接受前朝禅让前固有的一套进位相国的

---

① 《宋书》卷二，第 36—40 页。
② 《南齐书》卷一，第 14—18 页。
③ 〔唐〕姚思廉撰：《梁书》卷一，北京：中华书局，1973 年，第 15—20 页。
④ 〔唐〕姚思廉撰：《陈书》卷一，北京：中华书局，1972 年，第 12—20 页。刘裕进相国的程序当是来自于晋，以后被沿用。只是史料缺失，找不到魏末晋初司马昭拜相国的诏书。据《晋书》卷二《太祖纪》："（景元四年十一月）天子命晋公以相国总百揆，于是上节传，去侍中、大都督、录尚书之号焉。"（第 43 页）只是唐人修史，似乎过于省略，将侍中、大都督、录尚书都称为"号"，似有误。

模式①。正因为是模式，所以高度程式化，制度保存的也最完整。从相国的拜授来看，既有诏，又有策。相国一官，"自魏、晋以来，非复人臣之位"②，地位自然在"三公"之上，所以"优策并设"。在四份策书里，都出现了去（除）"录尚书"之称（号）的文字，因为相国"无不总"，完全包括了"录尚书事"的职能。值得注意的是，"录尚书事"是称，是号，与那些需要上缴"节、貂蝉、印章、印绶、印策"的官或爵完全不同。

如果以褚渊的"单拜录"为切入点，对汉魏南朝的"录尚书事"做一总结的话，我们可以说它始终没有官品，一直是一个使职。齐高帝的遗诏只说以渊为录尚书事，可能并没有包含其他信息，所以当时人以为他"单拜录"。根据褚渊的墓志，他是有本官的，这种"单拜录"只是在本官不变的情况下加上"录尚书事"的使职，在褚渊之前就有这样的例子存在。王俭针对不与本官同拜的"录尚书事"，在程序上提出应该有策书"用申隆寄"。在此之前，"单拜录"都是以诏书的形式确认的，王俭的意见似乎隐含着将"录尚书事"置于品秩序列中的意思。

四、北朝的新动向：职还是官？

北朝的情况如何呢？就笔者所见，敏锐地察觉到北朝"录尚书事"与官有别的是严耕望，他在《北魏尚书制度考》中指出：

> "录尚书事"仍仅为职称，而非官名，故虽历代皆有其人，而《职品令》不之载。（北魏）末季所见录尚书者甚多，亦如他官之递迁，且有单为录尚书者，（以前恒以他官领录）则似已形成官名矣；北齐尚书台有录尚书一职（《隋志》），即承魏制也。③

---

① 义宁元年（617）十一月，隋恭帝授李渊假黄钺、使持节、大都督内外诸军事、大丞相、录尚书事，进封唐王（《新唐书》卷一《高祖纪》，第5页）。以后李渊代隋，其中一个步骤就是进位相国，其模式与南朝完全一致。〔唐〕温大雅撰，李季平、李锡厚点校：《大唐创业起居注》卷三："少帝以帝功德日懋，天历有归，欲行禅让之礼。乃进帝为相国，加九锡，赐殊物，加殊礼焉。册曰：'……今授相国印绶，唐王玺绂……相国礼绝群后，任总所司，朝班彝数，宜以事革。其以相国总百揆，去录尚书之号。上所假黄钺内外都督丞相印绶，又加王九锡，其敬听后命。'"（上海：上海古籍出版社，1983年，第46、49—50页）"录尚书事"在隋代从未授人，李渊当然是自己给自己加的。在这份册书里，"录尚书事"仍然是号。

② 《宋书》卷三九《百官志上》，第1218页。

③ 《"中央"研究院历史语言研究所集刊》第十八本，北京：中华书局影印，1987年，第263页。参见〔日〕长部悦弘：《北魏尚书省小考》，《琉球大学法文学部：日本東洋文化論集》第13卷，第201—254页。

严氏把北魏的"录尚书事"视为职称,而非官名,诚为卓识。在北魏末季以前,"录尚书事"所表现出的特点其实与汉魏南朝并无区别,都是以"××官录尚书事",也就是"录尚书事"都有本官。这种情况到了东魏孝静帝年间似乎发生了变化,在严先生所辑史料中出现了很多不带本官的"录尚书事",如:

> 以咸阳王坦为录尚书事。
>
> 以太尉彭城王韶为录尚书事。
>
> 以太保孙腾为录尚书事。
>
> 以录尚书事西河王悰为司州牧。
>
> 以录尚书事孙腾为太傅。①

严氏大概是基于以上史料,认为"亦如他官之递迁,且有单为录尚书者,则似已形成官名"的原因。这种以某人为"录尚书事"而不带其他官职的表述方式,在南朝也出现过,褚渊就是如此,"太祖崩,遗诏以渊为录尚书事",但根据上文所考,这只是史文的省略,当时褚渊是以侍中、司徒的本官"录尚书事"的②。《魏书》所载孝静帝年间的"单为录尚书者"有没有可能也和褚渊的例子一样,只是史文省略呢?

《魏书·孝静帝纪》:

> (天平三年十二月)癸未,以太傅、咸阳王坦为太师。
>
> (天平四年)冬十月,以咸阳王坦为录尚书事。
>
> (武定二年九月)太师、咸阳王坦坐事免,以王还第。③

元坦在天平三年(536)任太师,天平四年为"录尚书事"时不言本官,但武定二年(544)坐事被免时,仍然有太师官位。据此,元坦为"录尚书事"时,很可能是以太师录尚书事的。另《魏书·孝静帝纪》:

> (天平二年二月)以司州牧、西河王悰为太尉。

---

① 严耕望:《北魏尚书制度考》,收入《"中央"研究院历史语言研究所集刊》第十八本,第262—263页。

② "以某人为录尚书事"的表达方式,除了褚渊之外,南朝似仅一见,即晋末宋初的王谧。《宋书》卷一《武帝纪上》:"司徒王谧与众议推高祖领扬州,固辞。乃以谧为录尚书事,领扬州刺史。"(第9页)但他是以司徒、扬州刺史去录尚书事的,所以他死时,《宋书·武帝纪上》上记载:"(义熙三年)十二月,司徒、录尚书、扬州刺史王谧薨。"(第14页)

③ 〔北齐〕魏收撰:《魏书》卷一二,北京:中华书局,1974年,第300、301、307页。

（天平三年五月）丙辰，以录尚书事、西河王悰为司州牧。①

严氏曾据此疑元悰是以太尉录尚书事②，是有道理的。据《元悰墓志》：

> 又以本将军为司州牧。……乃迁太尉公。……乃加侍中、录尚书事。……乃复为司州牧、骠骑大将军、开府仪同三司。③

他是以太尉、侍中的本官录尚书事的，复为司州牧时，《帝纪》将他的本官省略了，给人造成了"单为录尚书"的错觉。

据此，东魏年间众多没有本官的"录尚书事"是否真是"单为录尚书"，是否真的已独立除授就有了疑问，因为目前尚无资料可以判定元韶、孙腾在任"录尚书事"时是否带有其他官职，即是否有本官。

不过，严氏的推测并非空穴来风，《宋书·王弘传》：

> （元嘉）九年，进位太保，领中书监，余如故。其年，薨。时年五十四。即赠太保、中书监，给节，加羽葆、鼓吹，增班剑为六十人，侍中、录尚书、刺史如故。谥曰文昭公。④

《宋书·武三王·江夏文献王义恭传》：

> 太宗定乱，令书曰："……可追崇使持节、侍中、都督中外诸军事、丞相、领太尉，中书监、录尚书事、王如故。"⑤

《南齐书·褚渊传》：

> 又诏曰："……其赠公太宰，侍中、录尚书、公如故。给㽐，加羽葆鼓吹，增班剑为六十人。葬送之礼，悉依宋太保王弘故事。谥曰文简。"⑥

"录尚书事"在南朝从未出现在赠官的行列中，王弘、刘义恭、褚渊都是生前担任过"录尚书事"，所以才有"如故"的说法。但是在北魏末年，"录尚书事"却出现在赠官中。《魏书·高湖附高树生传》：

---

①《魏书》卷一二，第298、300页。

②严耕望：《北魏尚书制度考》，收入《"中央"研究院历史语言研究所集刊》第十八本，第262页。

③毛远明校注：《汉魏六朝碑刻校注》第七册，九十六号，北京：线装书局，2008年，第325页。

④《宋书》卷四二，第1321—1322页。

⑤《宋书》卷六一，第1651页。

⑥《南齐书》卷二三，第431页。

> 太昌初,追赠使持节、都督冀相沧瀛殷定六州诸军事、大将军、太师、录尚书事、冀州刺史,追封勃海王,谥曰文穆,妻韩氏,为勃海王国太妃。

同书《杨播附杨顺传》:

> 太昌初,赠都督相殷二州诸军事、太尉公、录尚书事、相州刺史。①

高树生和杨顺都没有担任过"录尚书事",死后追赠里却出现了,显示北魏末年"录尚书事"与南朝不同的迹象,但由于是和一系列官位一起追赠的,所以这些官位是否是"录尚书事"的本官,或者"录尚书事"已经是一个独立的官位仍然无法判断。

虽然北魏末年或者说东魏时期的"录尚书事"是否已经是官尚无法下结论,但北齐的"录尚书事"却呈现出一种过渡形态,既可以是有本官的使职,也可以不需要本官,独立除授。

北齐的三师、三公、二大经常作为本官去录尚书事,"本官录尚书事"的记载也屡见于《北齐书》纪、传,这与汉魏南朝是一致的。而严先生对北魏末年录尚书事"似已形成独立的官名"的推测在北齐可以找到例证。《北齐书·后主纪》:

> (武平元年七月)甲寅,以尚书令、兰陵王长恭为录尚书事,中领军和士开为尚书令。
>
> (武平二年)二月壬寅,以录尚书事、兰陵王长恭为太尉,并省录尚书事赵彦深为司空,尚书令和士开录尚书事,左仆射徐之才为尚书令,右仆射唐邕为左仆射,吏部尚书冯子琮为右仆射。②

高长恭为录尚书事,原来的尚书令则由和士开接任;和士开为录尚书事,原来的尚书令则由徐之才接任,高、和二人都不可能以尚书令的本官去录尚书事,这说明"录尚书事"已经变成一个独立的官名。

从高长恭和和士开的例子可以看到,他们都是由尚书令为录尚书事的,似乎录尚书事变成了尚书令的上级。这与刘宋那份后妃官品表里所见

---

① 《魏书》卷三二,第 752 页;卷五八,第 1295 页。这样的例子在墓志里也有,比如清河王元怿、刘懿,他们生前都没有担任过"录尚书事",死后却出现在了追赠里。参见赵超:《汉魏南北朝墓志汇编》,天津:天津古籍出版社,2008 年,第 172—173、335—337 页。
② 《北齐书》卷八,第 103—104 页。

的"录尚书事"与"尚书令"的关系倒是颇为相似。《北齐书·文宣帝纪》：

> （天保元年七月）乙卯，以尚书令、平原王隆之录尚书事，尚书左仆
> 射、平阳王淹为尚书令。
>
> （天保五年八月庚子）尚书令、平阳王淹录尚书事，常山王演为尚
> 书令。
>
> （天保八年四月）尚书令、常山王演为司空、录尚书事，长广王湛为
> 尚书令。
>
> （天保九年）五月辛丑，尚书令、长广王湛录尚书事，骠骑大将军、
> 平秦王归彦为尚书左仆射。甲辰，以前尚书左仆射杨愔为尚书令。①

高隆之为录尚书事，尚书令由高淹担任；高淹为录尚书事，尚书令由高演担
任；高演为录尚书事，尚书令由高湛担任；高湛为录尚书事，尚书令由杨愔
担任，这是一个由尚书令升迁录尚书事的过程，也正符合北齐官制的记载。
《隋书·百官志中》载北齐官制：

> 尚书省，置令、仆射，吏部、殿中、祠部、五兵、都官、度支等六尚书。
> 又有录尚书一人，位在令上，掌与令同，但不纠察。……录、令、仆射，
> 总理六尚书事，谓之都省。②

这是汉魏六朝以来第一次也是唯一一次对"录尚书事"的编制问题在制度
上加以明确，祝总斌认为：

> 录尚书事之编制固定于尚书省，这一制度为过去所未见……它一
> 方面反映录尚书事之职权已由历来具有弹性的性质，演化成实实在在
> 掌管全国统治事务；另一方面，由于这一变化，尚书省长官既有令、仆，
> 又有录尚书事，同编制于一省，职掌有相同，叠床架屋，十分累赘，隋唐
> 以后废除录尚书事，是有道理的。③

录尚书事的这一转变正是它从职到官变化的反映，但是这个过程并未彻底

---

① 《北齐书》卷四，第53、59、64、65页。
② 《隋书》卷二七，第752页。
③ 祝总斌：《两汉魏晋南北朝宰相制度研究》，第232—233页。编制问题需由皇帝批准，较近的研
　究参见侯旭东：《东汉〈乙瑛碑〉增置卒史事所见政务处理：以"请"、"须报"、"可许"与"书到言"为
　中心》，《中国中古史研究（第四卷）》，北京：中华书局，2014年，第46—48页。

完成①。录尚书事虽然位在尚书令之上，单为录尚书事者也能升至三公或二大②，地位应该介于二者之间。按北齐官品，三公、二大在第一品，尚书令在第二品，无论从地位还是迁转途径上来说，从一品是最适合"录尚书事"的官品，但在现存的北齐官品表中仍然没有录尚书事的身影，说明"录尚书事"仍然处在从使职到品官的过渡阶段，这种特性是一种新的动向。

　　"录尚书事"在北齐呈现的新动向是有可能发展成品官的，当时，"录尚书事"还有了专属的办公地，《北史·杨愔传》：

> 及二王拜职，于尚书省大会百僚，愔等并将同赴。子默止之，云："事不可量，不可轻脱。"愔云："吾等至诚体国，岂有常山拜职，有不赴之理，何为忽有此虑？"长广旦伏家僮数十人于录尚书后室，仍与席上勋贵数人相知。③

"录尚书后室"必是"录尚书事"官厅的一部分，且在尚书省内，这是以前所没有的，恰与"录尚书事"的编制固定在尚书省相契合④。但这个过程被隋文帝终止了。开皇元年（581）隋文帝复汉魏官制，虽然多采北齐制度，但尚书省是没有录尚书事的，这不仅是因为录尚书事与尚书令职掌相同，更由

---

① 上举北齐史料中，"（天保八年四月）尚书令、常山王演为司空、录尚书事"，《北齐书》卷五〇《恩倖·和士开传》："复除士开侍中、右仆射。（娄）定远归士开所遗，加以余珍赂之。武平元年，封淮阳王，除尚书令、录尚书事，复本官悉得如故。"（第 688 页）仍然表现出"本官＋录尚书事"的特征。这正表现出"录尚书事"在北齐时呈现的一种过渡状态，既可以有本官，又可以不带本官而独立，但是始终没有官品。又《北齐书》卷八《后主纪》："（武平五年二月）甲寅，以尚书令唐邕为录尚书事。"（第 108 页）似乎"录尚书事"独立成官。但据〔宋〕陈思纂次《宝刻丛编》卷二〇引《集古录目·唐邕造佛文》："北齐散骑常侍、中书侍郎李德林撰，通直常侍、中书舍人姚淑隶书，骠骑大将军、录尚书事唐邕造佛像三万二千躯，以武平五年立此碑。"（王云五主编：《丛书集成初编》据十万卷楼丛书本排印，长沙：商务印书馆，1937 年，第 5 册，第 499 页）按北齐官品，骠骑大将军官品第二，则唐邕的"录尚书事"应是以骠骑大将军为本官。且北齐任"录尚书事"者虽多为单任，但有多人带王爵。"王"在北齐为官品第一，以王任"录尚书事"又具有怎样的性质，仍需研究。

② 高演由录尚书事升为大司马，高湛由录尚书事升为司徒，高叡由录尚书事升为司空，高长恭由录尚书事升为太尉，高孝珩由录尚书事升为司徒，高阿那肱由录尚书事升为司徒，分见《北齐书》帝纪部分。

③《北史》卷四一，第 1505 页。

④ 关于"录尚书事"的办公地点，还存在很多疑问。在北齐以前，以本官录尚书事者，在处理政务时，是在本官官署，还是在尚书官署？如是后者，应在尚书省从来就有办公地点，但这个办公地点是否如北齐般专属于"录尚书事"，无法判断。又诸位参录者，如都在本官署参录尚书事，也是有问题的。遇到重大政务，诸位参录者似都在如尚书都省等地集体讨论。本条承牟师发松提示，谨致谢，但笔者尚无法解决这个问题。

于录尚书事权力太大。文帝一朝连尚书令都不置[1]，废除录尚书事就没有什么奇怪的了。

综上所述，我认为"录尚书事"在北朝的大多数时间里仍然是一个使职，而不是一个品官。到了北齐时，任"录尚书事"者则有两种情况：

第一，无官品、有本官。

第二，无官品、无本官，独立除授。

其中，第二种情况是汉魏南朝所不曾有过的，是一种新的东西。不过，无论哪种情况，北齐的"录尚书事"仍然没有官品。

五、论"录尚书事"的使职特征

有的学者认为"录尚书事"是一种"加官"，有一定道理[2]。《汉书·百官公卿表上》：

> 侍中、左右曹、诸吏、散骑、中常侍，皆加官，所加或列侯、将军、卿大夫、将、都尉、尚书、太医、太官令至郎中，亡员，多至数十人。侍中、中常侍得入禁中，诸曹受尚书事，诸吏得举法，散骑骑并乘舆车。给事中亦加官，所加或大夫、博士、议郎，掌顾问应对，位次中常侍。……皆秦制。[3]

西汉的"加官"有特殊的意义，是构成"中朝官"的必要条件。"中朝官由加官和职官组合构成。加官有权自由出入禁中，职官可以听召参预处理机要事务，二者组合，才构成中朝官。加官的作用非常重要，因而我们说，所谓中朝官的制度，大致是通过'加官'来实现的。"[4]这些西汉的"加官"皆秦

---

[1] 参见唐长孺：《读隋书札记·一　隋代尚书省长官和他官参预朝政》，收入氏撰：《山居存稿》，第 303—309 页。

[2] 白钢主编，黄惠贤撰：《中国政治制度通史》第四卷《魏晋南北朝》，第 128—132 页。有一点应该注意，史籍中的"录尚书事"从来没有被明确称为官。唯一的例外是《南史》卷二《宋本纪中·孝武帝纪》："(孝建元年六月)戊子，省录尚书官。"(第 58 页)与同书同卷《前废帝纪》："(大明八年闰五月)甲子，置录尚书官。"(第 68 页)但核对《宋书》卷六《孝武帝纪》与卷七《前废帝纪》，均无"官"字，这显然是李延寿根据自己的理解加上去的。

[3] 《汉书》卷一九上，第 739 页。

[4] 陈仲安、王素：《汉唐职官制度研究》，第 17 页；祝总斌：《两汉魏晋南北朝宰相制度研究》，第 71—73 页。两书对于"中朝官"的定义、职掌都有考证，细节有所不同。另参杨鸿年：《汉魏制度丛考》"中朝官与外朝官"章，武汉：武汉大学出版社，2005 年；杨树藩：《中国文官制度史》，台北：黎明文化事业股份有限公司，1982 年，第 10—15、107—110 页。

制，秦并不存在中朝与外朝之分，推测这些"加官"都是有秩级的①。而且从东汉开始，除了消亡者以外，秩级都有调整②。而"录尚书事"始终没有品秩，这是二者最大的区别所在。

"录尚书事"既然是一个使职，在最初，只是指处理尚书奏事的一种行为，所以它的名称在开始时并不固定。上举西汉的加官中，有一条"诸曹受尚书事"，《汉书·于定国传》：

> 宣帝立，大将军光领尚书事，条奏群臣谏昌邑王者皆超迁。定国
> 繇是为光禄大夫，平尚书事，甚见任用。

同书《薛宣传》：

> 上征宣，复爵高阳侯，加宠特进，位次师安昌侯，给事中，视尚书事。③

霍光可以"领尚书事"，于定国可以"平尚书事"，薛宣可以"视尚书事"，"受""领""平""视"，都可以替代"录"，都是用来描述这一职务的。只是东汉以后，"录尚书事"变成了固定的称谓，才被当成一个名词广泛使用④。

———————————

① 《后汉书》志二五《百官二》："旧有左右曹，秩以二千石，上殿中，主受尚书奏事，平省之。"（第3578页）似"左右曹"有秩。其余诸官是否有品秩，不明。

② "诸曹""诸吏"东汉以后就基本没有了，参见安作璋、熊铁基《秦汉官制史稿》，济南：齐鲁书社，2007年，第295—296页。"侍中"以下诸官，东汉以后品秩升降，参见各史官志部分，无须赘述。西汉时期明确指为"加官"的，除了上述几种外，还有：

　"西域都护"，《汉书》卷一九上《百官公卿表上》："西域都护加官，宣帝地节二年初置，以骑都尉、谏大夫使护西域三十六国，有副校尉，秩比二千石，丞一人，司马、候、千人各二人。"（第738页）秩比二千石。

　"特进"，《宋书》卷三九《百官志上》："特进，前汉世所置，前后二汉及魏、晋以为加官，从本官车服，无吏卒。"（第1224页）这个说法可能有点问题，"特进"在两汉未必是"加官"。《后汉书》卷四《和帝纪》注引《汉官仪》曰："诸侯功德优盛，朝廷所敬异者，赐位特进，在三公下。"（第171页）"特进"是加给诸侯的，是一种位阶，《宋书》说"特进"是加官，可能是因为西晋时"特进"有了官品。《晋书》卷二四《职官志》："特进，汉官也。二汉及魏晋以加官从本官车服，无吏卒。太仆羊琇逊位，拜特进，加散骑常侍，无余官，故给吏卒车服。其余加特进者，唯食其禄赐，位其班位而已，不别给特进吏卒车服，后定令。特进品秩第二，位次诸公，在开府骠骑上，冠进贤两梁，黑介帻，五时朝服，佩水苍玉，无章绶，食奉日四斛。"（第727页）"特进"虽然没有吏卒车服，但有"禄"，有"位"，与"录尚书事"不同。

③ 《汉书》卷七一，第3042页；卷八三，第3394页。

④ 东汉以后仍有"领尚书事""平尚书事"的用法。《后汉书》卷七三《刘虞传》："（韩）馥等又请虞领尚书事，承制封拜，复不听。"（第2355页）《三国志》卷四八《吴书·孙亮传》："建兴元年，闰月，以（诸葛）恪为帝太傅，（滕）胤为卫将军领尚书事，上大将军吕岱为大司马，诸文武在位皆进爵班赏，冗官加等。"（第1151页）《后汉书》卷三四《梁冀传》："十日一入，平尚书事。"（第1183页）《三国志》卷一三《华歆传》注引华峤《谱叙》："歆有三子。表字伟容，年二十余为（转下页）

"录尚书事"的权力并不是与生俱来的,在西汉,倒不如说是那些担任"领尚书事"的官员加重了这个使职的权威①。同时,伴随着尚书权力日大、地位日高,多由三公、二大等最高级职官去充任"录尚书事","录尚书事"于是就有了"宰相"之称。

在编制上,除了北齐规定"录尚书事"员额为一人外,汉隋间对于其员数从无规定。即使是北齐,编制也并不一定是一人。《北齐书·后主纪》:

> (武平)四年春正月戊寅,以并省尚书令高阿那肱为录尚书事。
> (二月)乙卯,以尚书令、北平王仁坚为录尚书事。②

虽然北齐有"并省录尚书事",但高阿那肱担任的是中央的录尚书事。《北齐书·恩倖·高阿那肱传》:

> (和)士开死后,后主谓其识度足继士开,遂致位宰辅。武平四年,令其录尚书事,又总知外兵及内省机密。③

高阿那肱担任宰辅是继和士开的,和士开此前担任的就是中央的录尚书事。据此,武平四年(573)二月就有高阿那肱与高仁坚两位录尚书事,与定制就不符了。

其实,大可不必纠结于制度的规定,因为"录尚书事"是一个使职,它的设置本来就有很大的随意性。《艺文类聚·职官部四·录尚书》引傅畅《故事》曰:

> 何劭、王戎、张华、裴楷、杨济、和峤,为愍怀太傅,通省尚书事。张华为光禄大夫,尚书七条事,皆咨而后行。惠帝之世,太保卫瓘,太宰、河间王颙,太傅、东海王越,皆录三省尚书秘书事④。

(接上页)散骑侍郎。时同僚诸郎共平尚书事,年少,并兼厉锋气,要召名誉。尚书事至,或有不便,故遗漏不视,及传书者去,即入深文论驳。惟表不然,事来有不便,辄与尚书共论尽其意,主者固执,不得已,然后共奏议。"(第 406 页)《宋书》卷四〇《百官志下》:"魏、晋散骑常侍、侍郎,与侍中、黄门侍郎共平尚书奏事,江左乃罢。"(第 1244 页)这两条的"平尚书事"完全就是评审尚书奏事的行为。
① 参见刘欣尚:《汉代的领尚书事述论》,《北京师范大学学报(社科版)》,1992 年第 2 期,第 68 页。
②《北齐书》卷八,第 106 页。
③《北齐书》卷五〇,第 690 页。
④〔唐〕欧阳询撰,汪绍楹校:《艺文类聚》卷四八,上海:上海古籍出版社,1999 年,第 850 页。

《宋书·百官志上》：

> 晋康帝世，何充让录表曰："咸康中，分置三录，王导录其一，荀崧、陆晔各录六条事。"……其后每置二录……晋江右有四录，则四人参录也。江右张华、江左庾亮并经关尚书七条，则亦不知皆何事也。后何充解录，又参关尚书。①

《魏书·崔逞传》：

> 拜为尚书，任以政事，录三十六曹，别给吏属，居门下省②。

凡是研究魏晋南北朝时期尚书省的专著几乎都会提到这些史料，关于"录尚书"究竟有几条事也无定论。这里只是想指出，因为使职的灵活性，所以一个人担任时，称"总录"；两个或更多人担任时，称"分录"或"参录"；而且可以在"录"之下再划分出若干权力领域；甚至没有"录"名，而称作"经关"或"参关"尚书。不过，没有员数的规定并不表示"录尚书事"是无员，这与秦汉无员的郎官和后代无员的散官都不同，巨大的权力决定了它不可能有很多人同时充任。

正因为"录尚书事"是一个使职，所以可置、可省、可废。东汉新帝即位置太傅录尚书事以辅政，太傅薨则省录，已经指出了它的临时性，当时也并未觉得省录尚书事有什么不妥之处。只是因为历代多置，所以到了刘宋孝武帝孝建中废录尚书事时，居然引起了争论。《宋书·沈怀文传》：

> 时议省录尚书，怀文以为非宜，上议曰："……故总属之原，著夫官典，和统之要，昭于国言。……按台辅之职，三曰礼典，以和邦国，以统百官。四曰政典，以平邦国，以正百官。……"③

沈怀文并不知道，这个"著夫官典"，统百官、正百官的"录尚书事"，自己却没有官品，实在不是一个官。所以，刘义恭说"总录之制，本非旧体，列代相沿，兹仍未革"④，指出"录尚书事"并非不可废，因为它"本非旧体"，只是习惯势力使大家渐渐接受了它"冢宰"的地位而已。

---

① 《宋书》卷三九，第 1234 页。
② 《魏书》卷三二，第 757 页。
③ 《宋书》卷八二，第 2102—2103 页。
④ 《宋书》卷六一《武三王·江夏文献王义恭传》，第 1647 页。

六、结论

从对"录尚书事"的分析中,可以看出职与官之间的区别与联系,对此问题,赖瑞和先生已经有详细的阐释①。"录尚书事"在最初是为了处理日益繁杂的尚书事务产生的,只是临时的委派。随着尚书权力的扩大,权臣需要这样一个使职来控制全国的政务,反而加重了"录尚书事"的权力。自东汉时新帝即位必置"太傅录尚书事"起,时人都将"录尚书事"视为一个官,直到南齐褚渊"单拜录",方才发现拜"录尚书事"是否应有策书还需要讨论。王俭试图将"录尚书事"纳入品秩序列中解决这一问题,但最终也不能不承认它"品秩不见"。

北齐时,"录尚书事"已成了一个独立的官名,不一定需要本官,编制固定在尚书省,且有了专门的办公地点,呈现出一种过渡的形态,虽然仍没有官品,但无疑是"录尚书事"在从职到官转变过程中的重要阶段,只是这个过程随着隋朝的建立悄然停止②。

隋文帝即位之初,废北周六官,复汉魏旧制。汉魏时期存在的"录尚书事"却未见恢复。究其原因,仍然是因为"录尚书事"权力过重,二逼君主。隋文帝绝不会恢复这样一个职位来牵制皇权。

"使职"的概念来自于对唐宋职官制度的深刻认识,能否适用于汉魏六朝的职官制度仍待研究。本节引入"使职"的概念,是想从不同的视角考察最常见的"录尚书事",跳出"官"的框架,进入"职"的体系,可能会为以后职官制度的研究找到不一样的出发点。

---

①赖瑞和:《为何唐代使职皆无官品——论唐代使职和职事官的差别》,特别是第二、三部分。收入杜文玉主编:《唐史论丛》第十四辑,第325—339页。

②隋代以门下、内史两省长官和他官参预朝政,唐代以他官参知政事就是因袭隋制。隋代的这种处理方法,就是因为尚书省长官权力过重,不仅无"录尚书事","令"仅有杨素,大业三年以后连"仆射"都不置。因此,可以说尚书省长官的权力在一定程度上由于他官"参预朝政"被分割了,需要特别注意的是"参预朝政"也是隋代宰相的一个使职称号(参见赖瑞和撰:《唐代宰相的使职特征和名号》,刊《中华文史论丛》2014年第3期)。

第三章　隋代门下、内史两省的
职权与地位

第一节　隋代殿内省的独立对门下省的影响

隋唐职官制度，远承汉魏，近继南北朝，期间渊源流变，荦荦大端，陈寅恪先生在其名著《隋唐制度渊源略论稿》里多有论证。本节所关注的是隋代殿内省的独立，笔者曾从殿内省对九卿权力侵夺的角度加以讨论[1]，现在则是从隋代门下省发展的角度对这个问题加以补充。

殿内省是隋炀帝大业三年(607)改革官制以后产生的一个部门，此前的文帝朝，只有殿内局，而且只是隶属于门下省的六局之一。《隋书·百官志下》：

> (大业三年)分门下、太仆二司，取殿内监名，以为殿内省，并尚书、门下、内史、秘书，以为五省。
>
> 殿内省置监(正四品)、少监(从四品)、丞(从五品)，各一人，掌诸供奉。又有奉车都尉十二人，掌进御舆马。统尚食、尚药、尚衣、尚舍、尚乘、尚辇等六局[2]，各置奉御二人(正五品)，皆置直长，以贰之(正七品)……城门置校尉一人，降为正五品。后又改校尉为城门郎，置员四人(从六品)，自殿内省隶为门下省官。[3]

这里详细记载了隋代殿内省的由来以及组织机构。由于殿内省是从门下省分出，所以，学界在研究隋唐三省体制形成的问题时，已经注意到殿内局与门下省的关系，以及殿内省形成的意义等问题。一般来说，学者普遍认为隋初门下省设殿内局，说明此前门下省仍掌内廷事务，炀帝将其中的殿

---

①拙撰《魏晋南北朝九卿研究》，第 217—227 页。
②乘、辇的区别，参见拙撰《魏晋南北朝九卿研究》，第 153—169 页。
③《隋书》卷二八，第 793、795 页。括号中为原注。

内局扩大为殿内省,脱离门下省之后,门下省方才成为纯粹的政务机关,殿内省则是掌皇帝衣食住行医疗等服务的机构。这样说当然是正确的,但这只是从三省体制如何形成的观点来看殿内省,而不是从殿内省自身的构造来解释其形成的原因。

殿内省主掌皇家事务,"掌诸供奉",是完全为皇帝、为皇家服务的;正是由于它的独立,门下省才真正成为公务部门,为国家服务。在官僚体系内,公私有别或者说家国分离是汉唐时期的一个特点。这个特点从殿内省的成立上是否能找到,对门下省的发展又有何影响,本节尝试对这些问题提出一些看法。

一、殿内省的组织机构

从上引《百官志》可以看出,殿内省除总体上由监、少监、丞三者对本省负责之外,大致可以分为两个部分,两都尉(奉车、城门)与六局,现在试加以分析。

（一）两都尉

奉车都尉,自汉以来,历代皆有,与驸马都尉、骑都尉合称为三都尉。《通典·职官十一》"三都尉"条:

> 奉车掌御乘舆车……奉朝请者,奉朝会请召而已。晋武帝亦以皇室、外戚为三都尉而奉朝请焉……隋开皇六年,罢奉朝请。炀帝时,奉车、驸马并废。[1]

"奉朝会请召而已",说明奉车都尉是个加官,晋武帝用来给皇室、外戚装点一下门面。隋文帝时,奉车都尉隶左右卫,"掌驭副车"[2],副车仍是指天子乘舆内的副车。也就是说,自汉至隋,奉车都尉所掌一直是天子之车。至于《通典》所载炀帝时废奉车都尉,当是沿袭《隋书》的记载。《百官志下》称炀帝对十二卫的改革,其中有一条:

> 其直阁将军、直寝、奉车都尉、驸马都尉、直斋、别将、统军、军主、幢主之属,并废。[3]

---

① 《通典》卷二九,第810—812页。
② 《隋书》卷二八《百官志下》,第778页。
③ 《隋书》卷二八,第800页。

从记载上来看,奉车都尉的确是废了。但所废的是左右卫的奉车都尉,或者更确切地说,是将左右卫的奉车都尉调给了殿内省。因为这一连串的改革都在大业三年以法令的形式颁布,不可能对奉车都尉既设又废。且原隶左右卫时,设左右各六人。炀帝时殿内省奉车都尉的员数则是十二人①,恰好相等,似也能说明奉车都尉只是改属而已。

城门校尉,隋文帝时本属门下六局之一的城门局,《唐六典·门下省》"城门郎四人,从六品上"条注曰:

> 北齐卫尉寺统城门寺,置城门校尉二人……掌宫殿、城门并诸仓库管钥之事。后周地官府……掌皇城十二门之禁令,盖并其任也。隋氏门下省统城门局校尉二人,从第四品下。炀帝三年,又隶殿内省;十二年,又减一人,降为正第五品。后又改校尉为城门郎,置四人,从第六品,又隶门下省。②

隋文帝时,门下省所掌本包括公与私两个方面,城门局管理着宫城、皇城的钥匙,也体现了这两个方面。宫城之内,多是皇帝游宴休息之所,是皇家独占的空间,是私人性质;宫城之外,皇城之内,是各级中央官府所在,具有公共性质③。炀帝设殿内省的目的是要将皇家事务归属一个部门管理,城门校尉具有的双重性质导致了将其简单地并入殿内省显得并不十分合适,所以,炀帝末年将城门校尉改城门郎,重又隶回到门下省,可见这种双重性质的确产生了一些麻烦。

（二）六局

殿内省统尚食、尚药、尚衣、尚舍、尚乘、尚辇六局。这六局是怎样形成的呢?《隋书·百官志下》:

> 门下省……以城门、殿内、尚食、尚药、御府等五局隶殿内省。④

门下省六局中的五局悉入殿内省。城门局已见上述,先入殿内省,后又重

---

①《隋书》卷二八《百官志下》,第 778、795 页。
②《唐六典》卷八,第 249 页。本卷校勘记［九〇］"掌皇城五门之禁令"引近卫校明本曰:"'皇'恐当作'宫'。"疑是也,志以备考。笔者也同意近卫家熙所校,以宫门对宫城,城门对皇城。
③隋代大兴城即唐都长安,整体布局当无大的变化,参见〔日〕平冈武夫撰,杨励三译:《长安与洛阳·地图》,西安:陕西人民出版社,1957 年,图版一二至一五。
④《隋书》卷二八,第 794—795 页。

新隶属于门下省。尚食、尚药沿袭未变。《唐六典·殿中省》"尚衣局：奉御二人，从五品上"条注曰：

> 隋门下省有御府局监二人，大业三年分属殿内省，其后又改为尚衣局。

"尚舍局：奉御二人，从五品上"条注曰：

> 隋炀帝置殿内省，改殿内局为尚舍局，置奉御二人，正五品。①

是文帝时的御府、殿内两局改为炀帝时的尚衣、尚舍两局。也就是《隋书·百官志》所记的分门下省五局隶属新设的殿内省。

既然炀帝是"分门下、太仆二司，取殿内监名，以为殿内省"，那么剩下的尚乘、尚辇两局就应当是分自太仆寺。《隋书·百官志下》：

> 太仆减驸驵署入殿内尚乘局。②

《唐六典·殿中省》"殿中省：监一人，从三品"条注曰：

> 大业三年，分门下省尚食、尚药、御府、殿内等局，分太仆寺车府、驸驵等署，置殿内省。③

《隋书·百官志》说减驸驵署入尚乘局，就是将驸驵署改名尚乘局，归殿内省管辖。而《六典》多出来的车府署是不是改为尚辇局，隶属殿内省了呢？问题并不如此简单。内田昌功氏注意到了《隋书·百官志》与《六典》记载的不同，他认为《隋志》太仆寺条只记载了驸驵署的变动，而且从《六典》及《通典》太仆寺车府署下诸条并没有看到在炀帝时期将车府署移入殿内省，所以他认可《隋志》的记载④。我认为《六典》的记载或许是有道理的，不过，分的并不是太仆寺的车府署，而是乘黄署，而且所谓分，也并不一定要将整个署划分给新部门，也可以只分部分的职能，尚辇局的设立就是为了履行这部分职能。《唐六典·殿中省》"尚辇局：奉御二人，从五品上"条注曰：

> 隋有六辇，大礼皆乘之。秦、汉、魏、晋并太仆属官车府令掌之，东晋

---

① 《唐六典》卷一一，第 326、329 页。
② 《隋书》卷二八，第 798 页。
③ 《唐六典》卷一一，第 322 页。
④ 〔日〕内田昌功：《隋炀帝期官制改革の基础的研究》，注(19)，第 37 页。

省太仆,遂隶尚书驾部。宋、齐、梁、陈车府、乘黄令·丞掌之,后魏、北齐则乘黄、车府令兼掌之,后周则司车辂主之,隋又乘黄、车府令兼掌之。[①]

车府、乘黄两令在魏晋南北朝时期,职能发生了转化,大体上说,是车府主国务用车,而乘黄主御用车辆[②]。

隋代官制大抵上承北齐,《隋书·百官志中》载北齐太仆诸官:

> 太仆寺,掌诸车辇、马、牛、畜产之属。统骅骝(掌御马及诸鞍乘)……乘黄(掌诸辇辂)、车府(掌诸杂车)等署令、丞。[③]

北齐乘黄所掌就包括御用的辇和辂,车府所掌仅是杂车,《唐六典》所载分太仆之车府以设尚辇局的说法可能不太准确,因为尚辇局之设,关键在于御用。另外,从“辇”字上说,分离的也只能是乘黄令掌辇的职能。辇就是车的一种,只不过单纯的辇无轮,用人牵而已[④]。为什么没有将乘黄令整个划给殿内省,这里只能做一个推测。乘黄令失去掌辇职能之后,只掌御辂,而隋代乘舆包括五辂[⑤],上面提到的奉车都尉掌御乘舆车,则与乘黄令职能部分重叠,或许因此,乘黄令并未归并入殿内省,但是奉车与乘黄的职能应该如何区分,仍是一个可以研究的问题。

隋初,门下省下统诸局的结构是对北齐职官系统的继承。炀帝刻意将太仆之骅骝署改名尚乘局划归殿内,并剥夺一部分乘黄令之职能形成尚辇局,是因为两者一掌御马、一掌御辇。殿内省设立的目的就是要将皇家事务与国家事务分开,家国不分的特性自汉以来在九卿这类官员身上表现的最为明显。我们认为,殿内省的设立将九卿中涉及为皇家服务的职能重新剥离出来,统一管辖,应该说是一种进步。这种剥离使得九卿作为国家大臣的性质越益明晰,皇家私务则专门划拨给殿内省。

二、自门下分出殿内

殿内省虽是炀帝新置,但并不是一个全新的部门,前代已有,不过没有

---

①《唐六典》卷一一,第 332 页;《通典》卷二六《职官八》,同,第 744 页。

②拙撰《魏晋南北朝九卿研究》,第 165—169 页。

③《隋书》卷二七,第 756 页。括号内为原注。

④〔汉〕刘熙撰,〔清〕毕沅疏证,〔清〕王先谦补,祝敏彻、孙玉文点校:《释名疏证补》卷七《释车第二四》:“辇车,人所辇也。引毕沅曰:《说文》:‘辇,挽车也,从车,夫在车前引之也。’郑注《周礼·乡师》云:‘辇,人挽行’。”(北京:中华书局,2008 年,第 249 页)

⑤《唐六典》卷一七《太仆寺》“乘黄署”令一人,从七品下”条注,第 480 页。

独立成省而已。《通典·职官八》"殿中监"条：

> 魏置殿中监官，晋、宋并同。齐有内外殿中监各八人，梁、陈因之，其资品极下。后魏亦有殿中监。北齐有殿中局，置监四人，属门下省，掌驾前奉引。隋改为殿内局，置监二人。大业三年，分门下、太仆二司，取殿内监名，以为殿内省，有监、少监、丞各一人，掌诸供奉，领尚食、尚药、尚衣、尚舍、尚乘、尚辇等六局。每局各置奉御二人以总之，置直长以贰之，属门下省。大唐改为殿中省，加置少监二人，丞亦二人。其官局职任，一如隋制，为一司，不属门下。①

这里将殿中省的沿革讲得很清楚，是曹魏初创，历代沿袭，至隋炀帝始置殿内省，唐改为殿中省。殿中监的官职是否是曹操魏王国时期时所置，不太清楚，很可能最初也只是临时设置，曹丕称帝以后就沿用的一个官职。最初的职能可能正如字面所示，只是管理相关宫殿的一些杂务，北齐时期的殿中监就还只是做做"驾前奉引"等小事。在整个魏晋南朝时期，殿中监的任职者，既有士人，也有内监，品位一直很低，甚至不入流，即"资品极下"，不知还有没有下级机构。北朝殿中监职位比南朝虽高，但也不领官署。殿中监之品位提高及领官署，是隋炀帝置殿内省之后，也就是说，殿中监官位甚微以及不领官署的情况直至隋文帝时仍没有大的变化，真正的改变是由隋炀帝完成的，不管隋炀帝设立殿内省的目的为何，但这种设置从客观上有利于将皇家事务从国家事务中分离出来。从上引史料来看，炀帝是分太仆、门下置殿内省的，甚至包括殿内监本身也来自门下省，"北齐有殿中局，置监四人，属门下省"，就很明白地指出了两者的关系。从门下省而不从别的省，这就具有了分析的意义。

我们来看殿内省诸局在魏晋南北朝的沿革。上面所说的尚食局，在东汉其职在少府之太官、汤官，《唐六典·光禄寺》"太官署：令二人，从七品下"条注曰：

> 晋光禄勋属官有太官令。宋侍中属官有太官令一人，齐因之。梁

---

① 《通典》卷二六，第741—742页。杜佑记载隋炀帝大业三年新设殿内省，在当时仍属门下省，至唐代方"为一司，不属门下"的说法是不准确的。上引《隋书》卷二八《百官志下》明言隋炀帝大业"三年定令……分门下、太仆二司，取殿内监名，以为殿内省，并尚书、门下、内史、秘书，以为五省"（第793页），既然是并为五省，则殿内省在设立时就不再属门下省。

　　　　门下省领太官,陈因之。后魏、北齐分太官令为尚食、中尚食。尚食,
　　　　门下省领之;中尚食,集书省领之;太官,光禄卿领之。尚食、中尚食掌
　　　　知御膳,太官掌知百官之馔。[①]

可见,晋时太官尚属九卿之一的光禄勋,宋齐时已属侍中。侍中,门下之
职。梁陈更明言门下省领太官。北朝尚食亦属门下,集书省领中尚食的意
义虽不清楚,但北齐中尚食已属中侍中省,《唐六典》所记或为北魏制度。
中侍中省,从侍中两字看来,因与门下所掌有重叠处,后或并入门下。北朝
更严格将御膳、百官之馔区分开来,门下之尚食掌前者,光禄之太官掌后
者,是门下因御膳问题分割九卿权力的一个证明[②]。

　　尚药局之任,东汉时本在少府之太医,《唐六典·太常寺》"太医署:令
二人,从七品下"条注曰:

　　　　晋氏宗正属官有大医令、丞……过江,省宗正,而太医以给门下
　　　　省。宋、齐太医令,丞隶侍中。梁门下省领太医令、丞,令班第一,丞为
　　　　三品蕴位。陈因之。[③]

是晋时太医本属九卿之一的宗正。东晋过江,省宗正,太医之职移于门下
省,"自梁、陈以后,皆太医兼其职"[④],也即东晋南朝的医药之职一直隶属
于门下,而北朝门下省本统尚药局[⑤],北齐中侍中省尚有中尚药典御及丞,
隋无,当也是并于门下省。门下省之掌医药,也是分割九卿之一的宗正职
能而来。

　　尚舍局所掌本为曹魏所设殿中监之职,《唐六典·殿中省》"尚舍局:奉
御二人,从五品上"条注曰:

　　　　汉少府属官有守宫令、丞。掌宫殿陈设。魏殿中监掌帐设监护之
　　　　事。晋、宋已下,其职并在殿中监。

同书《卫尉寺》"守宫署:令一人,正八品下"条注曰:

①《唐六典》卷一五,第444页。
②拙撰《魏晋南北朝九卿研究》,第80—82页。
③《唐六典》卷一四,第408—409页。
④《通典》卷二六《职官八》"殿中监"条,第742页。
⑤《唐六典》卷一一《殿中省》"尚药局:奉御二人,正五品下"条注曰:"北齐门下省统尚药局……惣
　御药之事。"(第324页)

　　　　晋光禄勋属官有守宫令,梁、陈光禄卿属官有守宫令员。北齐光
　　　禄寺统守宫令、丞,掌凡张设之事。①

殿中监所分乃是东汉少府属官守宫令之职,掌宫殿陈设,晋宋以下不改。
但东汉的守宫一系属官,晋及南北朝都属光禄,殿中监既掌宫殿陈设,疑守
宫令只能掌宫殿外即非御用之陈设,所以唐代守宫署所掌为"邦国供帐之
属"。但殿中监在南朝品位卑下,属门下三省中的侍中省②;北朝则是到了
北齐时,门下省下设有殿中监,但职掌据上所引,与南朝并不相同。隋统一
后,南北合流,隋文帝以南北同属门下省之殿中监设殿内监,行南朝殿中监
的职掌,此又是门下省分割光禄职能的一个证明。

　　　尚衣局之职掌沿革,南北朝确实不同,南朝一直在少府属下之尚方,不
过一度更名曰御府,御府者,供天子私用之府。北齐门下省则专门设有主
衣局③。隋统一后,是否将南朝尚方掌御衣之职能划入门下省之主衣局,
不明,但从文帝时期称为御府局来看,或许采纳了南朝的制度。炀帝改御
府为尚衣,专掌天子冕服。故从汉晋南朝一系看,或可谓门下及殿内分割
少府职能。

　　　尚乘、尚辇两局,至隋仍与太仆有关,设殿内省方剥夺其一部分职能。
其实,东晋宋齐时期,由于太仆的被省并,原本下属之骅骝署(尚乘局的前
身)已与门下发生关系。太仆之被省,并不代表太仆之职能也被省却了,因
为太仆所掌舆马,其中包括天子骑乘所用,这部分的职能是不能够省略的。
故《历代职官表·太仆寺》曰:

　　　谨案:宋齐二代不置太仆,而别有乘黄令属太常;骅骝丞属侍中,
　　以掌乘舆、厩马。又御史台有库曹以主厩牧,是国马、王马,其职固各
　　有所分属也。④

可见太仆虽省,但事关皇帝所用乘舆及马匹的乘黄令、骅骝丞还是被保留
了下来,分属于太常与侍中。清人已经明白指出国马、王马的分别。骅骝
丞之属侍中,即属于门下省,就是因为掌王马的缘故,此门下省分太仆职能

---

①《唐六典》卷一一,第328—329页;卷一六,第464页。
②祝总斌先生认为殿中监属侍中省,笔者同意这个意见,详见下文所引。
③《唐六典》卷一一《殿中省》"尚衣局:奉御二人,从五品下"条注,第326页。
④〔清〕纪昀等撰:《历代职官表》卷三一,上海:上海古籍出版社,1989年,第579页。

的又一证明。北朝骅骝署虽仍属太仆管辖,不过已经注明所掌为御马。南朝是有意识地将御用归入门下省管辖,北朝虽依晋制,所掌却已不同。

当然,隋代殿内省的设置是以上承北齐门下省已统五局(符玺局仍属门下)为基础,新加入尚乘、尚辇二局。殿内省是要将掌管皇家事务的官署剥离出来,而南朝时期本已隶属门下掌管御马的骅骝署由于南北的统一复归到太仆辖下,现在当然是要太仆减骅骝入殿内了。尚辇局的前身乘黄令,南朝一直属于太常,北朝则一直属于太仆,都有掌管御辇的职能,又都不属于门下,所以此时单独另设一局以便接受这部分职能。

据上所引,作为九卿本来职掌的家务职能,在隋代多数划归了殿内省,而殿内省这类机构的设置,直至隋炀帝时期方才成立,以前一直是由门下省掌管,殿内省只是门下省本身改变其国务、家务不分的一个产物。这就需要探讨一下东汉以来门下省掌管的与皇帝事务有关的那部分职能。《后汉书·百官志三》:

> 侍中,比二千石。本注曰:无员。掌侍左右,赞导众事,顾问应对。法驾出,则多识者一人参乘,余皆骑在乘舆车后。
>
> 黄门侍郎,六百石。本注曰:无员。掌侍从左右,给事中,关通中外。[1]

侍中、黄门侍郎都是掌侍左右,这些官员当然与皇帝关系密切,他们的首要职能是"侍从左右",即随侍于皇帝左右,家臣的性质非常明显。

祝总斌先生认为侍中等官员权力的发展是为了避免日益扩大的尚书职权出现错误,对尚书省日益增长的权力起到限制的作用[2],从国政处理的角度来看,这当然是准确的。实际上侍中、黄门侍郎职掌中的所谓"顾问应对""关通中外",这些本来就是尚书最初的职能,但这只是东汉侍中、黄门侍郎诸多职掌的一个方面,可能都算不上是重要的一面。另一方面,侍中、黄门侍郎的职能从一开始就包含了处理皇帝私务的一面。《后汉书·孝献帝纪》"初令侍中、给事黄门侍郎员各六人"条注引:

> 《汉官仪》曰:"侍中,左蝉右貂,本秦丞相史,往来殿内,故谓之侍中。分掌乘舆服物,下至亵器虎子之属。武帝时,孔安国为侍中,以其

---

①《后汉书》志二六,第3593页。
②祝总斌:《两汉魏晋南北朝宰相制度研究》,第263—264页。

儒者,特听掌御唾壶,朝廷荣之。至东京时,属少府,亦无员。驾出,则一人负传国玺,操斩蛇剑,参乘。与中官俱止禁中。"又曰:"给事黄门侍郎,六百石,无员。掌侍从左右,给事中使,关通中外。"①

此段材料说孔安国之事容或有误②,但侍中往来殿内,职掌从舆服到虎子等物品,都与皇帝的私人生活息息相关。何况侍中居然可以"与中官俱止禁中",从侍中的职掌来看,与作为皇帝家奴的中官实无太大分别。与其他官员相比,自然与皇帝更加亲近,这是以后门下省崛起的最重要原因。给事黄门侍郎则是"给事中使,关通中外",强调了他居"中"、通"中"的特性。这些都说明侍中、给事黄门侍郎之职掌中包含皇帝日常衣食起居等相关事务。

据祝总斌先生考证,晋代的门下有三省:门下省、散骑省和侍中省,而侍中省之名虽不见记载,但确实存在,这是一个很重要的发现③。他认为曹魏所设殿中监隶于侍中省堪称卓见。由此我们知道,至迟到西晋时期,门下省已经有将皇帝私务与国家政务再次分离的尝试,以门下三省中的门下省掌国务、侍中省掌皇帝私务。两晋门下之侍中省职掌宫中、殿中生活方面的事务,所掌为亲近供御之事,这本是两汉侍中职能的一部分,当时侍中一系官员的职掌已经更多地偏向了国事,所以才会设立侍中省以接管宫中、殿中的琐事。侍中省于政权决策固然无大关系,但东汉九卿的部分职能确是被分割到了侍中省来。侍中省的设立,实由两汉侍中、黄门侍郎本掌侍从左右的职能发展而来。同时,外部的契机也巩固了门下之侍中省接管这部分事务,这个契机就是东晋的南渡与桓温的省官并职议。

《宋书·百官志下》:

> 公车令,一人。掌受章奏。秦有公车司马令,属卫尉,汉因之……晋江左以来,直云公车令。

①《后汉书》卷九,第367—368页。

②劳榦:《论汉代的内朝与外朝》(收入《"中央"研究院历史语言研究所集刊》第十三本,北京:中华书局影印,1987年,第233页)曾就此问题有过辨析。

③祝总斌:《两汉魏晋南北朝宰相制度研究》,第268—272页。关于两晋散骑省的相关问题,参见黄惠贤《西晋散骑建省及其所领诸官》(特别是其中推测门下省、散骑省成立时间的"五'散骑省'设置年代推测")、《东晋时期中央决策机构(中书省)的一次短暂变革》(主要讨论东晋一度并中书入散骑的重要变革),收入氏撰:《魏晋南北朝隋唐史研究与资料》,武汉:湖北人民出版社,2010年,第185—190、201—205页。散骑省似与皇家事务没有关系。

> 太医令,一人。丞一人。……至二汉属少府。
>
> 太官令,一人。丞一人……至汉属少府。
>
> 骅骝厩丞,一人。汉西京为龙马长,汉东京为未央厩令,魏为骅骝
> 令。自公车令至此,隶侍中。①

这里的侍中,我很怀疑也是指侍中省而言。九卿虽然被省并裁撤,但有些
事关皇帝日常衣食住行的官员却没有办法减少,因此以侍中省来掌握最为
合适。南朝宋齐并不全置九卿,使得这些官署逐渐地固定在侍中省,而侍
中省隶属于门下省②。南朝时期,门下三省合而为一,侍中省之职能全归
门下③,由此,门下省就一直掌管着皇帝的私人事务。

即使到了梁武帝设十二卿,这些原来当属于九卿的职能部门也没有回
归。《隋书·百官志上》:

> 门下省置侍中、给事黄门侍郎各四人,掌侍从左右,摈相威仪,尽
> 规献纳,纠正违阙。监合尝御药,封玺书。……公车、太官、太医等令,
> 骅骝厩丞。④

所谓“监合尝御药”,就是说门下省的主要官员仍然需要过问皇帝私人事
务,如“御药”之类,可见门下省官员的家臣性质挥之不去。北朝在孝文帝
改革以后,“门下仅有一省,亦即仿刘宋后期、南齐以下制度,门下省既掌政
事,又掌殿内生活供奉”⑤,门下之掌殿内生活供奉明显是仿自晋宋南朝的
制度。南北朝之门下掌殿内生活供奉同出于晋宋以来制度之演变,炀帝创
设殿内省管理皇室事务本身只是对南北朝制度的继承,他的创新在于将殿
内省独立出来,使之与门下省分离。殿内省的独立不仅将家事与国事分离

---

① 《宋书》卷四〇,第 1243—1244 页。
② 南齐制度当同于宋代,但据《南齐书》卷一六《百官志》载:“公车令一人。大官令一人,丞一人。
　大医令一人,丞一人。内外殿中监各一人。内外骅骝厩丞各一人。材官将军一人,司马一人。
　属起部,亦属领军。”(第 322 页)似乎公车令、太官令、太医令、殿中监、骅骝厩丞五官都属于尚书
　起部,这是不对的,祝总斌先生曾有考证,认为仍应属门下省(见《两汉魏晋南北朝宰相制度研
　究》,第 278—280 页)。笔者对此问题也有一段小考订,结论与祝先生同,见《魏晋南北朝九卿研
　究》,第 81 页注[63]。
③ 祝总斌:《两汉魏晋南北朝宰相制度研究》,第 277—278 页。
④ 《隋书》卷二六,第 722 页。按本卷校勘记[二]按:所举各部令丞都属门下省,依文例,“公车”上
　应有“统”字(第 749 页)。所见甚是。
⑤ 祝总斌:《两汉魏晋南北朝宰相制度研究》,第 295 页。

开来,更重要的是使门下省真正地成为了一个国家行政部门。

三、结论

本节关注的重点并不是过去学界曾注意到的尚书对九卿的影响,而是认为殿内省的独立完成了门下省向国务部门的转变。

门下省之发展,固然以制衡尚书权力为最主要的议题,但从汉代以来门下之侍中等官员,两晋以来的门下省本皆有掌皇帝生活的一部分职权。正如尚书省的发展一样,门下省的发展也经历过一个家国不分的历程。西晋曾在门下设三省,尝试将国务、皇家私务分开。东晋渡江以后,皇权不张,异族林立,财政困难而省官并职之议起。在世家大族的桓温当国时期,终于废九卿而存尚书,九卿大半被省。裁撤机构容易,但有些职能不能废除,特别是那些事关皇家私务的部门与职能。以职能相近则省并的原则,划归本就有为皇室服务职能的门下的侍中省似乎是最为妥善的处理办法。这些部门与职权逐渐固定在门下,再也没有回归原九卿统属。

门下之主要职能本在制衡尚书,不在皇家私务方面,然附庸蔚为大国,需另设机构专门管理皇家事务,隋炀帝遂专门设立殿内省以负责皇帝起居事务,唐承之为殿中省。这完全是为皇帝服务的机构。

严耕望先生曾经指出,汉唐之间政治中枢机构的变迁中的重点在于政务官与事务官的分离。本节则要指出在这样的大背景下,门下省自身还有一个家务、国务分离的过程,隋代殿内省的设立过程正是这种分离的一个表现,也体现了以皇帝为首的国家机器向分工日益明确、权责日益清晰的方向发展。

从行政体系上来说,尚书与九卿的分权是政务与事务之别;从家国体系上来说,殿内与门下的分离是家事与国事之别。因此殿内、门下在家、国事上的这种分离,使原本带有管理皇帝私务性质的门下省转变成国务机关。

众所周知,帝制时代的"家"与"国"有密切的联系,皇室作为"天下第一家"始终高居于社会权力结构的顶端。两汉时代的诸卿官员身上,很多都残留着"家臣"的性质,他们主要为皇室服务;魏晋南北朝时期,这种为皇室服务的职能,很多都转移到了门下省中;到了隋唐时代,另设专门的殿内省(唐称殿中省)来管理皇帝私务,这就把"家"的体制纳入到了"国"的体制之中。在这个过程中,不仅九卿完成了转变,门下省也终于将掌管的皇帝私人事务分离了出去。汉唐之间,从"家、国不分"到将"家"置于"国"之下,既是完善也是进步。

第二节　门下省的职权与地位

正如前面学术史综述中所提到的那样,宰相问题是经常与三省体制问题牵扯在一起的,但这是一个见仁见智的问题,每个研究者都可以根据自己的定义来认识各个时期的官职,哪些是宰相,哪些不是。反对者自然也可以基于同样的方法进行批评与再研究。因为这是在引用史料时随时可能碰到的问题,所以我想先就隋代宰相的问题稍作说明。

《通典·职官三·宰相》:

> 隋有内史、纳言,是为宰相,亦有他官参与焉。[1]

论者往往据此认为隋代仅有内史、纳言才是宰相。不管杜佑的本意到底是指隋代只有内史、纳言才是宰相,还是指内史、纳言到了隋代才并称为宰相,他并没有否认隋代尚书省的尚书令、尚书仆射是宰相。同书《职官四·尚书令》:

> 隋亦总领众务。[2]

同书同卷《仆射》:

> 隋文帝开皇三年,诏左右仆射从二品,左掌判吏部、礼部、兵部三尚书,御史纠不当者,兼纠弹之。右掌判都官、度支、工部三尚书,又知用度。余并依旧。大唐左右二仆射因前代,本副尚书令。自尚书令废阙,二仆射则为宰相。[3]

既然唐代初年尚书令、仆射是宰相,而唐又因袭前代,这个前代自然也包括隋代,所以隋代尚书令、仆射也当然是宰相。《唐六典·尚书都省》"尚书令一人,正二品"条:

---

① 《通典》卷二一,第 540 页。
② 《通典》卷二二,第 594 页。
③ 《通典》卷二二,第 596 页。

　　及光武亲总吏职，天下事皆上尚书，与人三参决，乃下三府，尚书令为端揆之官。魏、晋已来，其任尤重。皇朝武德中，太宗初为秦王，尝亲其职，自是阙不复置，其国政枢密皆委中书，八座之官但受其成事而已。（自太师已下，皆古宰相之职，今不常置，故备叙之。）①

这里讲得很清楚，唐初是由于尚书令不复置，国政枢密才交给中书的，也就是理论上，在之前设置尚书令的隋代，尚书令仍能过问国政枢密，仍是宰相，而且注文明言尚书令为古宰相之职。同书同卷"尚书左丞相一人，右丞相一人，并从二品"条：

　　左、右丞相掌总领六官，纪纲百揆，以贰令之职，今则专统焉。（初亦宰相之职也。开元中，张说兼之，后罢知政，犹为丞相。自此已后，遂不知国政。）②

是左右仆射本也是宰相③。因此，我认为隋代三省长官都可以视为宰相。

一、职权

　　《隋书·百官志下》载隋代门下省结构及设官员额，而不记职掌。众所周知，隋代混一南北，制度上必南北兼采，以成一代规模。《隋书·百官志上》载萧梁门下省职掌：

　　门下省置侍中、给事黄门侍郎各四人，掌侍从左右，摈相威仪，尽规献纳，纠正违阙。监合尝御药，封玺书。④

萧梁另有集书省，至隋时也并入门下省，集书省之职掌据同书同卷所载：

　　掌侍从左右，献纳得失，省诸奏闻文书。意异者，随事为驳。集录比诏比玺，为诸优文策文，平处诸文章诗颂。⑤

《隋书·百官志中》载北齐门下、集书省职掌：

①《唐六典》卷一，第 6 页，括号内为原注。
②《唐六典》卷一，第 7 页，括号内为原注。
③杜佑虽然认为尚书左右丞相名不副实，但那是针对唐代改仆射为丞相这个名号所说的，见《通典》卷二二《职官四·仆射》，第 597—598 页。
④《隋书》卷二六，第 722 页。
⑤《隋书》卷二六，第 722 页。

> 门下省，掌献纳谏正，及司进御之职。
>
> 集书省，掌讽议左右，从容献纳。①

南北关于门下、集书二省的职掌记载，其实差不多，一是侍从左右、献纳谏正；二是平省尚书奏事；三是审署、下达诏令。祝总斌先生认为这三点都是北朝模仿、沿用两晋南朝制度、仪注②。关于这三项职掌，我们在隋代都能找到例证。

（一）侍从左右、献纳谏正

《隋书·苏威传》：

> 未几，拜刑部尚书，解少保、御史大夫之官。后京兆尹废，检校雍州别驾。时高颎与威同心协赞，政刑大小，无不筹之，故革运数年，天下称治。③

《资治通鉴·陈纪九·宣帝太建十三年》：

> 颎、威同心协赞，政刑大小，帝无不与之谋议，然后行之。故革命数年，天下称平。④

苏威拜刑部尚书，在开皇三年，当时他仍兼任纳言，既然"天下称治"，那么就是将高颎与苏威认为是治理国家最重要的两名功臣，而所谓"同心协赞，政刑大小，无不筹之"，就是指高颎以尚书左仆射的身份（可能还兼任纳言），苏威以刑部尚书兼任纳言的身份共掌国政。这里应当将"同心协赞"与"政刑大小"分为两件事，对于苏威而言，前者指的是他担任纳言，参掌机密；后者则是具体指他担任刑部尚书。因为两句连在一起，所以很容易把这句话认为是指苏威担任刑部尚书的业绩。当时六部尚书俱可考见，没有必要单单提一个刑部尚书，赵芬尚在右仆射任上，但就苏威担任刑部尚书而言，也无法凌驾于赵芬之上。他之所以能与高颎一起治国，能"无不筹之"，能让"帝无不与之谋议"，实因他担任纳言一职。

文帝一朝纳言之中，以苏威任职时间最长，而且两次出任该职，前后任职十余年时间。在文帝心目中，苏威是有经国之才的，《隋书·苏威传》：

---

① 《隋书》卷二七，第 753、754 页。
② 祝总斌：《两汉魏晋南北朝宰相制度研究》，第 296—299 页。
③ 《隋书》卷四六，第 1186 页。
④ 《资治通鉴》卷一七五，第 5440 页。

　　（上）因谓朝臣曰：“苏威不值我，无以措其言；我不得苏威，何以行
其道？杨素才辩无双，至若斟酌古今，助我宣化，非威之匹也。苏威若
逢乱世，南山四皓，岂易屈哉！”其见重如此。①

文帝说这句话还在苏威拜刑部尚书以前，当时他以太子少保兼纳言、大理
卿、京兆尹、御史大夫。所谓“斟酌古今，助帝宣化”，显然是指苏威担任的
纳言一职。

　　《隋书·外戚·独孤罗附独孤陀传》：

　　好左道。其妻母先事猫鬼，因转入其家。上微闻而不之信也。会
献皇后及杨素妻郑氏俱有疾，召医者视之，皆曰：“此猫鬼疾也。”上以
陀后之异母弟，陀妻杨素之异母妹，由是意陀所为，阴令其兄穆以情喻
之。上又避左右讽陀，陀言无有。上不悦，左转迁州刺史。出怨言。
上令左仆射高颎、纳言苏威、大理正皇甫孝绪、大理丞杨远等杂治之。②

这在当时是一件大案，开皇十八年（598）五月，文帝曾下诏“诏畜猫鬼、蛊
毒、厌魅、野道之家，投于四裔”③，可能就是针对这件事的。参与审理此案
的，除了本就负责刑狱审理的大理寺官员以外，就是左仆射高颎和纳言苏
威，也证实了上揭史料中的“政刑大小，无不筹之”的记载。

　　《隋书·柳机传》：

　　及（文帝）践阼，进爵建安郡公，邑二千四百户，征为纳言。机性宽
简，有雅望，然当近侍，无所损益，又好饮酒，不亲细务，在职数年，复出
为华州刺史。④

柳机虽然有雅望，“然当近侍，无所损益”，就是指他任纳言一职，不能“献纳
谏正”，于国政无所匡补。

　　《杨素志》：

　　俄□□□纳言。虽复八舍掌壶，献替斯在；六玺挥翰，枢机是属。⑤

①《隋书》卷四一，第1186页。
②《隋书》卷七九，第1790页。
③《隋书》卷二《高祖纪下》，第43页。
④《隋书》卷四一，第1186页；卷四七，第1272页。
⑤《隋代墓志铭汇考》第三册，二六六号，第243—244页。

"掌壶负玺"，本就是用来指侍中（纳言）之本职，除此以外，"献替"也是纳言的职责。杨素虽然在"斟酌古今"上比不了苏威，但他还是担任过纳言，不过时间很短，仅一年左右；与他相类似的是卫王杨爽，他任纳言只有几月就死了。他们两个人在任纳言前有共同特点，就是久劳于外，《隋书·杨素传》：

> 上以素久劳于外，诏令驰传入朝。加子玄感官为上开府，赐彩物三千段。①

这虽是杨素由纳言转内史令，平定江南时的事，但可以看出，文帝对久劳于外的功臣是有所奖励的。据《文帝纪》及杨爽本传，爽在被征为纳言之前，频战突厥，俱破之而还，显然也是久劳于外。杨素非纳言之才，文帝自己很清楚；而杨爽年才二十五，应当也没有多少政治经验，可文帝还是让他们当了纳言，大概是以纳言酬勋劳的缘故。

《杨文思志》：

> （大业）三年，授纳言，北斗南宫，喉唇切要。②

所谓"喉唇"，也是指纳言的献替谏正的职掌，但无论是《隋书》本传还是墓志，他在担任纳言时期的政绩都没有记载。

《隋书·刘行本传》：

> 未几，迁黄门侍郎。上尝怒一郎，于殿前笞之。行本进曰："此人素清，其过又小，愿陛下少宽假之。"上不顾。行本于是正当上前曰："陛下不以臣不肖，置臣左右。臣言若是，陛下安得不听？臣言若非，当致之于理，以明国法，岂得轻臣而不顾也！臣所言非私。"因置笏于地而退，上敛容谢之，遂原所笞者。③

刘行本是隋代著名的守正之臣，文帝曾经感叹担任太子左庶子的刘行本早亡，才使太子杨勇被废④。他在担任给事黄门侍郎（本传省"给事"二字，误）时，很好地履行了门下省官员谏正之责，守法不阿，迫使文帝收回成命。

---

①《隋书》卷四八，第1284页。
②《隋代墓志铭汇考》第四册，三八三号，第333页。
③《隋书》卷六二，第1477页。
④《隋书》卷六二《刘行本传》，第1478页。

上揭柳机史料说他"当近侍",刘行本也自称"置臣左右",这就点出了门下省官员侍从左右的职责。《唐六典·门下省》"侍中二人,正三品"条注:

> 隋氏讳"忠",改为纳言,置二人,正第三品,掌陪从;炀帝十二年,改纳言为侍内。①

这里就直接说隋代纳言的职责之一就是"陪从"。因为侍从皇帝左右,所以才可以参预机密。给事黄门侍郎作为门下省的副长官,当然有权力过问机密之事。文帝病重之际,卧榻旁侍疾的三人中,元岩就是给事黄门侍郎。陈茂的史料就说他"每典机密"。《隋书·李德林传》:

> 初,德林称父为太尉谘议,以取赠官,李元操与陈茂等阴奏之曰:"德林之父终于校书,妄称谘议。"上甚衔之。②

李元操与陈茂之所以能够对文帝阴奏李德林,就是因为他们当时一个是内史侍郎,一个是给事黄门侍郎,都有参预机密之权限。

文帝时期,殿内省尚未从门下省中分离,门下省仍然掌管着与皇帝私人生活方面有关的琐事。《隋书·柳庄传》:

> 及梁国废,授开府仪同三司,寻除给事黄门侍郎……庄与陈茂同官,不能降意,(陈)茂见上及朝臣多属意于庄,心每不平,常谓庄为轻己。帝与茂有旧,曲被引召,数陈庄短。经历数载,谮酝颇行。……俄属尚药进丸药不称旨,茂因密奏庄不亲监临,帝遂怒。③

当时尚药局仍属于门下省管辖的部门,给事黄门侍郎仍掌管皇帝的饮食起居。文帝朝给事黄门侍郎定员是四人,可能每人都有分管的部门。从这段史料来看,柳庄当时应该分管尚药局,而且给事黄门侍郎应该亲临现场,监管御药的制作。所以当所做丸药不合格时,同是给事黄门侍郎的陈茂可以密奏柳庄不尽责。这段史料还说陈茂因为与文帝有旧,所以"曲被引召"。曲是相对于直来说的,即陈茂被文帝召见,很多时候可能不是公务,在制度

---

① 《唐六典》卷八,第 241 页。
② 《隋书》卷四二,第 1207—1208 页。
③ 《隋书》卷六六,第 1552 页。

上来说就是邪，就是不正的意思①。但陈茂之所以能被引召，就是因为给事黄门侍郎有侍从左右的职责。李元操和陈茂可以"阴奏"李德林，陈茂又可以"密奏"柳庄，也正说明了这种职掌。

（二）平审尚书奏事

《隋书·柳机传》载柳雄亮：

> 会高祖受禅，拜尚书考功侍郎，寻迁给事黄门侍郎。尚书省凡有奏事，雄亮多所驳正，深为公卿所惮。②

也就是我们经常提到的隋及唐初门下封驳尚书奏事的权力③。《隋书·柳庄传》：

> 及梁国废，授开府仪同三司，寻除给事黄门侍郎……庄明习旧章，雅达政事，凡所驳正，帝莫不称善。苏威为纳言，重庄器识……尚书省尝奏犯罪人依法合流，而上处以大辟。庄奏曰："臣闻张释之有言，法者天子所与天下共也。今法如是，更重之，是法不信于民心。方今海内无事，正是示信之时，伏愿陛下思释之之言，则天下幸甚。"帝不从，由是忤旨。④

柳庄驳正的自然是他平日里雅达的政事，而政事均由尚书省管辖，这也是给事黄门侍郎有驳正职权的一个例子。这段史料中还有柳庄驳文帝一事，论者往往据这段史料论证隋代给事黄门侍郎有封驳诏书之权。但文帝处犯罪人以大辟之刑是否有诏书是一个值得怀疑的问题，因为根据柳庄的上奏，他是当面反驳文帝的意见的，据此似乎并不能论证隋代门下省有封驳诏敕的权力。

门下省平审尚书奏事的职权，自魏晋以来就有，并不是隋代的独创⑤。隋代只是保留了门下省在魏晋南北朝以来就有的职权，并没有夸大的必要。

---

①诸祖耿编撰：《战国策集注汇考（增补本）》卷七《秦五·文信侯出走》"赵王之臣有韩仓者，以曲合于赵王"句，高诱及鲍彪注，南京：凤凰出版社，2008年，第454页。

②《隋书》卷四七，第1274页。

③张国刚：《唐代官制》，西安：三秦出版社，1987年，第35—36页。

④《隋书》卷六六，第1552页。

⑤祝总斌：《两汉魏晋南北朝宰相制度研究》，第266页。

（三）审署、下达诏令

这是东晋以来的成规。今天保存在《文馆词林》中的隋代下达的诏令，起首都冠以"门下"二字，这种诏令冠"门下"的制度，也是从南朝开始的①。隋代虽然没有直接史料表明门下省的审署之权，但从继承南北朝制度上来说也应该没有什么问题。这里只是想说，隋代门下省的审署之权可能只是基于习惯或程序，并不能发挥限制皇权的作用。为什么这么说呢？《旧唐书·萧瑀传》：

> 高祖常有敕而中书不时宣行，高祖责其迟，瑀曰："臣大业之日，见内史宣敕，或前后相乖者，百司行之，不知何所承用。所谓易必在前，难必在后，臣在中书日久，备见其事。今皇基初构，事涉安危，远方有疑，恐失机会。比每受一敕，臣必勘审，使与前敕不相乖背者，始敢宣行。迟晚之愆，实由于此。"②

萧瑀在唐高祖武德初年担任内史令，他在隋炀帝时期做过内史侍郎，所以说自己"在中书日久"。他是大业年间中书政务处理的亲历者，所说当可信。根据这条史料，炀帝大业年间中书宣敕往往前后乖离，政府机构无所适从。这就可以证明当时的门下省并没有起到审核诏敕的作用，只是按程序、走过场而已。

另外，通过第一章考证隋代三省长官的任职时间可以发现一个问题，自开皇十年（590）七月杨素由纳言迁内史令至开皇十四年七月再次任命苏威为纳言，门下省没有长官的时间长达四年，而且似乎在这段时间内，给事黄门侍郎也有缺员。也就是说，门下省的正、副长官都可以缺员，在这四年间不可能没有诏敕发布，但这并没有影响国政的运行。

二、地位

上揭《杨素志》，说他任纳言，是职在"枢机"；《杨文思志》，说他任纳言，也是"切要"之任。《通典》更是直接视纳言为宰相。《唐六典·门下省》"黄门侍郎二人，正四品上"条注曰：

> 隋置四人……炀帝减二人，去"给事"之名，直曰黄门侍郎。隋氏

---

① 祝总斌：《两汉魏晋南北朝宰相制度研究》，第280—285页。
② 《旧唐书》卷六三，第2400页。

用人益重。①

"隋氏用人益重"一句就可以想见黄门侍郎在隋代的地位。

正是由于门下省职在枢机，地位重要，所以隋代门下省长官多由亲贵任职。高颎、苏威、杨素三人不用说，每个人都担任过两省长官，杨素甚至在三省都担任过长官。

《隋书·卫昭王爽传》：

> 卫昭王爽字师仁，小字明达，高祖异母弟也。周世，在襁褓中，以太祖军功，封同安郡公。六岁而太祖崩，为献皇后之所鞠养，由是高祖于诸弟中特宠爱之。②

杨爽虽然是文帝的异母弟，但从小由独孤皇后所养，实际上等同于文帝诸子，所以文帝特宠爱之。

《隋书·杨达传》：

> 炀帝嗣位，转纳言，仍领营东都副监，帝甚信重之。辽东之役，领右武卫将军，进位左光禄大夫，卒于师，时年六十二。帝叹悼者久之，赠吏部尚书、始安侯。③

杨达是观王杨雄的弟弟，传文说炀帝"甚信重之"，大概跟他的身份不无关系。《隋书·杨文思传》：

> 文思字温才，素从叔也。④

《杨文思志》：

> 文皇帝光格上玄，对扬灵命，以公丰沛乡壤，休洪宗室，改封正平郡公，加邑二千户。……（大业）三年，授纳言……新都例蒙给宅，特敕为公营造。⑤

杨文思是杨素的叔父，而且从"丰沛乡壤，休洪宗室"一语可以看出，文帝是

①《唐六典》卷八，第 244 页。
②《隋书》卷四四，第 1223 页。
③《隋书》卷四三，第 1218 页。
④《隋书》卷四八，第 1294 页。
⑤《隋代墓志铭汇考》第四册，三八三号，第 333—334 页。

以宗族乡里视杨素一族的。文思任纳言虽然在炀帝朝,但炀帝发特敕为他营造宅邸,可见文思与炀帝关系亲近。

不仅纳言的人选多出亲近,给事黄门侍郎(黄门侍郎)的人选也多出亲近。

《隋书·陈茂传》:

> 陈茂,河东猗氏人也。家世寒微,质直恭谨,为州里所敬。高祖为隋国公,引为僚佐,遇待与圆通等。每令典家事,未尝不称旨,高祖善之。……高祖为丞相,委以心膂。[1]

陈茂能管理隋文帝家事,当然和文帝之间的关系非同一般,上揭《柳庄传》史料也明说"帝与茂有旧",就是指的这层关系。

《隋书·李安传》:

> 高祖作相,引之左右,迁职方中大夫。复拜安弟悊为仪同。安叔父梁州刺史璋,时在京师,与周赵王谋害高祖,诱悊为内应。悊谓安曰:"寝之则不忠,言之则不义,失忠与义,何以立身?"安曰:"丞相父也,其可背乎?"遂阴白之。……高祖为之改容曰:"我为汝特存璋子。"乃命有司罪止璋身,高祖亦为安隐其事而不言。[2]

李安视文帝为父,甚至出卖叔父也在所不惜,文帝也为李安隐其事,双方关系可见一斑。

《隋书·李圆通传》:

> 李圆通,京兆泾阳人也。父景,以军士隶武元皇帝,因与家僮黑女私,生圆通。景不之认,由是孤贱,给使高祖家。……周氏诸王素惮高祖,每伺高祖之隙,图为不利;赖圆通保护,获免者数矣。高祖深感之,由是参预政事。[3]

李圆通其实与陈茂一样,都为文帝管理家事,所以《陈茂传》说茂"遇待与圆通等",其实两人都可以说是文帝的家奴,而且李圆通还有保护文帝之功,所以本传说他"深被任信"。

---

[1]《隋书》卷六四,第 1508 页。
[2]《隋书》卷五〇,第 1322—1323 页。
[3]《隋书》卷六四,第 1507 页。

《隋书·柳机传附柳述传》：

> 上于诸婿中，特所宠敬。岁余，判兵部尚书事。丁父艰去职。未几，起摄给事黄门侍郎事，袭爵建安郡公。仁寿中，判吏部尚书事。
>
> 述虽职务修理，为当时所称，然不达大体，暴于驭下，又怙宠骄豪，无所降屈。杨素时称贵幸，朝臣莫不詟惮，述每陵侮之，数于上前面折素短。[1]

柳述尚文帝女兰陵公主，是文帝最宠爱的女婿，所以述"怙宠骄豪"，连权臣杨素都不放在眼里。

杨纪是杨文思的弟弟，而且据"文思当袭父爵，自以非嫡，遂让封于弟文纪"[2]，可知纪是嫡子，也就当然会被文帝视为宗族乡里，所以他以后才会担任宗正卿这样的官职。

《隋书·张衡传》：

> 及晋王广为河北行台，衡历刑部、度支二曹郎。后以台废，拜并州总管掾。及王转牧扬州，衡复为掾，王甚亲任之。衡亦竭虑尽诚事之，夺宗之计，多衡所建也。……及王为皇太子，拜衡右庶子，仍领给事黄门侍郎。炀帝嗣位，除给事黄门侍郎，进位银青光禄大夫，俄迁御史大夫，甚见亲重。……衡以藩邸之旧，恩宠莫与为比，颇自骄贵。[3]

张衡在炀帝还是晋王时的藩府旧臣，他在文帝时以太子右庶子领给事黄门侍郎，大概也是出于炀帝的关系。张衡是炀帝夺取太子之位的重要参与者，本传说"夺宗之计，多衡所建"，《房陵王勇传》也说他在夺嫡之争中有"定策"之功，所以才会"恩宠莫与为比"。

《隋书·裴矩传》：

> 矩知帝方勤远略，诸商胡至者，矩诱令言其国俗山川险易，撰《西域图记》三卷，入朝奏之。……帝大悦，赐物五百段。每日引矩至御坐，亲问西方之事。矩盛言胡中多诸宝物，吐谷浑易可并吞。帝由是甘心，将通西域，四夷经略，咸以委之。

---

①《隋书》卷四七，第1272页。
②《隋书》卷四八《杨文思传》，第1295页。
③《隋书》卷五六，第1391—1392页。

　　　　于时皇纲不振，人皆变节，左翊卫大将军宇文述、内史侍郎虞世基
　　等用事，文武多以贿闻。唯矩守常，无赃秽之响，以是为世所称。……
　　十一年，帝北巡狩，始毕率骑数十万，围帝于雁门。诏令矩与虞世基每
　　宿朝堂，以待顾问。[①]

裴矩在炀帝一朝任黄门侍郎时间最长，几乎与炀帝朝相始终，他虽然不是
亲贵，但善于迎合上意。裴矩一生多次前往西域，文帝、炀帝两朝经营西
域，与他有重要的关系。在炀帝朝众多权贵之中，裴矩算是相对清廉的一
个。雁门之围，黄门侍郎固然有顾问应对之责，但裴矩熟悉西域诸事务当
是以待顾问的一个重要原因。裴矩虽然始终得到炀帝的宠信，但由于出使
西域的关系，在朝的时间其实并不多，他之所以能权倾朝野，主要是因为他
满足了炀帝好大喜功的个性。

三、小结

　　隋代门下省的职掌与南北朝时期并无不同，没有必要夸大早已存在的
平审尚书奏事和审核、下达诏令的权力。

　　隋代门下省长官多亲贵，虽然也有刘行本那样的正臣和许善心那样的
文士，但更多的是与当朝皇帝有特殊关系的人群。如果说门下省的存在有
限制皇权的意图，那么这种意图在隋代基本没有实现。与其说门下省本身
职权重要，还不如说是亲贵的任职凸显了门下省的地位。

第三节　隋代内史省之职权与地位

一、职权

《隋书》不记隋代内史省的职权，因此首先看一下南北朝以来中书省的
职掌。《隋书·百官志上》载梁、陈制度：

　　　　中书省置监、令各一人，掌出内帝命。侍郎四人，功高者一人，主
　　省内事。……通事舍人，旧入直阁内。梁用人殊重，简以才能，不限资

---

①《隋书》卷六七，第1578—1582页。

地,多以他官兼领。其后除通事,直曰中书舍人。

　　陈承梁,皆循其制官……国之政事,并由中书省。有中书舍人五人,领主事十人,书吏二百人。书吏不足,并取助书。分掌二十一局事,各当尚书诸曹,并为上司,总国内机要,而尚书唯听受而已。被委此官,多擅威势。①

《隋书·百官志中》载北齐制度:

　　中书省,管司王言,及司进御之音乐。监、令各一人,侍郎四人。……又领舍人省(掌署敕行下,宣旨劳问)。②

南北朝中书省的职掌虽然主要都是"管司王言",但中书省在整个政权结构中所处的地位却不同。根据祝总斌的研究,萧梁中书监、令基本为荣誉职衔,中书侍郎虽主省内之事,但掌诏诰的职能却落到了中书舍人手中。陈朝中书省权力看似很大,实则只是王朝末年的乱政。北朝则由于民族、文化等原因,中书省的权力并不是很大,权势也远不如南朝③。

　　《唐六典·中书省》"中书令二人,正三品"条注曰:

　　(隋)文帝废三公府寮,令中书令与侍中知政事,遂为宰相之职。④

可见到了隋文帝时期,发生了与南北朝都不一样的变化。因为中书令知政事,所以肯定不是如南朝般的荣誉职衔;又因为是宰相,所以权势肯定要比北朝大得多。

　　隋文帝时期,内史令中任职时间最长的是李德林,前后长达十年时间。德林文士,但从隋朝建立之初就颇涉机密之事。《隋书·李德林传》:

　　高祖登阼之日,授内史令。初,将受禅,虞庆则劝高祖尽灭宇文氏,高颎、杨惠亦依违从之。唯德林固争,以为不可。高祖作色怒云:"君读书人,不足平章此事。"于是遂尽诛之。自是品位不加,出于高、虞之下,唯依班例授上仪同,进爵为子。⑤

---

①《隋书》卷二六,第 723、742 页。
②《隋书》卷二七,第 754 页。括号内为原注。
③祝总斌:《两汉魏晋南北朝宰相制度研究》,第 330—360 页。
④《唐六典》卷九,第 273 页。
⑤《隋书》卷四二,第 1199 页。

李德林在文帝受禅之前任相国内郎,实际上也就是担任相国的"内史令"。禅代之际,在是否尽诛宇文氏的问题上,李德林与他人发生了争执。诛除前代皇族,本是南北朝禅代之际习用的手段,但此事涉机密,绝非一般人可参预。提议的是虞庆则,高颎、杨惠也是装聋作哑。杨惠即杨雄,封广平王,我们上面说过,开皇初期,官场有所谓"四贵",其中的三人都出现在这里。剩下的苏威好名,不愿预禅代之事,当时遁归乡里①。李德林能参与这样的密谋,自然也是文帝的心腹之士。不过,他太不识时务,不仅不同意,还"固争",所以文帝才会怒说他"不足平章此事"。不足平章,不是不能平章,而是文帝认为李德林为学识所限,只是个书生,没有能力来讨论这件事。所以,李德林在文帝登基之后,品位不加,不得预于朝贵之列,这是一个很重要的原因。

不仅在易代之际如此,即使进入新朝,李德林仍然是以书生意气与朝贵接洽,本传又云:

> 开皇元年,敕令与太尉任国公于翼、高颎等同修律令。……格令班后,苏威每欲改易事条。德林以为格式已颁,义须画一……威又奏置五百家乡正,即令理民间辞讼。德林以为本废乡官判事,为其里闾亲戚,剖断不平,今令乡正专治五百家,恐为害更甚。……自皇太子以下,多从德林议。苏威又言废郡,德林语之云……然高颎同威之议,称德林狠戾,多所固执。由是高祖尽依威议。

> 德林自隋有天下,每赞平陈之计。八年,车驾幸同州,德林以疾不从。敕书追之,书后御笔注云:"伐陈事意,宜自随也。"时高颎因使入京,上语颎曰:"德林若患未堪行,宜自至宅,取其方略。"……有人说高颎曰:"天子画策,晋王及诸将戮力之所致也。今乃归功于李德林,诸将必当愤惋,且后世观公有若虚行。"颎入言之,高祖乃止。②

德林与苏威论律令、论地方行政,所言都颇为合理,政令岂可朝令夕改? 但他既得罪倡议变更的苏威,又得罪当朝宰相高颎,高颎且评价德林"狠戾",这种评价是否属实并不重要,重要的是文帝还是依从了苏威的提议更改了法令,也就证明文帝起码默认了高颎对李德林的评价。虽然如此,李德林

---

①《隋书》卷四一《苏威传》,第 1185 页。
②《隋书》卷四二,第 1200、1206—1207 页。

还是能参预诸如平陈这种密谋，且文帝似乎颇看重他的才智，不过，这次又是由于高颎的进谏，德林在平陈这件事上变得没有寸功。众口铄金，积毁销骨，纵使天才英拔，也难敌悠悠众口。据其本传，文帝对这位内史令渐生嫌隙，终至无法忍受：

> 至是，复庭议忤意，因数之曰："公为内史，典朕机密，比不可豫计议者，以公不弘耳。宁自知乎？朕方以孝治天下，恐斯道废阙，故立五教以弘之。公言孝由天性，何须设教。然则孔子不当说《孝经》也。又訹冒取店，妄加父官，朕实忿之而未能发。今当以一州相遣耳。"①

这次又是忤文帝意，并导致了李德林被出为外州刺史，以后再也没有回到朝廷。起因似乎是为了是否该提倡孝道，文帝欲立五教以提倡孝道②，德林则否。然而文帝对以前种种"实忿之而未能发"，可见积渐所至。积怨归积怨，但"公为内史，典朕机密"，可见文帝对其虽有嫌怨，但作为内史令，李德林还是可以参预机密。以德林"不弘"的缘故，所以"不可豫计议"，也就是说，内史令虽职掌机密，管司王言，但需皇帝给予这份权力，文帝不让李德林参预，李德林就不能参预。他的一生，正如其本传所云"从官以后，即典机密，性重慎……少以才学见知，及位望稍高，颇伤自任，争名之徒，更相谮毁，所以运属兴王，功参佐命，十余年间竟不徙级"，惟其慎，所以可典机密；惟其自任，所以谮毁不断，终至为君王所恶。

　　李德林之所以能在内史令上任期十年之久，一方面是他在北齐时期就参掌诏诰，有比较丰富的经验，但更重要还是靠他的"才学"。掌管诏诰起草之人，无论南北朝，都需要能文之士。据其本传，德林年少时即以"善属文，辞核而理畅"受到一代文宗魏收的赏识。北齐文宣帝天保八年（557），当时的定州刺史任城王高湝举德林应秀才科考试，"时（尚书令杨）遵彦铨衡，深慎选举，秀才擢第，罕有甲科。德林射策五条，考皆为上"③。秀才科极其难中，由此可见德林的文学才能。以下两件事，最可见李德林的文名，本传云：

---

① 《隋书》卷四二，第 1208 页。
② 五教，即父义、母慈、兄友、弟恭、子孝，见《汉书》卷一九上《百官公卿表上》"卨作司徒，敷五教"条注引应劭说，第 723 页。
③ 《隋书》卷四二，第 1194 页。

　　（周）武帝尝于云阳宫作鲜卑语谓群臣云："我常日唯闻李德林名，

及见其与齐朝作诏书移檄，我正谓其是天上人。岂言今日得其驱使，

复为我作文书，极为大异。"

　　德林既少有才名，重以贵显，凡制文章，动行于世。或有不知者，

谓为古人焉。①

北周武帝见德林为北齐所作诏书檄文，惊为天人。他所写的文章，不知道

撰作者的疑为古人所作。

　　中书省的职掌既然是"管司王言"，所以除了草拟诏令以外，还有管理

的责任。《隋书·李德林传》：

　　（开皇）五年，敕令撰录作相时文翰，勒成五卷，谓之《霸朝杂集》。

序其事曰：……至若臣者，本惭宾实，非勋非德，厕轩冕之流，无学无

才，处艺文之职。……有周典八柄之所，大隋纳百揆之日，两朝文翰，

臣兼掌之。……让受终之礼，报群臣之令，有宪章古昔者矣，有随事作

故者矣。千变万化，譬彼悬河，寸阴尺日，不弃光景。大则天壤不遗，

小则毫毛无失。远寻三古，未闻者尽闻，逖听百王，未见者皆见。发言

吐论，即成文章，臣染翰操牍，书记而已。……加以奏合趋墀，盈怀满

袖，手披目阅，堆案积几。心无别虑，笔不暂停，或毕景忘餐，或连宵不

寐，以勤补拙，不遑自处。其有词理疏谬，遗漏阙疑，皆天旨训诱，神笔

改定。……变大乱而致太平，易可诛而为淳粹，化成道洽，其在人文，

尽出圣怀，用成典诰，并非臣意所能至此。……檄书露板，及以诸文，

有臣所作之，有臣润色之。唯是愚思，非奏定者，虽词乖黼藻，而理归

霸德，文有可忽，事不可遗。前奉敕旨，集纳麓已还，至于受命文笔，当

时制述，条目甚多，今日收撰，略为五卷云尔。②

开皇五年（585），李德林奉敕编集文帝作相时文书。上文已经说过，李德林

曾担任过相国内郎，实际上就是杨坚霸府时期的内史令。这段史料是李德

林的夫子自道，他将内史省的职掌以及内史令的职责讲得很清楚，以下稍

加分析。

　　首先，内史省的官员的职位是"艺文之职"，所以掌"文翰"。

————————

① 《隋书》卷四二，第1198、1203页。

② 《隋书》卷四二，第1200—1202页。

　　其次，内史省的草拟诏令之权也分两种。一种是听写诏令，即由皇帝口授旨意，所谓"发言吐论，即成文章"，臣下只是"染翰操牍，书记而已"，在这种情况下，内史省官员只是一个记录者，并不能参与什么意见。第二种才是草拟诏令，这种诏令大概是日常程序，所以才会"心无别虑，笔不暂停，或毕景忘餐，或连宵不寐"，工作量非常之大，但是如果出现"词理疏谬，遗漏阙疑"，还是需要"神笔改定"。祝总斌在谈到南朝陈中书舍人分掌二十一局事时指出：

　　　　因为一件诏诰或文书的付诸实行，关键并不在谁起草，经由谁下达谁这些具体事务，而在于根据谁的旨意起草，最后由谁批准、决策。①

从李德林的自述中可以看到，当时诏诰的起草、批准、决策几乎全操于文帝个人之手，因为李德林这个臣"意不能至此"。

　　最后，"檄书露板"和诸杂文，是李德林所作或润色。"露板"即"露版"，《资治通鉴·宋纪八·文帝元嘉二十八年》"臧质以（沈）璞城主，使之上露版"条胡注：

　　　　露版者，书获捷之状，露版上闻，使天下悉知之也。②

王国维云：

　　　　至汉中叶，而简策之用尚盛。……至言事通问之文，则全用版奏。……晋人承制拜官，则曰版授，抗章言事，则曰露版。③

檄书即檄文。露版，一种是报捷文书；一种则指上奏言事，当时杨坚还是丞相，所以有上奏周帝的文书。檄文、捷文都是公诸天下的文字，上奏文字既然允许编集，当然也是辞理至正。这些文书虽然由德林所作或润色，但他强调"理归圣德"，之所以应该保存下来，是因为"事不可遗"，即杨坚在前朝之圣德事迹不可遗漏，至于他的文字，却是"可忽"的。

　　从这段史料可以看出，内史省的职责的确在"管司王言"，草拟诏敕、编集王言，但无论是起草还是批准，所体现的都是皇帝的意志。

―――――――――――

①祝总斌：《两汉魏晋南北朝宰相制度研究》，第346—347页。

②《资治通鉴》卷一二六，第3965页。

③王国维：《王国维遗书》第九册《简牍检署考》，上海：上海古籍书店据商务印书馆1940年版影印，1983年，第14页b。

《旧唐书·萧瑀传》：

> 高祖常有敕而中书不时宣行，高祖责其迟，瑀曰："臣大业之日，见内史宣敕，或前后相乖者，百司行之，不知何所承用。所谓易必在前，难必在后，臣在中书日久，备见其事。今皇基初构，事涉安危，远方有疑，恐失机会。比每受一敕，臣必勘审，使与前敕不相乖背者，始敢宣行。迟晚之愆，实由于此。"①

这条史料在论述门下省职权时曾引用过，旨在说明门下省并未发挥审核诏敕的作用。除此之外，本条也可以看出隋代大业年间内史省起草的诏敕往往"前后相乖"，这正说明诏敕的起草完全是以皇帝的旨意为准，内史省并没有参与之权，仅仅是负责记录而已，即使前后矛盾也没有什么关系。

在文帝朝内史省的最高长官人选上，另有一现象值得注意，即皇族任内史令。前后计有晋王广、蜀王秀、齐王暕、晋王昭。现依次叙述如下。

晋王广为文帝亲子，即后来的隋炀帝，据《隋书·炀帝纪上》，开皇元年（581）立为晋王时，杨广年十三，至开皇六年任内史令，时年十九。据山崎氏所考，任期约两年。

蜀王秀亦为文帝亲子，具体年龄不可考。据《隋书·秦孝王俊传》，杨俊开皇二年拜上柱国、河南道行台尚书令、洛州刺史时，年十二。杨俊为文帝第三子，蜀王秀是文帝第四子，杨俊之弟，则杨秀开皇元年时最多十岁，开皇十二年任内史令时，最多二十二岁，据上所考，任期约年余。

齐王暕为炀帝亲子，据《隋书·齐王暕传》，大业十四年（618）宇文化及之乱，与炀帝同为化及所杀，时年三十四。上推生年当在开皇五年，他在开皇十九年六月任内史令时，年十五，据上所考，任期约年余。

晋王昭为炀帝长子，据《隋书·元德太子昭传》，年十二，立为河南王。据《隋书·高祖纪下》，立皇孙昭为河南王在开皇十年。仁寿元年（601）任内史令时，年二十三。据山崎氏所考，任期约四年。

可见文帝时期内史令自李德林之后，多由皇族任职，地位很高，但能否发挥作用是令人怀疑的。不过，文帝朝的内史侍郎却多以人才兼美者就任。《隋书·元善传》：

---

① 《旧唐书》卷六三，第 2400 页。

开皇初，拜内史侍郎，上每望之曰："人伦仪表也。"凡有敷奏，词气抑扬，观者属目。陈使袁雅来聘，上令善就馆受书，雅出门不拜。善论旧事有拜之仪，雅不能对，遂拜，成礼而去。[1]

当时南北交聘，必妙简人物，应接来使，元善当时任内史侍郎，文帝且目之为人伦仪表。内史侍郎不仅要人才兼美，而且要有吏干，即理剧之能。《隋书·柳䜣传》：

及梁国废，拜开府、通直散骑常侍，寻迁内史侍郎。以无吏干去职，转晋王谘议参军。[2]

无吏干，就要去职。为什么内史侍郎要有吏干，即因该职草拟诏敕之故。《隋书·薛道衡传》：

后数岁，授内史侍郎，加上仪同三司。……于是进位上开府，赐物百段。道衡辞以无功，高祖曰："尔久劳阶陛，国家大事，皆尔宣行，岂非尔功也？"道衡久当枢要，才名益显，太子诸王争相与交，高颎、杨素雅相推重，声名籍甚，无竞一时。仁寿中，杨素专掌朝政，道衡既与素善，上不欲道衡久知机密，因出检校襄州总管。[3]

这一段话将内史侍郎的职掌说得很清楚，"久当枢要""久知机密"就是说内史侍郎掌机密。"久劳阶陛，国家大事，皆尔宣行"这句话体现出文帝阙置内史令，由内史侍郎代行其"宣行王言"的职能。之所以文帝特别注重内史侍郎的才学和吏干，是因为文帝本就打算由内史侍郎代行内史令的职责，而将内史令长期空缺出来，以促成皇权独大的局面，同时又不会妨害到内史省的职能运作。道衡是以辞藻著闻的知名之士，这也是他任内史侍郎的重要条件。《隋书·李孝贞传》：

征拜内史侍郎，与内史李德林参典文翰。然孝贞无干剧之用，颇称不理，上谴怒之，敕御史劾其事，由是出为金州刺史。[4]

李孝贞与薛道衡一样也是知名的文学之士，所以才能与李德林参典文翰。

---

[1]《隋书》卷七五，第 1707—1708 页。
[2]《隋书》卷五八，第 1423 页。
[3]《隋书》卷五七，第 1407—1408 页。
[4]《隋书》卷五七，第 1405 页。

不过他无干剧,颇称不理。奇怪的是,御史劾奏,为何还要文帝发敕? 我们推测,原因就在于李孝贞任内史侍郎,职典机密,他是否称职,只有文帝自己知道,御史们并不知情,所以才要文帝敕令御史加以弹劾。

通过对文帝一朝内史省正副长官的分析,我们认为,自开皇十年,李德林卸任内史令以后,内史令一职多被授予亲贵,从任职者的年龄、在任时间及任职条件上来看,似乎均无法实际胜任该职,或许这是文帝有意为之。而内史侍郎职典机密,管司王言,实际上执行着内史省的职能。

炀帝时,杨约任内史令,墓志上说:

> 迁内史令,任总枢机,摛翰墨于紫辰,奉丝纶于丹陛。逶蛇自公,黾勉王事,固以问树无对,削稿不传,绸缪帷幄,匪遑宁处。①

"任总枢机""黾勉王事",都指出了内史令这个官职的重要性,而"削稿不传,绸缪帷幄",因此奇谋密策,世无知者,则颇似当年的高颎。内史令在炀帝一朝虽有数任,但考察"五贵",并没有谁任内史令,似乎说明炀帝时期,内史令虽位高,但未必权重。相对于内史省长官权力的下降,副长官由于得到炀帝的信任而权势有很大提高,从"五贵"的名单里,我们可以找到代表,即内史侍郎虞世基。

虞世基与裴矩一样,任职时间几乎与炀帝一朝相始终。裴矩在朝的时间并不多,真正居中用事,执掌朝政的人,非虞世基莫属。《隋书·虞世基传》:

> 帝重其才,亲礼逾厚,专典机密,与纳言苏威、左翊卫大将军宇文述、黄门侍郎裴矩、御史大夫裴蕴等参掌朝政。于时天下多事,四方表奏日有百数。帝方凝重,事不庭决,入阁之后,始召世基口授节度。世基至省,方为敕书,日且百纸,无所遗谬。其精审如是。②

这里再次出现了"五贵"的名单。第二章引用"选曹七贵"的史料里明确说"与夺之笔,虞世基独专之",可见他在炀帝朝的地位,连牛弘、苏威等老臣也无可抗衡,本传里也说他替炀帝草拟诏敕,颇为精审,可惜流传至今的不多,严可均校辑《全隋文》也仅得数篇而已③。从他在内史省的工作来看,

---

① 《隋代墓志铭汇考》第四册,三八四号,第 338 页。
② 《隋书》卷六七,第 1572 页。
③ 〔清〕严可均校辑:《全隋文》卷一四,北京:中华书局,1958 年,第 4095—4097 页。

与当年的李德林何其相似，但他与德林性格截然不同，本传说：

> 于时天下大乱，世基知帝不可谏止，又以高颎、张衡等相继诛戮，惧祸及已，虽居近侍，唯诺取容，不敢忤意。盗贼日甚，郡县多没。世基知帝恶数闻之，后有告败者，乃抑损表状，不以实闻。……世基貌沉审，言多合意，是以特见亲爱，朝臣无与为比。①

善迎主意，所以特见亲爱，这样的内史侍郎，虽典机密，所起到的不过是书记员的作用而已。

二、地位

内史令为内史省最高长官，文帝一朝任内史令的四位，不仅是皇族，而且均是嫡子，这也显示了内史令的地位。杨广、杨秀，文帝文献皇后所出；杨暕、杨昭，炀帝萧皇后所出，当然，炀帝当时尚未即位。不过·开皇十九年，以杨广子杨暕出任内史省最高长官，而不是以当时的皇太子杨勇一系来担任，且开皇二十年杨勇被废，不能不令人觉得，开皇十九年的这次任命，似乎已经预示了杨勇、杨广命运的转移。不过，从他们任内史令的年龄来看，均是十几岁至二十几岁，年纪尚轻，无论政治经验还是文学素养，绝非如李德林般历仕两朝，学富才优者可比，亲则亲矣，名副其实则未必。杨广任职在开皇六年，当时李德林尚在任，可能问题不大，但自开皇十年李德林离任，杨素、杨秀、杨暕、杨昭四任内史令，长则四年，短则年余，任职时间均不长，在职亦无闻有何建树。杨素久劳于外，三位皇族无论年龄、才干，恐都难以胜任，所以，自开皇十年之后，内史令一职更像是一荣誉职衔，多大程度上能发挥掌机密、宣王言的职能是颇可怀疑的。或许，自李德林卸任之后，文帝需要的就是不能发挥内史令职权的内史令，这种政策也被炀帝继承。

内史侍郎虽然也有亲贵任职，如李安、杨达、柳述等，但更多的则是能文之士，这些人实际发挥着管司王言的职责。他们或草拟、或润色，但似乎均以皇帝的旨意为准，仅仅负责记录，并不参与决策。

内史省的职责在"管司王言"，所以他们当然可以接触机密，内史令也

---

① 《隋书》卷六七，第 1573 页。

被视为宰相。《隋书·元寿传》：

> 子敏，颇有才辩，而轻险多诈。寿卒后，帝追思之，擢敏为守内史舍人，而交通博徒，数漏泄省中语。①

元敏漏泄省中语被史书记录下来，正是说明内史省中之语是不能泄漏的，因为内史省所掌管的王言本来就是最高的机密。

三、小结

隋代内史省继承了南北朝以来"管司王言"的职能，但这种职能主要在于记录皇帝的旨意，并不能从中看出内史省有参与决策的权力。

文帝朝的内史令自李德林之后，多由亲王任职，这些亲王年龄都不大，无论是从与皇帝的关系，还是从政治能力上，都不会对皇权有任何制约。与门下省由亲贵任职所起的作用一样，亲王的任职凸显了内史省地位的崇高。炀帝时期的内史令并不被时人视为朝贵，也说明了内史令位高而权不重的事实。

相对于内史令，真正职掌王言的是内史侍郎，他们大多文学素养很高，负责诏令的起草、润色，工作量很大，所以需要有吏干的人才能胜任，这也正说明内史侍郎也只是负责书记而已。

隋文帝时期，门下省的给事黄门侍郎虽然有驳奏之权，但我们只看到驳奏尚书奏事的事例，完全没有看到驳奏皇帝旨意的事例；内史省则自李德林以后，以年纪尚轻的皇族出任内史令，就更谈不上发挥限制皇权的作用。

炀帝继承了文帝猜忌的性格，门下、内史两省长官的纳言、内史令从未见能得到炀帝的信任，隋史中几乎没有对这两省长官掌权的描述，相反倒是这两省的副长官，黄门侍郎和内史侍郎在炀帝朝权势显赫。相较于纳言和内史令，黄门侍郎与内史侍郎品位较低，易于控制，裴矩之通西域，虞世基之瞒贼变，无一非炀帝好人佞己之过，而这也正是炀帝所乐见的。正如《炀帝纪》末史臣所说，"负其富强之资，思逞无厌之欲……恃才矜己，傲狠明德，内怀险躁，外示凝简，盛冠服以饰其奸，除谏官以掩其过"②。通过以

---

① 《隋书》卷六三，第 1498 页。
② 《隋书》卷四，第 95 页。

上分析,炀帝又何止是"除谏官"这么简单。门下与内史两省虽有长官,但除苏威任纳言还能进入权力核心层以外,其他人甚至看不到有什么政绩可言。裴矩和虞世基几乎终炀帝一朝始终在任上。两人深得炀帝宠信而始终未能再晋升,恐怕与有隋一代刻意削弱三省长官权力的政策有关。

第四章 唐代的三省制与"三省制"学说

第一节 隋代三省制并未建立

过去学界阐述的"隋唐三省制"的核心,就是三省分职,互相制衡,概括地说,也就是"中书出令,门下封驳,尚书执行"的观点。从以上三章的简短分析来看,我们认为,这种三省制在隋代并未成立。

众所周知,自东汉以来,"事归台阁",尚书省在制度上一直处于全国行政中枢的地位。尚书省权力过大才催生了中书省、门下省的相继分权,如果从这一点上来说,所谓"三省分职",或者也可以解释成中书、门下两省分尚书省一省之职能。三省制的建立是以尚书省职权的分割为代价的。王应麟说:

> 政归尚书,汉事也。归中书,魏事也。元魏时,归门下,世谓侍中、黄门为小宰相。后世相承并号三省。[1]

章太炎立"专制时代宰相用奴说":

> 后汉有尚书令、尚书仆射,为国政之大凑,三公备位而已。至汉以后,中书又任朝政。及唐则尚书令、尚书仆射、中书令,皆为真宰相。……侍中者,又贱官之名也。……至东汉,则侍中比二千石。元魏以降,渐益显著。唐时亦以侍中为真宰相。……综此数者,则知古之宰相,皆以仆从小臣,得人主之信任。其始权藉虽崇.阶位犹下,最后乃直取其名以号公辅。然至于正位之后,而人主所信任者,又在彼

---

① 〔宋〕王应麟撰:《玉海(合璧本)》卷一二一《官制・台省・历代三省》,京都:中文出版社,1977年,第 2300 页。

不在此。①

两者之说，虽然细节处有待斟酌，但在中枢制度演变大方向上的描述是不错的，中书、门下的相继兴起，作用就在分尚书之权。只是尚书省的职权虽遭分割，但并不妨碍它仍然处于核心的地位。《晋书·职官志》：

> 录尚书，案汉武时，左右曹诸吏分平尚书奏事，知枢要者始领尚书事。……和帝时，太尉邓彪为太傅，录尚书事，位上公，在三公上，汉制遂以为常，每少帝立则置太傅录尚书事，犹古冢宰总已之义，薨辄罢之。自魏晋以后，亦公卿权重者为之。②

《宋书·百官志上》：

> 尚书令，任总机衡；仆射、尚书，分领诸曹。③

《南齐书·百官志》：

> 尚书令。总领尚书台二十曹，为内台主。④

《隋书·百官志上》载梁制：

> 尚书掌出纳王命，敷奏万机。令总统之。⑤

《隋书·百官志中》载北齐制：

> 尚书省，置令、仆射，吏部、殿中、祠部、五兵、都官、度支等六尚书。又有录尚书一人，位在令上，掌与令同，但不纠察。……录、令、仆射，总理六尚书事，谓之都省。⑥

上引魏晋南北朝时期关于尚书省或尚书省主要官员职掌的条文来看，如"古冢宰总已之义""任总机衡""内台主""出纳王命，敷奏万机"等话语，都说明尚书省在这一时期始终处于全国行政的中枢，制度上的地位并没有发生什么变化。所以，按照祝总斌先生对"宰相"的定义，他将魏晋南北朝时

---

① 章太炎：《官制索隐》，收入《章太炎全集·太炎文录初编》，上海：上海人民出版社，2014 年，第 88—89 页。
② 《晋书》卷二四，第 729—730 页。
③ 《宋书》卷三九，第 1235 页。
④ 《南齐书》卷一六，第 319 页。
⑤ 《隋书》卷二六，第 721 页。
⑥ 《隋书》卷二七，第 752 页。

期的尚书省视为真正的宰相机构,而将相继兴起的中书、门下省视为秘书、咨询机构①,这个论断是准确的。

那么,隋代的尚书省的地位是否发生了变化呢?《隋书·百官志下》载隋制:

> 三公……置公则坐于尚书都省。朝之众务,总归于台阁。
>
> 尚书省,事无不总。置令、左右仆射各一人,总吏部、礼部、兵部、都官、度支、工部等六曹事,是为八座。属官左、右丞各一人,都事八人,分司管辖。②

所谓"朝之众务,总归于台阁"以及"事无不总",就可以看出隋代尚书省在制度上仍然处于中枢地位,与以前并没有什么不同,内史省、门下省在制度上并不能与尚书省鼎足而三。从官品上来看,也是如此,《隋书·百官志下》载隋代官品:

> 尚书令……为正二品。
>
> 尚书左右仆射……为从二品。
>
> 吏部尚书……纳言,内史令……礼部、兵部、都官、度支、工部尚书……为正三品。③

内史省的长官内史令、门下省的长官纳言官品第三,不仅不能与尚书省的正副长官尚书令、尚书左右仆射相比,从排列次序来看,似乎比六部尚书之首的吏部尚书还要低一些。

从史实上来看,隋文帝时期,高颎以尚书仆射的身份专掌朝政多年,有隋一代,无人可比。这除了高颎深得文帝信任,才干卓绝以外,尚书省本就掌管国政的制度也是一个重要的因素。高颎以尚书仆射的身份参预机密,当时后世都没有疑义,也就是说,隋代尚书省的长官参预国政的制定是当然之事,无论权力还是地位都比内史、门下两省的长官要高,这仍然是魏晋以来的传统。

隋文帝"素无术学,不能尽下,无宽仁之度,有刻薄之资"④,他对于尚

---

① 祝总斌:《两汉魏晋南北朝宰相制度研究》,第383—384页。

② 《隋书》卷二八,第773—774页。

③ 《隋书》卷二八,第785页。

④ 《隋书》卷二《高祖纪下》,第55页。

书省的位高权重不可能没有顾忌,所以从隋朝建立开始,在制度上就废除了汉魏以来的"录尚书事"一职,而且也不再设置"尚书令"一官,高颎始终是以尚书仆射的官位掌握国政。隋炀帝"恃才矜己"[1],对于臣下处处提防,他相信的只有自己。很有意思的是,大业三年(607)改革,隋炀帝虽然对职官制度做了很多调整,但对尚书省来说,最重要的是增置了六侍郎,作为六部尚书的副手[2],对于尚书令、尚书仆射等长官并没有采取任何措施。但是尚书省的最重要变化恰恰发生在此时,大业三年以后,隋炀帝采用了文帝的老办法,不仅不再任命尚书令,而且不再任命尚书仆射,而六部尚书本没有参预机密的权力,这样,尚书省在事实上全面退出了决策层。此时,尚书省实际上已经没有了统辖全局的长官,六部尚书各管一面,没有也不可能代表尚书省与内史、门下两省共商国是,更何况内史、门下两省的权力掌握在内史侍郎与黄门侍郎之手。

还有一个问题需要说明,《文馆词林》中收有多篇隋文帝、炀帝两朝时期的诏书,起首均冠以"门下"二字,学者多据此论证隋代门下省在诏令发布中的审核地位。我们绝不否认中书草诏、门下审核的权力,其实这种权力自南北朝以来就是如此,这只能说明中书、门下两省的制衡作用,却并不能说明尚书省只是执行诏令的机构。

因此,"隋唐三省制"这一命题中的"隋代三省制"自始至终并没有在隋代出现过,自然也就不曾实行过。那么,唐代是否实行过三省制呢?

第二节　唐代前期的"三省制":《唐六典》的制度规定

在讨论唐代是否存在三省制之前,先来看一看宋人对三省制的认识。《宋史·职官志一》:

> 重和元年,给事中张叔夜言:"凡命令之出,中书宣奉,门下审读,然后付尚书颁行,而密院被旨者,亦录付门下,此神宗官制也。"[3]

---

[1]《隋书》卷四《炀帝纪下》,第 95 页。

[2]《隋书》卷二八《百官志下》,第 794 页。

[3]〔元〕脱脱等撰:《宋史》卷一六一,北京:中华书局,1977 年,第 3779 页。本条校勘记疑"重和元年"(1118)为"宣和元年"(1119)之误。

"中书宣奉，门下审读，尚书颁行"，看起来的确像是"三省制"，只不过这是北宋的三省制，与我们研究的对象不同。宋代除中书、门下、尚书三省主管民政外，还有枢密院主管军政①，上引文提到的"密院"就是指枢密院，这种军政、民政分治是宋代的特点，与唐代不同。张叔夜说这是"神宗官制"，《宋史·职官志一》：

> 神宗新官制，于三省置侍中、中书令、尚书令，以官高不除人，而以尚书令之贰左、右仆射为宰相。左仆射兼门下侍郎，以行侍中之职；右仆射兼中书侍郎，以行中书令之职。②

神宗元丰年间的官制非常奇怪，似三省制而实非三省制。三省长官以官高不授人，以尚书左仆射兼门下侍郎，是以尚书省最高长官兼任门下省最高长官；以尚书右仆射兼任中书侍郎，是以尚书省最高长官兼任中书省最高长官。也就是说，是以尚书一省兼管中书、门下二省之事，尚书省处于绝对的核心地位。究其原因，《宋史·奸臣一·蔡确传》：

> 元丰五年，拜尚书右仆射兼中书侍郎。时富弼在西京，上言蔡确小人不宜大用。确既相，屡兴罗织之狱，缙绅士大夫重足而立矣。初议官制，盖仿《唐六典》，事无大小，并中书取旨，门下审覆，尚书受而行之，三省分班奏事，柄归中书。确说王珪曰："公久在相位，必得中书令。"珪信不疑。确乃言于帝曰："三省长官位高，不须置令，但令左右仆射分兼两省侍郎足矣。"帝以为然。故确名为次相，实专大政，珪以左仆射兼门下，拱手而已。③

《宋史·职官志一》：

> 熙宁末，始命馆阁校《唐六典》。元丰三年，以摹本赐群臣，乃置局中书，命翰林学士张璪等详定。八月，下诏肇新官制，省、台、寺、监领空名者一切罢去，而易之以阶。④

看来是蔡确向神宗建议，三省不置长官，只以尚书左右仆射分兼两省侍郎。

---

①白钢主编，朱瑞熙撰：《中国政治制度通史》第六卷《宋代》，北京：人民出版社，1996年，第134—138页。
②《宋史》卷一六一，第3773页。
③《宋史》卷四七一，第13699页。
④《宋史》卷一六一，第3769页。

值得注意的是,神宗朝在议新官制之时,仿效的是《唐六典》。神宗对《唐六典》很重视,在熙宁(1068—1077)末已经命令馆阁臣僚校定该书,元丰三年(1080)八月制定新官制的依据就是《唐六典》。从这两段史料来看,宋人认为《唐六典》所记之唐代中枢即"中书取旨,门下审覆,尚书受而行之"的制度,这的确就是我们过去所熟悉的"唐代三省制",那么唐代的实际情况到底是怎样的呢?

《唐六典》一书,历张说、张九龄、李林甫三人次第兼修,大约在玄宗开元二十六(738)、二十七年左右进呈①,正文所述为玄宗开元时的唐代官制,历代及此前本朝的掌故附注于下。《唐六典·尚书都省》:

> 尚书令掌总领百官,仪形端揆。……皇朝武德中,太宋初为秦王,尝亲其职,自是阙不复置,其国政枢密皆委中书,八座之官但受其成事而已。

> 尚书左丞相一人,右丞相一人,并从二品。……左、右丞相掌总领六官,纪纲百揆,以贰令之职,今则专统焉。②

这是尚书省的情况。唐因太宗曾做过尚书令,自是臣下不敢居此职,至高宗龙朔二年(662),"制废尚书令"③。前文已经说过,隋代除了因酬杨素在废立太子上的大功,炀帝曾经短暂授予此官以外,尚书令一直是空缺不补的,唐代只是借太宗的名义从制度上废止了这一官职而已。因此,唐代前期尚书省的最高长官就是尚书左右丞相,即尚书左右仆射。他们的职责是率领六部尚书受"成事而已",也就是不再参与"国政枢密"的制定,的确是"尚书执行"。

《唐六典·中书省》:

> 中书令之职,掌军国之政令,缉熙帝载,统和天人。入则告之,出

---

① 此处采用的是黄永年先生的说法,见氏撰:《唐史史料学》,上海:上海书店出版社,2002年,第72—73页。

② 《唐六典》卷一,第6—7页。

③ 《旧唐书》卷四二《职官志一》,第1787页。按:《旧唐书》本条记为"龙朔二年二月七日",据前文,"龙朔二年二月甲子,改百司及官名"(第1786页),尚书令就是在大改官名的时期被废的。《通典》卷二二《职官四·尚书令》:"故自龙朔三年,制废尚书令。"(第594页)两处记载相差一年。《太平御览》卷二一〇《职官部八·尚书令》引《通典》:"故自龙朔二年,制废尚书令。"(本条点校本《通典》似未校出)结合《旧唐书》所记,我们认为此事应该发生在龙朔二年,而不是三年。

则奉之，以厘万邦，以度百揆，盖以佐天子而执大政者也。凡王言之制有七……皆宣署申复而施行焉。

中书舍人掌侍奉进奏，参议表章。凡诏旨、制敕及玺书、册命，皆按典故起草进画；既下，则署而行之。①

上文所引尚书省的条文，已经说"国政枢密皆委中书"，本条说中书令"掌军国之政令""佐天子而执大政"，中书省所执的是"政"而非"事"。中书舍人起草诏敕，中书令"宣署申复而施行"。因为中书省代天子草拟的是各种诏旨，是王言，所以是"宣"。由此可见，的确是"中书取旨"。

《唐六典·门下省》：

侍中之职，掌出纳帝命，缉熙皇极，总典吏职，赞相礼仪，以和万邦，以弼庶务，所谓佐天子而统大政者也。凡军国之务，与中书令参而总焉，坐而论之，举而行之，此其大较也。凡下之通于上，其制有六……皆审署申复而施行焉。

给事中掌侍奉左右，分判省事。凡百司奏抄，侍中审定，则先读而署之，以驳正违失。凡制敕宣行，大事则称扬德泽，褒美功业，覆奏而请施行；小事则署而颁之。

本条说侍中"掌出纳帝命""佐天子而统大政"，门下省所统的也是"政"而非"事"。给事中驳正百司奏抄，侍中"审署申复而施行"。因为门下省主要负责对"下之通于上"的百官上奏进行审核，是臣言，所以是"审"。但门下省的职责不仅有对下的审驳，也有对上的审驳，所以"制敕宣行"等大事发生时，给事中仍然要"覆奏"，只是不敢明言"审"字而已。本段"皆审署申复而施行焉"条注曰："覆奏画可讫，留门下省为案。更写一通，侍中注'制可'，印缝，署送尚书省施行。"也就是说，门下审署覆奏，留档备案，注可加印之后，就可以发往尚书省执行了。由此可见，的确是"门下审覆"。

从《唐六典》的制度性条文来看，中书、门下所执、所统为政令，中书取旨、门下审覆、尚书省八座受而行之，与后世所传的三省制度完全符合，也可以说，"三省制"的内涵大概是从《唐六典》的记载中得出的。

但是，制度是一回事，实际情况又是另一回事。《唐六典》是玄宗开元

①《唐六典》卷九，第 272—274、275—276 页。

年间的令典,是否就是唐代前期三省的全部写照呢? 成书于德宗贞元十七
年(801)的《通典·职官三·宰相》:

> 大唐侍中、中书令是真宰相。
>
> 本注曰:尚书左右仆射亦尝为宰相。①

这与《唐六典》对尚书省仅"受成事"的记载完全不同,因为宰相当然可以参
与国政枢密的制定。从这条注文可以看出,唐代尚书左右仆射曾经也参与
政令的制定,不仅仅是"尚书执行",也就不是三省制度。上文曾经说过,从
宰相制度的演变来看,三省制的成立过程也就是尚书省权力的分割过程,
这个过程是否完成直接关系到三省制度是否成立。那么,尚书省大致在什
么时候退出决策层,成为执行层的呢? 这是三省制度形成的关键问题,因
此,以下将以尚书省权力的演变为中心,并通过政事堂制度简要论述中书、
门下两省,以此观察唐代前期的三省情况。

第三节　唐代前期的"三省制"

一、高祖时期的尚书省

《资治通鉴·唐纪一·高祖武德元年》:

> (宇文)化及自称大丞相,总百揆。以皇后令立秦王浩为帝,居别
> 官,令发诏画敕书而已,仍以兵监守之。化及以弟智及为左仆射,士及
> 为内史令,裴矩为右仆射。②

这是隋炀帝被宇文化及杀死以后组成的临时朝廷,名义上是秦王浩为帝,
但实际权力当然全部掌握在宇文化及的手里。事起仓促,万事从权,在这

---

①《通典》卷二一,第 540 页。

②《资治通鉴》卷一八五,第 5783—5784 页。《隋书》卷八五《宇文化及附弟智及传》,没有宇文智及
　　任左仆射事的记载。《旧唐书》卷六三《宇文士及传》:"(宇文)化及之潜谋逆乱也,以其主婿,深
　　忌之而不告,既弑炀帝,署为内史令。"(第 2409 页)《隋书》卷六七《裴矩传》:"宇文化及之乱……
　　令矩参定仪注,推秦王子浩为帝,以矩为侍内,随化及至河北。及僭帝位,以矩为尚书右仆射,加
　　光禄大夫,封蔡国公,为河北道安抚大使。"(第 1583 页)说裴矩当时为"侍内",至宇文化及称帝
　　后,才转为"尚书右仆射"。但《旧唐书》卷六三《裴矩传》:"宇文化及弑逆,署为尚书右仆射。"(第
　　2408 页)同《通鉴》。

样一个紧急的时刻,中枢政权是由尚书省的左右仆射和内史省的内史令构成的。皇帝的职责是"发诏画可",提供给他诏敕草稿的自然是尚书省和内史省。也就是说,在非常时期,这两省是不能少的,尚书省仍然掌握着参预政令制定的权力。自炀帝大业三年(607)七月苏威被免仆射以后,时隔十二年,尚书都省又有了长官,建置一旦恢复,制度上就拥有参预机密的权力。宇文化及拥立秦王浩成立的这个朝廷,虽然时间短暂,历代也不承认其政权的合法性,但从中却可以看出隋代尚书省在制度上从未退出权力的核心。

武德元年(618)五月,李渊受隋禅让,建立唐王朝。《旧唐书·高祖纪》:

> 六月甲戌,太宗为尚书令,相国府长史裴寂为尚书右仆射,相国府司马刘文静为纳言,隋民部尚书萧瑀、相国府司录窦威并为内史令。[1]

同时任命三省长官。太宗为高祖亲子,所任尚书令也是久未授人的官职,位高权重。但本年八月,太宗就率军西征,转战各地,实际并不在朝。在朝的三省长官中,最为接近高祖的是尚书右仆射裴寂。裴寂在隋时做过晋阳宫监,又参与过举兵反隋的密谋,所以深得高祖信任。《旧唐书·裴寂传》:

> 拜尚书右仆射,赐以服玩,不可胜纪,仍诏尚食奉御,每日赐寂御膳。高祖视朝,必引与同坐,入阁则延之卧内,言无不从,呼为裴监而不名。当朝贵戚,亲礼莫与为比。
>
> 其年(武德四年),改铸钱,特赐寂令自铸造。又为赵王元景聘寂女为妃。
>
> 子律师嗣,尚太宗妹临海长公主,官至汴州刺史。[2]

裴寂深得高祖宠信,"亲礼莫与为比",女为王妃,子聘公主。武德元年,裴寂任尚书右仆射,六年转尚书左仆射。尚书仆射在当时仍然是宰相,仍然参预机密,武德制度仍然是开皇制度的继续。

---

①《旧唐书》卷一,第7页。

②《旧唐书》卷五七,第2287、2288、2289页。《旧唐书》卷四八《食货志上》:"武德四年七月,废五铢钱,行开元通宝钱,径八分,重二铢四絫,积十文重一两,一千文重六斤四两。仍置钱监于洛、并、幽、益等州。秦王、齐王各赐三炉铸钱,右仆射裴寂赐一炉。敢有盗铸者身死,家口配没。"(第2094页)据此知裴寂自铸钱事在武德四年(621)。

《旧唐书·萧瑀传》：

> 武德元年，迁内史令。时军国草创，方隅未宁，高祖乃委以心腹，凡诸政务，莫不关掌。……高祖尝有敕而中书不时宣行，高祖责其迟，瑀曰："臣大业之日，见内史宣敕，或前后相乖者，百司行之，不知何所承用。所谓易必在前，难必在后，臣在中书日久，备见其事。今皇基初构，事涉安危，远方有疑，恐失机会。比每受一敕，臣必勘审，使与前敕不相乖背者，始敢宣行。迟晚之愆，实由于此。"高祖曰："卿能用心若此，我有何忧？"①

萧瑀为内史令，履行内史省"宣署申复"的职权。这段史料在上面论证隋代内史省的职权与地位时曾经引用过，因为萧瑀在隋炀帝时做过内史侍郎，"既以后弟之亲，委之机务，后数以言忤旨，渐见疏斥"②，并不能履行内史侍郎的职权，所以导致敕旨"前后相乖"。但在新朝，萧瑀却可以勘审王言。究其原因，完全在于皇权是否干涉。内史省的职权，自隋至唐并无变化。隋炀帝权不任下，所以内史省只能宣敕，并不能勘审；唐高祖纳谏，所以内史省能充分行使申复王言之职责。这段对话发生的背景是高祖责中书宣敕迟缓，如果萧瑀不善奏对，或者完全屈从于皇权，大唐建立之初的中书省也就完全可能变成像隋炀帝时一样，只是口宣王言的传旨机构而已。从萧瑀的奏对以及他在隋唐两朝内史省的不同境遇，可以看到一位尽职尽责的高级官员能不能发挥作用，敢不敢发挥作用完全取决于皇帝是否认可，也就是说，制度能否被遵守，最终的决定权也完全掌握在皇帝手中。因此，皇权在三省制能否成立以及能否正常发挥作用上起着非常重要甚至是决定性的作用。

高祖时期的三省仍然沿用隋开皇旧制，太宗虽任尚书令，实际负责的则是尚书仆射。当时的尚书仆射当然能够参预机密，而且对行政负总责。裴寂的权势固然与他深得高祖信任密不可分，也正因为如此，他才能够出任尚书仆射，总领朝政。以后萧瑀任尚书右仆射时，"内外考绩皆委之，司会为群僚指南，庶务繁总"③，说得也是尚书仆射的地位。从高祖与萧瑀的

---

① 《旧唐书》卷六三，第 2400 页。
② 《旧唐书》卷六三，第 2399 页。
③ 《旧唐书》卷六三《萧瑀传》，第 2401 页。

对话推测,因为有皇权的支持,所以三省应该能够发挥其本身的职能。不过,尚书省仍然是三省中最核心的部门,绝不是单纯的执行机构,所以高祖时期并不存在"三省制"。

二、太宗时期的尚书省

《贞观政要·政体》:

> 贞观元年,太宗谓黄门侍郎王珪曰:"中书所出诏敕,颇有意见不同,或兼错失而相正以否。元置中书、门下,本拟相防过误。……隋日内外庶官,政以依违,而致祸乱,人多不能深思此理……卿等特须灭私徇公,坚守直道,庶事相启沃,勿上下雷同也。"

> 贞观三年,太宗谓侍臣曰:"中书、门下,机要之司,擢才而居,委任实重。诏敕如有不稳便,皆须执论。比来惟觉阿旨顺情,唯唯苟过,遂无一言谏诤者,岂是道理? 若惟署诏敕、行文书而已,人谁不堪? 何烦简择,以相委付? 自今诏敕疑有不稳便,必须执言,无得妄有畏惧,知而寝默。"①

贞观之初,太宗最为关心的就是中书、门下两省在诏敕施行过程中能否发挥作用。置中书、门下二省的初衷是"本拟相防过误",也就是驳正违失,发现诏敕中的"不稳便"处。从贞观三年(629)的对话来看,当时的中书、门下只是"署诏敕、行文书"的机构而已,所以太宗反复强调二省应该发挥"执论"之责,避免重蹈杨隋亡国之祸。这说明了贞观初年的中书、门下二省只是"阿旨顺情、唯唯苟过"而已,联系萧瑀在武德年间的奏对就可以看出,两省对于皇权的"畏惧"才是常态,所以太宗要反复提出这一问题。《旧唐书·太宗纪下》:

> (贞观四年)秋七月甲子朔,日有蚀之。上谓房玄龄、萧瑀曰:"隋文何等主?"对曰:"克己复礼,勤劳思政,每一坐朝,或至日昃。五品已上,引之论事。宿卫之人,传餐而食。虽非性体仁明,亦励精之主也。"上曰:"公得其一,未知其二。此人性至察而心不明。夫心暗则照有不通,至察则多疑于物。自以欺孤寡得之,谓群下不可信任,事皆自决,

①《贞观政要集校》,第27—28、30页。

虽劳神苦形，未能尽合于理。朝臣既知上意，亦复不敢直言，宰相已下，承受而已。朕意不然。以天下之广，岂可独断一人之虑？朕方选天下之才，为天下之务，委任责成，各尽其用，庶几于理也。"因令有司："诏敕不便于时，即宜执奏，不得顺旨施行。"①

上引史料可以看作是唐太宗对于皇权与官僚权力之间分界的认识。他以隋文帝为例，认为文帝"事皆自决"，必然"未能尽合于理"。由于皇权的至高无上，必然导致臣下"不敢直言"，因此为君王者，不可"独断"。

如果将上引《贞观政要》的史料视为太宗对中书、门下二省的要求，那么《太宗纪》的史料就可以视为太宗的自我要求。太宗对于皇权的认知非常清楚，皇权的无限膨胀必然导致官僚权力的退让，因此皇帝的自我约束对于官僚制度充分发挥其职能起着决定性的作用。无论是高祖还是太宗，他们完全可以不顾中书、门下两省在诏敕发布过程中的作用，事实上，从太宗的不满就可以看出当时两省的确没有发挥什么作用，仅仅是诏敕的收发站而已。太宗的可贵之处在于，他清醒地认识到独断专行的后果，愿意抑制皇权，促使官僚机构正常运转，发挥其本来的作用。《贞观政要》说太宗"务在择官，改革旧弊，兴复制度"②，从恢复中书、门下固有职能上来看，无疑是准确的概括。

太宗最关心的在于诏敕是否妥当，中书省是起草机构，门下省是审核机构，与诏敕的形成关系最为紧密，因此，太宗称二省为"机要之司""委任实重"，二省"相防过误"的职能在此时应该得到了全面恢复。从上举史料来看，太宗的注意点完全在中书、门下二省之上，对尚书省似乎只字未提，是此时的尚书省不重要了吗？当时的尚书省处于怎样的地位呢？

《唐大诏令集·大臣·宰相·命相一》载武德六年（623）四月《裴寂萧瑀左右仆射制》：

> 端揆之职，综理百司。任望斯重，勋贤攸寄。尚书左（右）仆射、魏国公裴寂……中书令、宋国公萧瑀……寂可尚书左仆射，瑀可尚书右仆射。

同卷载贞观三年（629）二月《房玄龄杜如晦左右仆射制》：

---

① 《旧唐书》卷三，第40页。参见《贞观政要集校》卷一《政体》，第31页。
② 《贞观政要集校》卷一《政体》，第51页。

尚书政本，端揆任隆。自非经国大材，莫或斯举。中书令兼太子
詹事、邢国公房玄龄……兵部尚书检校侍中、蔡国公杜如晦。……朕
自克平宇县，缔构资始，叶赞经纶，厥功甚茂。深谋秘略，或合规矩，忠
议谠言，事多启沃。及典司枢要，绸缪宸扆，开物成务，知无不为，可谓
神降英灵，天资人杰。并宜总司衡轴，光阐大猷。玄龄可尚书左仆射，
如晦可尚书右仆射，余如故。①

无论是武德时期的"端揆之职，综理百司"，还是贞观年间的"尚书政本，端
揆任隆"，说的都是尚书仆射的地位。房、杜原来分别担任中书令和检校侍
中，是中书省和门下省的长官，所以制文说他们"典司枢要"。两人分任尚书
左右仆射，制文称之为"总司衡轴"，也就是总领百司。《旧唐书·杜如晦传》：

（贞观）三年，代长孙无忌为尚书右仆射，仍知选事，与房玄龄共掌
朝政。至于台阁规模及典章文物，皆二人所定，甚获当代之誉，谈良相
者，至今称房、杜焉。②

尚书左右仆射"共掌朝政"，所以是"相"，当然可以参预机密。《贞观政要·
论择官》：

贞观二（三）年，太宗谓房玄龄、杜如晦曰："公为仆射，当助朕忧
劳，广开耳目，求访贤哲。比闻公等听受辞讼，日有数百。此则读符牒
不暇，安能助朕求贤哉？"因敕尚书省，细碎务皆付左右丞。惟冤滞大
事合闻奏者，关于仆射。③

学者或认为本条表明尚书仆射的职掌减轻，发展到贞观中叶以后，仆射的
职掌变得抽象，不再领导尚书省事务④，这是从尚书仆射全面掌管尚书省

① 〔宋〕宋敏求编：《唐大诏令集》卷四四，北京：中华书局，2008 年，第 215、216 页。高祖制文中，裴
寂官衔原作"尚书左仆射"，据《旧唐书》卷一《高祖纪》："（武德六年四月）癸酉，以尚书右仆射、魏
国公裴寂为左仆射，中书令、宋国公萧瑀为右仆射。"（第 13 页）可知《唐大诏令集》中"左"为"右"
之误。
② 《旧唐书》卷六六，第 2468 页。
③ 《贞观政要集校》卷三，第 159 页。《贞观政要》系此事于贞观二年，不确。上引《唐大诏令集》载
房、杜拜仆射制在贞观三年二月，所以此事只能发生在贞观三年二月以后。《资治通鉴》卷一九
三《唐纪九》系此事于贞观三年三月丁巳（第 6063 页），是正确的。
④ 罗永生：《唐前期三省地位的变化》，收入氏撰：《隋唐政权与政制史论》，台北：要有光，2014 年，第
151—152 页。

全部事务的角度立论,当然是有道理的。不过应该看到,尚书仆射当时仍然是宰相,最重要的职责是负责国策的制定,所谓"助朕忧劳",这点并没有改变。《旧唐书·房玄龄传》:

> 代长孙无忌为尚书左仆射,改封魏国公,监修国史。既任总百司……论者称为良相焉。

> (贞观)十三年,加太子少师,玄龄频表请解仆射,诏报曰:"……而忘彼大体,徇兹小节,虽恭教谕之职,乃辞机衡之务,岂所谓弼予一人,共安四海者也?"玄龄遂以本官就职。……玄龄自以居端揆十五年,女为韩王妃,男遗爱尚高阳公主,实显贵之极,频表辞位,优诏不许。①

房玄龄任尚书左仆射,史书说他"任总百司"。当他表请解职时,太宗报书说这是"机衡之务",最重要的职责是"弼予一人,共安四海",也就是掌丞天子,助理万机之责。而且他自己也认为"居端揆十五年",这些都表明尚书仆射的职掌是以助理国政为主。

《唐大诏令集·大臣·宰相·命相一》载贞观四年(630)八月《李靖右仆射制》:

> 端右望隆,寄任尤重。实资勋德,朝难其选。左光禄大夫行兵部尚书、代国公李靖……可尚书右仆射。

同书《大臣·宰相·罢免上》载贞观八年十一月《李靖特进制》:

> 尚书右仆射、代国公靖……既怀冲挹,以疾固辞。表疏恳至,情理难夺。烦以吏职,有乖养贤。宜加优宠,申其雅志。可特进,封如故。……患若小瘳,每三两日至门下、中书平章事。患若未除,任在第摄养。②

众所周知,"平章事"是唐代宰相的一个标签,是一种使职名号③。值得注意的是,李靖拜尚书右仆射时,并没有说他"平章事"。等到他罢右仆射,任特进时,制书要特别点明"平章事",给予他一个宰相的标签。这只能说明

---

① 《旧唐书》卷六六,第2461—2462页。
② 《唐大诏令集》卷四四,第216页;卷五五,第289页。
③ 赖瑞和:《唐代高层文官》第四章《唐宰相的使职特征和名号》,台北:联经出版事业公司,2016年,第111—141页。

尚书仆射本来就是宰相,不需要另外说明其地位。相同的例子还见于《唐大诏令集·大臣·宰相·命相一》载贞观十一年(637)十一月《高士廉左(右)仆射制》:

> 特进、尚书、申州刺史、上柱国、申国公高士廉……可尚书左(右)仆射,特进、刺史、勋官、封如故。①

《旧唐书·高士廉传》:

> 太宗恶之,以为甚伤教义,乃诏士廉与御史大夫韦挺、中书侍郎岑文本、礼部侍郎令狐德棻等刊正姓氏。……撰为《氏族志》。……及书成,凡一百卷,诏颁于天下,赐士廉物千段。寻同中书门下三品。
>
> (贞观)十二年,与长孙无忌等以佐命功,并代袭刺史,授申国公。其年,拜尚书右仆射。……十六年,加授开府仪同三司,寻表请致仕,听解尚书右仆射,令以开府仪同三司依旧平章事。②

据《旧唐书·太宗纪下》,《氏族志》修成在贞观十二年正月,高士廉当时是吏部尚书③。他以吏部尚书"同中书门下三品",即以吏部尚书参预朝政。据他被授尚书右仆射的制书,则没有"同中书门下三品"等职名④。等到他解任右仆射,又"以开府仪同三司依旧平章事"。这也说明了尚书仆射本身就是宰相,不需要再加其他职衔。

既然尚书仆射仍是当然的宰相,那么尚书省就既是宰相机构又是执行机构,仍然在三省中占据着中心的地位。而且,贞观时期的尚书仆射的官品是从二品,中书令、侍中是正三品,尚书省长官的官阶也比中书、门下二省为高。另外还有一个应该注意的现象,那就是尚书仆射的任期。高祖时期,裴寂自尚书右仆射而尚书左仆射,与武德一朝相始终;太宗时期,房玄龄自贞观三年出任尚书左仆射,至贞观十六年转司空,前后达十四年时间。

---

① 《唐大诏令集》卷四四,第216页。据《旧唐书》卷三《太宗纪下》:"(贞观十二年)秋七月癸酉,吏部尚书、申国公高士廉为尚书右仆射。"(第49页)可知高士廉所任为"右仆射",当时房玄龄仍在左仆射任上,《唐大诏令集》误。

② 《旧唐书》卷六五,第2443—2444页。

③ 《旧唐书》卷三,第49页。

④ 高士廉以吏部尚书加"同中书门下三品"职名问题,《旧传》的记载恐有误。"同三品"名号出现在在贞观十七年,可能当时所加为"平章事",关于此点,严耕望也有考辨,参氏撰:《唐仆尚丞郎表》卷六《辑考一下·右仆》"高士廉(俭)"条(北京:中华书局,1986年,第365—366页)。

裴寂与唐高祖,房玄龄与唐太宗,正如高颎与隋文帝一样,君臣相得。尚书仆射的久任,更加重了尚书省在三省中的地位。因此,直到贞观中期,仍然不可能形成"三省制"。

不过,在贞观十六(642)、十七年间,尚书仆射一职发生了变动,《旧唐书·太宗纪下》:

> (贞观十六年)秋七月戊午,司空、赵国公无忌为司徒,尚书左仆射、梁国公玄龄为司空。
>
> (贞观十七年六月)丁酉,尚书右仆射高士廉请致仕,诏以为开府仪同三司、同中书门下三品。①

尚书左仆射房玄龄升为司空,尚书右仆射高士廉自请退休,虽被挽留,但不再担任尚书右仆射,尚书省最高长官出缺。有意思的是,自贞观十七年六月以后,唐太宗不再任命尚书仆射,这不禁让人想到隋炀帝大业三年(607)以后,尚书省也不再任命长官的往事。《旧唐书·高宗纪上》:

> (贞观二十三年八月)以开府仪同三司、英国公(李)勣为尚书左仆射、同中书门下三品。②

本年五月太宗崩,三个月以后,刚即位的唐高宗任命李勣为尚书左仆射。据说,这是出于唐太宗的遗策。《旧唐书·李勣传》:

> (贞观)二十三年,太宗寝疾,谓高宗曰:"汝于李勣无恩,我今将责出之。我死后,汝当授以仆射,即荷汝恩,必致其死力。"乃出为叠州都督。高宗即位,其月,召拜洛州刺史,寻加开府仪同三司,令同中书门下,参掌机密。是岁,册拜尚书左仆射。③

也就是说,自贞观十七年高士廉罢右仆射以后,终贞观一朝不再任命尚书仆射,李勣是以太宗特旨或者说是高宗殊恩才授予的。太宗告诫高宗,授李勣以仆射之职即可获其死力。陈寅恪先生说:

> (李)世勣地位之重要实因其为山东豪杰领袖之故,太宗为身后之计欲平衡关陇、山东两大武力集团之力量,以巩固其皇祚,是以委任长

---

①《旧唐书》卷三,第54、55页。
②《旧唐书》卷四,第67页。
③《旧唐书》卷六七,第2487页。

孙无忌及世勣辅佐柔懦之高宗,其用心可谓深远矣。①

李勣如此重要的地位方能获得尚书仆射的官职,也可证明当时尚书省的地位。

贞观十七年(643)六月起,太宗朝的尚书省没有了长官,六部尚书如果不加"参预朝政""同中书门下三品"等衔则不能参预机密、制定国策。上面说过,太宗对隋代亡国之事记忆犹新,与隋炀帝时期不同的是,虽然尚书省长官出缺,但此时中书、门下两省能很好地发挥其职能,从形式上来看,这的确符合《唐六典》记载的"三省制"。不过,当时尚书省虽然没有长官,但国政仍是由房玄龄负责的。《旧唐书·房玄龄传》:

> 进拜司空,仍综朝政,依旧监修国史。玄龄抗表陈让,太宗遣使谓之曰:"昔留侯让位,窦融辞荣,自惧盈满,知进能退,善鉴止足,前代美之。公亦欲齐踪往哲,实可嘉尚。然国家久相任使,一朝忽无良相,如失两手。公若筋力不衰,无烦此让。"玄龄遂止。②

《唐大诏令集·大臣·宰相·命相一》载《房玄龄司空制》:

> 开府仪同三司、尚书左仆射、太子少师、上柱国、梁国公房玄龄……自任总庶尹,职重朝端,心力尽于翼亮,忧劳积于岁序。而志在冲退,有怀止足,固陈衰疴,屡上表疏。然则燮揆礼阁,职务实繁,论道槐廷,望实攸属。宜加宠命,平兹水土,可司空。③

自魏晋南北朝以来,三公久已为论道之官,特别是"自隋文帝罢三公府僚……皇朝因之,其或亲王拜者,亦但存其名位耳"④,上面的制文也说他任司空以前是"任总庶尹,职重朝端……职务实繁",而任司空则是"论道槐廷",升任司空后仅仅"论道"而已了,但《房玄龄传》说他"仍综朝政",这就与论道的司空完全不一样了。房玄龄任司空以前是开府仪同三司、尚书左仆射、太子少师、上柱国、梁国公,其中开府仪同三司是文散官,上柱国是勋官,梁国公是爵位,都没有具体职掌,尚书左仆射和太子少师才是职事官。

---

① 陈寅恪:《论隋末唐初所谓"山东豪杰"》,收入氏撰:《金明馆丛稿初编》,北京:三联书店,2001年,第254页。
② 《旧唐书》卷六六,第2462页。
③ 《唐大诏令集》卷四四,第217页。
④ 《唐六典》卷一《三师三公尚书都省》,第5页。

太子少师是"太子三少"之一,对皇太子负有教育责任,只有尚书左仆射是专掌朝政。从《房玄龄传》"仍综朝政"一句可以看出这是延续他以前任尚书左仆射这一职官来说的。而且太宗说"国家久相任使,一朝忽无良相"之语,这个"相"也是指尚书左仆射,因此似乎可以推断房玄龄虽是司空,却仍然掌管尚书省的事务。贞观时期的三公好像并不仅仅是论道之官,贞观七年(633),长孙无忌任司空,十六年,任司徒①。"太宗以无忌佐命元勋,地兼外戚,礼遇尤重,常令出入卧内"②,贞观一朝,长孙无忌以功高及后弟的身份,始终得太宗信任,无论是出任司空还是司徒,都绝不会仅仅是"论道槐庭"。《旧唐书·长孙无忌传》:

> 其年(贞观十七年),太子承乾得罪,太宗欲立晋王,而限以非次,回惑不决。御两仪殿,群官尽出,独留无忌及司空房玄龄、兵部尚书李勣,谓曰:"我三子一弟,所为如此,我心无慘。"因自投于床,抽佩刀欲自刺。无忌等惊惧,争前扶抱,取佩刀以授晋王。③

立太子事,关系到大唐国运,参预其中的当然都是太宗心中最信任、最重要的大臣。按照陈寅恪先生的解释,长孙无忌与李勣分别代表着关陇与山东豪杰两大武力集团,双方的合作对于稳定政局至关重要,因此二人出现在立太子的现场便不足为奇。可是房玄龄为什么会参预其中? 他既不是关陇集团的核心,也与山东豪杰集团没有关系,一个可能的解释就是他代表着官僚集团。正如隋文帝废太子杨勇时要谋求高颎的合作一样,唐太宗立太子李治时也谋求房玄龄的合作。房玄龄为相日久,长期综理朝政,是官僚群体的代表,这也说明房玄龄任司空是"仍综朝政"的司空,而不是"论道槐庭"的司空。《旧唐书·房玄龄传》:

> (贞观)十七年,与司徒长孙无忌等图形于凌烟阁……高宗居春宫,加玄龄太子太傅,仍知门下省事,监修国史如故。④

贞观十七年,加司空、梁国公房玄龄太子太傅的同时,又"知门下省事",这就可以说明房玄龄以司空综理朝政时只管理尚书省的事务,而不管理门下

---

①《旧唐书》卷三《太宗纪下》,第 43、54 页。
②《旧唐书》卷六五《长孙无忌传》,第 2447 页。
③《旧唐书》卷六五,第 2452 页。
④《旧唐书》卷六六,第 2462 页。

省的事务。本年六月,高士廉罢尚书右仆射,房玄龄就以司空的身份同时管理尚书、门下两省,这种状态一直持续到贞观二十二年七月他死亡为止。

更有甚者,《旧唐书·太宗纪下》:

> (贞观)二十二年春正月庚寅,中书令马周卒。司徒、赵国公无忌兼检校中书令,知尚书门下二省事。[①]

这就明确了长孙无忌以司徒的身份总管中书、门下、尚书三省之事,实际上总揽朝政。《旧唐书·高宗纪上》:

> (贞观二十三年六月)癸未,诏司徒、扬州都督、赵国公无忌为太尉兼检校中书令,知尚书门下二省事,余并如故,赐物三千段。[②]

高宗继位之初,再次确认长孙无忌以一人总揽三省事务,本身就是对"三省制"的破坏,当事人既能草诏,复能审核,还能执行,权力实在是太大了。

我们认为,贞观十七年六月,高士廉罢尚书右仆射,尚书省长官出缺,使尚书省退出了决策的环节,这与隋炀帝时期尚书省的状态相似。不过,当时中书、门下两省有效履行其职能,形式上是最符合"三省制"制度的。但贞观十六年以后,房玄龄以司空统领尚书、门下二省,贞观二十二年,长孙无忌以司徒统领三省,是对"三省制"的破坏,因此太宗时期仍然没有形成"三省制"。

三、高宗至睿宗时期的尚书省

从以上的分析来看,直到太宗去世,尚书省仍然在三省之中占据着核心地位。自东汉以来,尚书台或者尚书省权力日隆,中书、门下两省的兴起本身就是对尚书省权力的制约。隋代废止"录尚书事"的职位,唐代自贞观朝不设"尚书令"官位,使得尚书仆射成为了尚书省的最高长官。但尚书仆射的权力仍然太大了,我们看到隋唐两朝都试图通过空缺不补的办法来限制其权力。《唐会要·尚书省诸司中·左右丞》:

> (贞观)二十年,宇文节为尚书左丞,明习法令,以干局见称。时江夏王道宗以私事见托,节奏之。太宗大悦,劳之曰:"朕所以不置左右

---

① 《旧唐书》卷三,第60页。
② 《旧唐书》卷四,第66页。

仆射者，以卿在省耳。"①

"录尚书事"废了，"尚书令"不置，"尚书仆射"空缺，自然尚书省的重任就落在了"尚书丞"的身上。尚书省权力不断缩小的一个外在标志就是不断废止高级官僚，如果这样发展下去，尚书仆射被废止，尚书丞成为尚书省的最高长官的可能性不是不存在。究其原因，仍然是尚书省权重的问题。《旧唐书·长孙无忌传》：

> 高宗即位，进拜太尉，兼扬州都督，知尚书及门下二省事并如故。无忌固辞知尚书省事，许之，仍令以太尉同中书门下三品。永徽二年，监修国史。②

长孙无忌兼掌三省，唯独"固辞知尚书省事"。《旧唐书·高宗纪上》：

> （永徽元年九月）己未，尚书左仆射、英国公勣固请解职，许之，令以开府仪同三司同中书门下三品。③

李勣于贞观二十三年（649）八月任尚书左仆射，永徽元年（650）九月"固请解职"，前后一年。长孙无忌与李勣都是拥立李治为太子的大功臣，但似乎谁都不愿意掌管尚书省，这也只能从尚书省地位的重要方面来解释。新帝继位之际，以拥立功臣避朝廷重位，免去"功高震主"的嫌疑，两人可说是深谙为官之道。

不过，高宗继位之初就对尚书仆射采取了新的措施。《旧唐书·高宗纪上》：

> （贞观二十三年八月）以开府仪同三司、英国公勣为尚书左仆射、同中书门下三品。仆射始带同中书门下。④

"仆射始带同中书门下"，这是仆射的一个大变化，也是尚书省的一个大变化。这是太宗皇帝的遗策，还是高宗皇帝的创新，已经无从稽考了。《通典·职官四·仆射》：

---

①《唐会要》卷五八，第 1172 页。
②《旧唐书》卷六五，第 2454 页。
③《旧唐书》卷四，第 68 页。
④《旧唐书》卷四，第 67 页。

及贞观末,除拜仆射,必加"同中书门下平章事"及"参知机务"等名,方为宰相,不然则否。然为仆射者,亦无不加焉。至开元以来,则罕有加者。

　　注曰:自开元以来,始有单为仆射者,不兼宰相者。①

杜佑所说"贞观末"云云,就是指贞观二十三年(649)八月拜李勣为尚书左仆射这件事。在此以前,仆射是当然的宰相,不需要加其他名号,但从李勣开始,增加了额外的名号,用来限定仆射是否为宰相。"以他官参预朝政的制度可以追溯到隋初"②,这是指除三省长官以外的他官。现在以他官参预朝政的办法作用于本来就参预朝政的尚书仆射,只能说明尚书仆射开始退出当然的宰相行列。王素先生就李勣拜尚书左仆射的史料说"这样,就使仆射往日单凭宰相身份自由出入政事堂的权力丧失了"③,是非常准确的判断。

　　从这时起,尚书仆射不再是当然的宰相,"然为仆射者,亦无不加焉",说明贞观永徽之际,尚书仆射的任命呈现出一种过渡的形态。一方面,尚书仆射如果不加"同三品"的名号就不是宰相,即所谓的"单为仆射者"不能参预国政的制定,这是新情况;另一方面,尚书仆射又"无不加"名号,仍然参预国政,这是旧习惯。这样,尚书仆射从当然的宰相变成了需要"兼"名号的宰相,职权通过加不加名号就会衍生出两种形态,图示如下:

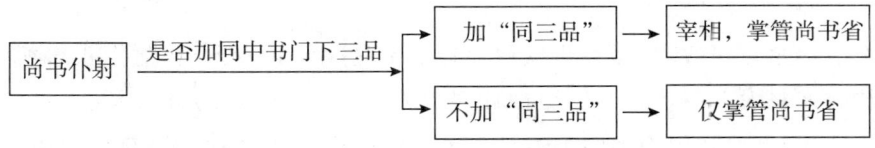

尚书仆射的两种形态,也就是尚书省的两种形态,尚书省在此以前是宰相机构兼行政机构,在此以后就可能只是单纯的行政机构了。

　　根据罗永生先生的统计与研究,高宗时期,尚书仆射缺员长达十六年;

①《通典》卷二二,第 597 页。
②唐长孺:《读隋书札记·一　隋代尚书省长官和他官参预朝政》,收入氏撰:《山居存稿》,第308 页。
③王素:《三省制略论》,第 199 页。关于参知机务、同中书门下三品以及同中书门下平章事等名称的区别,也请参见该书的分析,第 194—206 页。

则天时期,尚书仆射缺员长达十一年①。自李勣以后,尚书仆射带"同三品"成为惯例,但无论是高宗还是则天,似乎都囿于习惯,采用太宗的成规,以空缺不补的方式限制尚书仆射的职权。尚书仆射例带"同三品",只要任命,也就仍然是宰相,尚书省也就仍然是宰相机构兼行政机构,也就仍然在三省中处于核心地位,也就无所谓"三省制"。如果不任命尚书仆射,各部尚书不加"同三品"等宰相衔又不能参预朝政,那么尚书省就成为了执行机构,这与贞观末的情形颇为类似,是存在形成"三省制"的可能的。但武曌改唐为周,又以女主当国,空前绝后,所以皇权异常强大,更不会有什么"三省制"了②。

《资治通鉴·唐纪·中宗中》:

> (神龙元年六月)癸亥,命右仆射豆卢钦望,有军国重事,中书门下可共平章。先是,仆射为正宰相,其后多兼中书门下之职,午前决朝政,午后决省事。至是,钦望专为仆射,不敢预政事,故有是命。是后专拜仆射者,不复为宰相矣。③

《唐会要·尚书省诸司上·左右仆射》:

> 尚书左右仆射,自武德至长安四年已前,并是正宰相。初,豆卢钦望自开府仪同三司拜左仆射,既不言同中书门下三品,不敢参议政事。数日后,始有诏加知军国重事。至景云二年十月,韦安石除左仆射、东都留守,不带同一品。自后空除仆射,不是宰相,遂为故事。④

中宗神龙元年(705)命豆卢钦望为仆射事是一个转折。"仆射为正宰相,其后多兼中书门下之职",说的就是贞观二十三年(649)以后,五十六年间拜仆射例加"同中书门下三品",这个"例"现在被动摇了。豆卢钦望拜左仆射时,没有说他"同中书门下三品",所以他不敢参议政事。虽然几天以后"诏加知军国重事",恢复了他宰相的身份,但由此可以看出,现在决定是否宰相的标准是"同中书门下三品"的名号,而不再是尚书仆射的官位。

---

① 罗永生:《三省制新探》,第223、280页。
② 详见下文论政事堂制度。
③ 《资治通鉴》卷二〇八,第6594页。
④ 《唐会要》卷五七,第1161页。本条"同一品"疑为"同三品"之误。

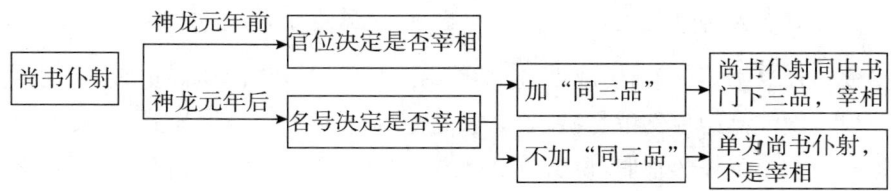

上文所引《唐大诏令集中》的《裴寂萧瑀左右仆射制》《房玄龄杜如晦左右仆射制》《李靖右仆射制》《高士廉左（右）仆射制》等制文，从来没有说拜仆射时还要加什么名号，但从李勣加"同中书门下三品"开始，情况就不同了，能否成为宰相的天平朝着是否加名号的一方倾斜。《唐大诏令集》载玄宗先天二年（713）八月一日《刘幽求知军国大事制》：

> 门下。尚书佐理，四方取则。端揆成务，百工是师。……封州流
> 人刘幽求……既殄群凶，方宣大化。期间政于经始，载登贤于梦卜。
> 可依旧金紫光禄大夫守尚书左仆射知军国大事监修国史上柱国徐国
> 公。仍依旧还实封，主者施行。[1]

有意思的是，相同的制书在《文苑英华》里题作《授刘幽求左仆射制》[2]。这份制书与高祖、太宗朝授仆射的制书有一个最大的不同，就是在授仆射的同时，指出了"知军国大事"，那么刘幽求担任的仆射仍然是宰相。将刘幽求事与豆卢钦望事相比较，就可以知道，在授仆射时可以于同一份制书中加"知军国大事""同中书门下三品"等职衔，以此明确仆射的宰相身份；也可以有两份制书，一份授仆射制，一份加"知军国重事"或"同中书门下三品"制，豆卢钦望授仆射时就是两份制书，以至于他在没得到第二份制书时都不敢参议政事。尚书仆射作为当然宰相的时代过去了，尚书省作为当然宰相机构的时代也过去了。《资治通鉴·唐纪·睿宗下》：

> （景云二年）十月，甲辰，上御承天门，引韦安石、郭元振、窦怀贞、
> 李日知、张说宣制，责以"政教多阙，水旱为灾，府库益竭，僚吏日滋；虽
> 朕之薄德，亦辅佐非才。安石可左仆射、东都留守，元振可吏部尚书，

---

①《唐大诏令集》卷四四，第 218 页。
②〔宋〕李昉等编：《文苑英华》卷三八五《中书制诰》，北京：中华书局，1966 年，第 1962 页。《文苑英华》所载制书于"仍依旧还实封"句下多"七百户并赐锦衣一袭"九字。

怀贞可左御史大夫,日知可户部尚书,说可左丞,并罢政事。"①

韦安石任尚书左仆射,罢政事,这是尚书左仆射罢政事的明确记载,尚书左仆射带同三品的惯例被打破,安石就是单为仆射者。不仅如此,韦安石还被授予东都留守的官职,说明他虽是尚书左仆射,却在东都洛阳任职,那么这个尚书左仆射连长安的尚书本省事务也管不着,实际上变成了一个虚职。韦安石空除仆射,不是宰相成为一种"故事"②,实际上就形成了尚书仆射不再是宰相的惯例。

从贞观二十年(646)太宗与尚书左丞宇文节的对话中就可以看出,他已经有意将作为尚书省长官的尚书仆射与参议国政的宰相进行切割。宇文节在尚书省表现出色,是太宗许之为不置尚书仆射的原因。宇文节只是尚书左丞,并不能参议国政,换句话说,太宗想要的只是管理尚书省的仆射,而不是作为宰相的仆射。但仆射作为当然宰相的惯例使得太宗只能采取空缺不补的办法,终太宗一朝,这种切割并没有完成。贞观永徽之际,李勣以尚书仆射始带同中书门下三品,尚书仆射当然宰相的地位受到了挑战。加"同三品""平章事"等衔自隋代以来本是非三省长官的他官参预朝政的手段,现在加到了尚书仆射的头上,实际上就表明不再承认尚书仆射的宰相身份。从此以后,尚书仆射作为宰相的条件发生了变化,以前靠的是尚书省长官的身份,以后靠的是"同三品"等衔名。此后五十多年间,尚书仆射例带"同三品",仍然是宰相。没有将两者切割并不表示两者不能切割,中宗神龙元年(705)授豆卢钦望尚书仆射与知军国重事的两份制书就表明掌管尚书省的仆射与宰相之间可以切割开来,到了睿宗景云二年(711)授韦安石尚书仆射的同时,又罢政事,标志着这种切割最终完成,单为仆射不再是宰相,只是专管尚书省事务的长官。由此,尚书省不再是宰相机构,变成了"受成事"的行政机构。我认为,尚书仆射在制度上不再是当然的宰相,尚书省不再是宰相机构,这是形成"三省制"的最重要契机。

四、玄宗以前的政事堂制度

唐代的政事堂制度是一种群相会议制。从唐初到玄宗开元时代,实际

---

① 《资治通鉴》卷二一〇,第 6667 页。

② 关于"故事"的性质,参见邢义田:《从"如故事"和"便宜从事"看汉代行政中的经常与权变》,收入氏撰:《治国安邦:法制、行政与军事》,北京:中华书局,2011 年,第 381—395 页。

上经历了几次变化,每一次变化都直接关系到三省权力的消长,与"三省制"能否形成密切相关。

《资治通鉴·宋纪·世祖孝武皇帝上》"(大明二年三月)游雅常曰:'……尝召百官于都坐……'"条胡注曰:

> 魏有都坐大官。魏之都坐,犹唐之朝堂也。或曰都坐尚书。都坐即唐之政事堂。①

我们知道,"魏晋南北朝的宰相也有'常官',始终是尚书令、仆射或录尚书事(虽然权力大小在量上有变化)"②,即魏晋南北朝时期的尚书省长官始终是宰相,国政会议的地点就是尚书八座会议的地点,即尚书都座,所以胡三省将北魏的都座类比于唐代的政事堂。既然是尚书都座,当然设在尚书省,这是魏晋南北朝时期尚书省权重的一个表现。

唐代的政事堂却并不设在尚书省。《旧唐书·职官志二》"门下省:侍中二员"条注曰:

> 旧制,宰相常于门下省议事,谓之政事堂。永淳二年七月,中书令裴炎以中书执政事笔,遂移政事堂于中书省。开元十一年,中书令张说改政事堂为中书门下,其政事印,改为中书门下之印也。③

《唐会要·官号上·中书令》:

> 旧制,宰相常于门下省议事,谓之政事堂。(故长孙无忌、魏徵、房玄龄皆知门下事。)至永淳三年七月,中书令裴炎以中书执政事笔,其政事堂合在中书,遂移在中书省。至开元十一年,张说奏改政事堂为中书门下,其政事印亦改为中书门下之印。至德二载三月,宰相分直主政事,执笔,每一人知十日。至贞元十年五月八日,又分每日一人执笔。④

唐代政事堂制度的记载,《旧唐书》系于侍中,也就是门下省之下;《唐会要》系于中书令,也就是中书省之下;《通典》则系于宰相条目之下⑤,这本身就

---

①《资治通鉴》卷一二八,第4035页。
②《两汉魏晋南北朝宰相制度研究》,第6页。
③《旧唐书》卷四三,第1842页。
④《唐会要》卷五一,第1036页。括号内为原注。本条"永淳三年"为"永淳二年"之误。
⑤《通典》卷二一《职官三·宰相》,第542页。

是一个很有意思的现象。据《通典》,"大唐侍中、中书令是真宰相",政事堂是宰相议事的地方,所以附于宰相条下;据《旧唐书》,政事堂起初设于门下省,所以附于门下省;据《唐会要》,政事堂后移于中书省,所以附于中书省。但无论哪种记载,都与尚书省无关。从魏晋南北朝的尚书都座到唐代的政事堂,宰相会议地点的变化,正说明了三省地位的变化与消长。

自隋代开始,作为尚书省长官的尚书令、尚书仆射经常空缺不置,同时以他官参预朝政的方式来分割相权。无论是哪一种,都会对尚书省的职权与地位产生影响。但一直到唐初,尚书仆射仍然是当然的宰相,所以即使政事堂不设于尚书省,尚书仆射仍然可以自由出入政事堂讨论国政。

唐初政事堂为什么设在门下省,史无明文。一种意见依据杜佑所说"后魏……尤重门下官,多以侍中辅政,则侍中为枢密之任。北齐……为宰相秉持朝政者,亦多为侍中"①的说法,认为隋唐继承北朝制度重门下官,所以宰相会议之所设在门下省。但祝总斌先生"发现杜佑的结论,材料很不充足,甚至可以说是断章取义"②。另一种意见认为,门下处中书、尚书之间,于两省起疏通作用,政事堂设置于此,能更好地推动三省的运转③。要探讨这一问题,还是要从门下省的职能说起。

无论是对上的诏令,还是对下的奏议,门下省的职责首在审核。唐初政事堂设于门下省,意义就在于重视审核这一环节。为什么重视审核?那是因为以前不重视或者说不审核。上引《旧唐书·萧瑀传》很能说明这一情况,不妨再节引其中一段以说明问题:

> 高祖常有敕而中书不时宣行,高祖责其迟,瑀曰:"臣大业之日,见内史宣敕,或前后相乖者,百司行之,不知何所承用。……"④

隋炀帝时期敕书前后相乖,当时中书奉旨草诏,只是唯皇命是从,根本不管诏书内容,门下也根本不审核,致使百司不知所措。这说明皇权如果真的一意孤行,官僚机构根本无法阻止。亡国之君隋炀帝这么做过,开国之君唐高祖其实也这么做过。仅仅是因为中书宣敕慢了,就引起了唐高祖的不

①《通典》卷二一《职官三·宰相》,第539—540页。
②祝总斌:《两汉魏晋南北朝宰相制度研究》,第309页。
③王素:《三省制略论》,第190页;罗永生:《三省制新探》,第204—205页。
④《旧唐书》卷六三,第2400页。

满。如果他听不进萧瑀的谏言,这道敕令无论正确与否,很可能也就宣布出去了。萧瑀当时是中书令,虽然他也勘审,但注意的是诏令是否"前后相乖",而不是其他问题。中书省之职责本在"宣署"而不在"审署",因此,恢复负有"审署"职能的门下省的职责就是当务之急。

唐初君臣亲见隋是如何亡国的,特别是唐太宗对于帝王之失有过多次探讨。如何避免重蹈亡隋覆辙? 在帝王来说,就是尽可能地避免诏令出错。上举《贞观政要·政体》篇中,太宗反复强调中书、门下两省不能仅做"署诏敕、行文书"的机构,而是要发现诏令的"不稳便"处,并直言进谏。正是由于太宗有意抑制皇权,门下省审核的职能才能得到恢复;又由于太宗起用一批名臣相继"知门下省事",大大减少了皇权滥用的可能性,所以才会出现"贞观之治"。唐初政事堂设于门下省,目的应该重在审核诏令。虽然李华在《中书·政事堂记》里说"政事堂者,自武德以来,已常于门下省议事"①,仿佛高祖武德时期已在门下省设政事堂,但从门下省审核职能的全面恢复来看,政事堂制度更有可能成立于太宗贞观时期。

政事堂之设在门下省,意在重审核,是以皇权的自我抑制来达到施政合理性的提高,客观上又反过来抑制了皇权。在皇权稳固的时代,除了帝王自我抑制,并没有其他方法来削弱皇权,但懂得维持君臣双力界限以达到平衡的帝王终是少之又少。政事堂从门下省迁往中书省,除了前辈学者提到的中书省地位上升,中书秉笔之制以外,大概还是与皇权意识的再次高涨有关。

裴炎将政事堂从门下省移于中书省,据上引《旧唐书》《唐会要》《通典》,都说是在永淳二年(683)七月炎任中书令时事,时间上是有错误的。据《旧唐书·则天皇后纪》,裴炎任中书令在弘道元年(683)十二月,高宗刚刚崩逝以后②,王素先生据此分析政事堂迁徙的时间大致应在弘道元年十二月稍后③,这个看法是准确的。唐高宗的死亡,是革唐为周的转折点。

①《文苑英华》卷七九七《记一·厅壁一》,第 4217 页。李华关于政事堂成立的时间记载虽然有误,但是他在《政事堂记》中记录的君主四"不可",却是制度史上极其重要的文献,余英时先生通过对这篇文献的分析,认为"唐初君臣之所以自动地做如此重大的让步当然与太宗个人关系极大。李世民的政治智慧和自制力都是古今少见的",见氏撰《"君尊臣卑"下的君权与相权》,收入《历史与思想(新版)》,台北:联经出版事业公司,2014 年,第 58—59 页。

②《旧唐书》卷六,第 116 页。

③王素:《三省制略论》,第 225—226 页,特别是 226 页注 1。

在此之前,高宗是皇帝,是丈夫;则天是皇后,是妻子。在此之后,中宗是皇帝,是儿子;则天是太后,是母亲。皇后干政,于理不合;太后称制,历代多有。史称"帝自显庆已后,多苦风疾,百司表奏,皆委天后详决。自此内辅国政数十年,威势与帝无异,当时称为'二圣'"①,则天在皇后时已经全然无视礼教"牝鸡司晨"之说,更何况成为太后。嗣圣元年(684)二月,也就是在高宗死了两个月之后,中宗李显因一句戏言被武则天所废,改立睿宗李旦,同时"令居于别殿……改元文明。皇太后仍临朝称制"②。废立皇帝,应该被视为武则天全面执政的开始。中宗李显是高宗所立太子,合法性毋庸置疑,虽然是被母后所废,但难以服众。相比于中宗,睿宗的地位更加尴尬。他本来不是先朝太子,又是在兄长被废之后为则天所立,而且既不能居于正殿听政,母后还要临朝称制,皇帝的合法性与权威性都大打折扣。他在神龙复辟以后的艰难处境,这时候就已经决定了。

如果将政事堂的迁徙放到武则天执政的背景之中,那么大概可以认为这是她塑造自身权威的一个重要手段。中书省的职责在草拟诏令,在"宣"王命,从萧瑀的奏对就可以看出,中书省相对于专门挑错的门下省来说,与皇帝更为接近。《日知录集释·封驳》引胡氏曰:

> 考唐之政事堂,宰执议事之所,旧在门下省,后移入中书省。盖门下省,给事中所居也。中书省,阁臣所居也。唐之给事有封还诏书之例,其于宰相建白,例得驳正。不于门下议事,而于中书议事,乃阁臣志在自专,不使门下与闻,因而无从驳正。待取中旨,然后封还,则其势已难,甘塞默者多矣。此宰执巧于持权之法,必宗楚客、李林甫辈所为。③

胡氏将政事堂迁徙的原因归为"阁臣志在自专",似乎不太准确,当时最高统治者是武则天,阁臣绝无可能自专。迁徙政事堂于中书省的是裴炎,也不是宗楚客、李林甫辈。但胡氏指出政事堂迁于中书省以后,门下省专职

①《旧唐书》卷六《则天皇后纪》,第 115 页。
②《旧唐书》卷六《则天皇后纪》,第 116 页。
③〔清〕顾炎武撰,〔清〕黄汝成集释,栾保群、吕宗力校点:《日知录集释》卷九,上海:上海古籍出版社,2006 年,第 527 页。

封驳的给事中因失去机构优势无从封驳,大概近于实情。政事堂在门下省,给事中可以在诏令形成过程中封驳;政事堂在中书省,给事中只能在诏令形成以后封驳。胡氏指出诏令形成以后再封还,"其势已难",所以"甘塞默者多矣"。因此,裴炎迁政事堂于中书省,是弱化了门下省的审核权,这也正是急于强化自身权力的武则天所希望看到的。这一改变有利于皇权,如果无限发展下去,政事堂势必形同虚设,那又重新回到了隋炀帝时代。事态的发展也的确如此。在唐前期,唯一一次三省长官全部出缺的事例就发生在则天时期①。《旧唐书·刘祎之传》:

> 垂拱三年,或诬告祎之受归诚州都督孙万荣金,兼与许敬宗妾有私,则天特令肃州刺史王本立推鞫其事。本立宣敕示祎之,祎之曰:"不经凤阁鸾台,何名为敕?"则天大怒,以为拒捍制使,乃赐死于家,时年五十七。②

这条史料说明敕书无需经过中书门下就可宣示,也就是根本没有经过政事堂讨论。刘祎之依据的是敕书形成必须要经过的程序,但在皇权面前根本不堪一击,这时候的皇权与隋炀帝时的皇权一样,对官僚机构以及成规根本不屑一顾。

从南北朝以来的尚书都省集议到唐初设于门下省的政事堂集议,是一次变化,这种变化说明尚书省地位的下降,门下省地位的提升;从政事堂设于门下省到迁于中书省,又是一次变化,这种变化说明门下省地位的下降,中书省地位的提升。这两次变化的原因与皇权都密切相关。玄宗开元时代还有第三次变化,这将在下文叙述。

最后还有一点关于政事堂与三省制之间关系的看法。政事堂制度是宰相集议制度,无论是三省长官作为当然宰相,还是加了诸如"平章事"等宰相名号的官员,他们都在政事堂讨论国政。政事堂之内,三省地位有升降,长官能力有高低,与皇帝之间的关系有亲疏,但形成决议之时仍是中书草诏、门下审核,待皇帝批准之后交由尚书执行,所以在制度上来说,政事堂与三省制本身没有什么矛盾冲突的地方。

---

① 罗永生:《三省制新探》,第 281 页。
② 《旧唐书》卷八七,第 2848 页。

五、玄宗开元时代的三省制与"三省制"说法的来源

睿宗景云二年(711)十月,韦安石空除尚书仆射,不是宰相,成为故事,尚书仆射不再是当然宰相。玄宗先天二年(713)七月将太平公主一党一网打尽之后,太上皇睿宗下诏"自今军国政刑一事已上,并取皇帝处分"①,唐朝正式进入玄宗时代。据上引《刘幽求知军国重事制》以及《玄宗纪》先天二年八月条,刘幽求以尚书左仆射知军国重事。九月,"尚书左仆射刘幽求同中书门下三品"。无论是"知军国重事"还是"同中书门下三品",都是给尚书仆射贴上了宰相的标签,都说明了尚书仆射不再是宰相。尚书省的退出决策不再是以皇帝空缺长官不补的形式出现,而是从制度上取消了尚书仆射当然的宰相地位。从尚书省不再是宰相机构的角度来看开元十一年(723)张说对政事堂的改革,就有了新的意义。

《新唐书·百官志一》:

> 开元中,张说为相,又改政事堂号"中书门下",列五房于其后:一曰吏房,二曰枢机房,三曰兵房,四曰户房,五曰刑礼房,分曹以主众务焉。②

首先,政事堂本为宰相会议场所,将"政事堂"改为"中书门下",将"政事堂之印"改为"中书门下之印",从名号上就很容易看出只有中书、门下两省长官是当然的宰相,只有"中书门下之印"才是宰相机构的印鉴,尚书省长官就被剔除出了当然宰相的行列。而且更名之后,"同中书门下三品"衔在诸多宰相衔名中的意义就更加凸显了出来。其次,张说列五房于"中书门下"之后,除枢机房以外③,其余四房很明显对应着尚书省诸部。以前尚书省长官作为宰相,在形成决策以后可以直接指示尚书省诸部执行,现在在"中书门下"下设诸房,实际上就确定了尚书省长官受"中书门下"决策之命,然后监督各部执行的制度。而且在"中书门下"的这种"分曹以主众务"的情况下,有没有尚书仆射实际已经不再重要,因为"中书门下"诸房就可以直接对接尚书省相关各部。到了这个时候,尚书省在制度上就变成了完全执

---

①《旧唐书》卷八《玄宗纪上》,第 169 页。
②《新唐书》卷四六,第 1183 页。
③关于枢机房的职掌与演变,参见王素:《三省制略论》,第 207—209 页。

行的机构,尚书省的长官之所以为宰相,也是因为"同中书门下三品",即同于当然宰相的三品中书令与侍中,而不再因为是尚书省的长官。

因此,开元十一年(723)张说奏改政事堂为中书门下事,确立了中书、门下两省为决策机构,两省长官为当然宰相,其他带宰相衔的宦员至中书省的"中书门下"会议的制度。尚书省在制度上全面退出决策层,尚书省长官非加如"同中书门下三品"等宰相衔则不能参预政事,尚书仆射只是总管尚书省诸部执行"中书门下"决策进展的官员罢了。

《旧唐书·玄宗纪上》:

> (开元十四年)夏四月癸丑,御史中丞宇文融与御史大夫崔隐甫弹尚书右丞相、兼中书令张说,鞠于尚书省。……庚申,张说停兼中书令。
>
> (十五年二月)己巳,尚书右丞相张说、御史大夫崔隐甫、中丞宇文融以朋党相构,制说致仕,隐甫免官侍母,融左迁魏州刺史。[①]

同书《张说传》:

> (宇文)融乃与御史大夫崔隐甫、中丞李林甫奏弹说引术士夜解及受赃等状,敕宰臣源乾曜、刑部尚书韦抗、大理少卿胡珪、御史大夫崔隐甫就尚书省鞠问。……玄宗然其奏,由是停兼中书令……隐甫及融等恐说复用为己患,又密奏毁之。明年,诏说致仕,仍令在家修史。[②]

开元十四年,张说因被奏弹招引方士及受赃等事,玄宗当月就停了他"兼中书令"之职,但是保留了尚书右丞相的官位,一年以后才令张说致仕。中书令是当然的宰相,所以一出事,皇帝就停了张说的宰相职权,使他不能再参预国政。而保留的"尚书右丞相",空有"丞相"之名,却无丞相之实,不能参预国政,所以才能保留一年之久。从张说被罢这件事就可以看出,尚书省长官在制度上已经完全退出了决策层,不再是宰相,留职与否与国家大政之间并没有太大的关系,这是说明开元时期尚书省地位的实例。

三省制能在制度上建立起来的另一个因素则是皇权。《旧唐书·玄宗纪》史臣曰:

---

① 《旧唐书》卷八,第 189、190 页。
② 《旧唐书》卷九七,第 3055 页。

我开元之有天下也，纠之以典刑，明之以礼乐，爱之以慈俭，律之以轨仪。黜前朝徼幸之臣，杜其奸也；焚后庭珠翠之玩，戒其奢也；禁女乐而出宫嫔，明其教也；赐酺赏而放哇淫，惧其荒也；叙友于而敦骨肉，厚其俗也；搜兵而责帅，明军法也；朝集而计最，校吏能也。庙堂之上，无非经济之才；表著之中，皆得论思之士。而又旁求宏硕，讲道艺文。昌言嘉谟，日闻于献纳；长辔远驭，志在于升平。贞观之风，一朝复振。①

同书《张说传》：

始玄宗在东宫，说已蒙礼遇……遂为开元宗臣。前后三秉大政，掌文学之任凡三十年。……喜延纳后进，善用己长，引文儒之士，佐佑王化，当承平岁久，志在粉饰盛时。其封泰山，祠雎上，谒五陵，开集贤，修太宗之政，皆说为倡首。②

众所周知，玄宗开元时期为大唐极盛之世。经过韦后、太平之乱，玄宗以澄清政治，恢复天下秩序为己任，因此处处以太宗贞观故事为楷模，即所谓"修太宗之政"，复"贞观之风"，所用如姚崇、宋璟、张说、张九龄辈，都是一时名臣。太宗为政，深明君臣界限，玄宗效仿，所以臣下敢于任事。前称太宗朝的房杜，后称玄宗朝的姚宋，都是君臣相得的典范。《旧唐书·皇甫镈传》：

（元和十三年）宰相崔群、裴度以物议上闻，宪宗怒而不听。度上疏乞罢知政事，因论之曰：臣日昨于延英陈乞，伏奉圣旨，未遂愚衷。窃以上古明王圣帝，致理兴化，虽由元首，亦在股肱。所以述尧、舜之道，则言稷、契、皋、夔；纪太宗、玄宗之德，则言房、杜、姚、宋。自古至今，未有不任辅弼而能独理天下者。③

这是宪宗朝宰相裴度的奏疏，以唐人言唐事，自属可信。在裴度看来，太宗、玄宗之所以能成其德，就在于任用了房杜姚宋这样的贤臣。因为太宗、玄宗深明皇帝之道，不"能独理天下"，所以多"任辅弼"。《旧唐书·姚崇

①《旧唐书》卷九，第 236 页。
②《旧唐书》卷九七，第 3057 页。
③《旧唐书》卷一三五，第 3739 页。

传》：

> 先天二年，玄宗讲武在新丰驿，召元之代郭元振为兵部尚书、同中书门下三品，复迁紫微令。避开元尊号，又改名崇，进封梁国公。……是时，上初即位，务修德政，军国庶务，多访于崇，同时宰相卢怀慎、源乾曜等，但唯诺而已。崇独当重任，明于吏道，断割不滞。[1]

《新唐书·宋璟传》：

> 玄宗开元初……坐小累为睦州刺史，徙广州都督。广人以竹茅茨屋，多火。璟教之陶瓦筑堵，列邸肆，越俗始知栋宇利而无患灾。召拜刑部尚书。四年，迁吏部兼侍中。……累封广平郡公。广人为璟立遗爱颂，璟上言："颂所以传德载功也。臣之治不足纪，广人以臣当国，故为溢辞，徒成谄谀者。欲厘正之，请自臣始。"有诏许停。[2]

姚崇是中书令，史称当时宰相之中独当重任；宋璟为侍中，史称当国。两《唐书》的姚崇宋璟传，两人谏净，玄宗嘉纳之事很多。这就说明开元时期，由于玄宗的开明，中书、门下两省可以很好地履行其职责，三省制能够施行，实与皇权的自我抑制有关。

从制度上来说，直到玄宗开元时代，"中书取旨，门下审覆，尚书受而行之"的三省制才建立起来，这也正是《唐六典》记载的实况。关于《唐六典》的性质以及在唐代是否施行等问题，内藤乾吉氏、严耕望先生已经有很好地讨论[3]。《唐六典》虽然不是法典，但却是开元一代唐代官制之典，唐代前期官制之详，以此书为最。《唐六典》自成书以后，在唐代就屡为士人引用，至宋神宗元丰改制前后更是被奉为令典。上引《宋史·职官志一》就说神宗时有校订刊印《唐六典》事。曾巩在《元丰类稿·奏状·乞赐唐六典状》中说：

> 右臣伏见圣恩，以新雕印《唐六典》颁赐近臣以及馆阁。窃以唐初以尚书、中书、门下三省参领天下之事，以今仆射、侍中为宰相之任。然选士、用人、出兵、授田、刑罚、礼乐，至于工官所主，则一本于尚

---

① 《旧唐书》卷九六，第3023、3025页。
② 《新唐书》卷一二四，第4391—4392页。
③ 〔日〕内藤乾吉：《唐六典の行用に就いて》，收入氏撰：《中國法制史考證》，第64—85页。严耕望：《略论唐六典之性质与施行问题》，收入氏撰：《严耕望史学论文集》，第396—405页。

书。……明皇之世乃考寻旧章，著之简册，以六卿所总领则象《周官》，名其书曰《六典》。而开元十四年张说罢中书令为尚书右丞相，不知政事，自此政事归中书，而尚书但受成事而已，亦其书之所记也。则当是之时，尚书已不得其职，其所著者，盖先代之遗法也。其本原设官因革之详，上及唐虞，以至开元，其文不烦，其实甚备，信可谓善于述作者也。①

元丰三年(1080)，神宗以《唐六典》摹本赐群臣，曾巩大概就是在此时或稍后获赐该书的。根据曾巩的见解，唐初以三省为宰相机构，开元中则"尚书但受成事"而已，这是《唐六典》描述的中枢政制给予他的观感，也正是我们所说的唐代前期"三省制"成立的过程。上引《宋史·奸臣一·蔡确传》说神宗时"初议官制，盖仿《唐六典》，事无大小，并中书取旨，门下审覆，尚书受而行之，三省分班奏事，柄归中书"，"三省制"说法的来源就是《唐六典》。

《续资治通鉴长编·哲宗·元祐四年》：

> 先是，司马康奏其父光遗稿……曰："……谨按：……唐初，始合中书、门下之职，故有同中书门下三品、同中书门下平章事，其后又置政事堂，盖以中书出诏令，门下掌封驳，日有争论，纷纭不决，故使两省先于政事堂议定，然后奏闻。开元中，张说奏改政事堂为中书门下，自是相承，至于国朝，莫之能改。非不欲分也，理势不可复分也。故乡日所谓中书者，乃中书门下政事堂也。……神宗皇帝以唐自中叶以后，官职繁冗，名器紊乱，欲革而正之，诚为允当。然但当据今日之事实，考前世之讹谬，删其重复，去其冗长，必有此事，乃置此官，不必一依唐之《六典》，分中书为三省，令中书取旨，门下复奏，尚书施行。……"②

由司马光的遗稿可以看出，神宗虽然仿《唐六典》行新官制，但只是生搬硬套。唐初的政事堂之制，玄宗开元时期的中书门下之制，在司马光看来，是将中书、门下两省合并办公，以避免政事迁延的良法，这是"理势不可分"。神宗皇帝一切以《唐六典》为准则，分中书门下政事堂复为三省，必然"日有争论，纷纭不决"。这里有一个很有意思的问题，即《唐六典》并没有明文记

①〔宋〕曾巩撰：《元丰类稿》卷三四，《四部丛刊》初编影印乌程蒋氏密韵楼藏元刊黑口本，上海：商务印书馆，1929年，第八册第1页。

②〔宋〕李焘撰：《续资治通鉴长编》卷四三一，北京：中华书局，1992年，第10408—10410页。

载政事堂制或者中书门下之制。大概因为这个缘故,所以对其进行模仿的神宗元丰官制就以三省分职为依归,这在司马光看来是绝不可取的。上文曾经说过,宰相集议制度与三省制之间并不矛盾。中书取旨、门下复奏的程序在政事堂或者中书门下体制之下,"使两省先于政事堂议定,然后奏闻",这样就减少了纷争,在司马光的遗稿里对此也是持支持的态度:

> 臣等今众共商量,欲乞依旧令中书、门下通同职业,以都堂为政事堂,每有政事差除及台谏官章奏,已有圣旨三省同进呈外,其余并令中书、门下官同商议签书施行。事大则进呈取旨降敕札,事小则直批状指挥,一如旧日中书门下故事。①

所谓"旧日中书门下故事",就是指唐开元时期张说奏改政事堂制度后形成的"中书门下"之制,也就是以中书门下两省协商为核心的宰柜集议制度。在"中书门下"体制下,中书取旨、门下复奏的程序实际上在宰相集议时就已经完成了,形成的诏敕则发往尚书省具体执行。只是因为《唐六典》没有记载政事堂以及开元时代的"中书门下"制度,所以神宗取法之时,只是机械地将三省,特别是中书、门下两省重新分割了开来。

在司马光看来,不可取的"中书取旨,门下复奏,尚书施行"的唐代三省制,原因就是神宗"一依唐之《六典》",因此,《唐六典》就是后世"三省制"说法的渊源。

小　结

本章主要对隋唐三省制问题的由来进行了初步探索。隋唐三省制应该分成隋代三省制和唐代三省制两个部分来讨论。隋代是没有三省制的,主要的原因有两个,一是尚书省的权力仍然超过中书、门下两省,二是皇权强大且不知收敛。唐代前期则出现了三省制。根据对《唐六典》的考察就可以知道后世所说的"三省制",就是对该书尚书、中书、门下三省制度性描述的概括。今天已经成为固有观念的"隋唐三省制",大概来自于宋人基于《唐六典》的概括,特别是宋神宗元丰改制时形成的观念。唐太宗贞观后

---

① 《续资治通鉴长编》卷四三一《哲宗·元祐四年》,第 10410 页。

期,对尚书省长官缺而不补,方法上与隋炀帝时代如出一辙。但是唐太宗自我抑制皇权,使中书、门下两省能够正常运作,实际上已经很接近"三省制"了。高宗时期对尚书省长官加以"同中书门下三品"等宰相职衔,虽然此后五十多年间,凡拜尚书仆射必加宰相衔,但使过去以官为相开始向以衔为相发生转变,实际上剥夺了尚书省长官作为当然宰相的资格。至睿宗时代,尚书省长官与宰相之间终于分离,尚书省也从宰相机构兼行政机构变成了行政机构。与尚书省性质的转变相对应,张说在开元年间改政事堂为中书门下,明确了只有中书、门下两省为宰相机构,只有两省长官是当然的宰相,同时在中书门下之下设置诸房,以应对尚书省退出决策层后,决策与执行之间的衔接问题。到了此时,尚书省有没有仆射等最高长官已经不重要了,因为决策层与执行层之间有对应的渠道,单为尚书仆射既然不能参预国政,所起到的无非也就是监督作用而已,地位大不如前。大概到了玄宗开元时代,由于玄宗个人对于皇权的自我约束,"中书门下"能够发挥作用,尚书省在制度上全面退出决策,这时出现的《唐六典》对此进行了客观地描述,因此"三省制"是对玄宗开元时代中枢政治的记录,不能滥用于此前或此后。

本章主要是以唐代前期尚书省权力的演变为中心的。尚书省的问题,实际上是贯穿西汉中期至唐代前期中枢权力演变的关键问题之一。唐代前期三省制能够成立,取决于尚书省最终退出了决策层。作为决策机构兼行政机构,尚书省的权力太大了,皇帝很多时候只能采用空缺长官不补的方式来进行限制。三省制的成立,是皇权的一种胜利。太宗贞观年间形成的政事堂制度,目的大概如司马光所说,是为了协调诏敕形成过程中由于争论而造成的迁延。唐代的政事堂以及后来的"中书门下",是一种宰相会议之制,与三省制之间并不矛盾。三省协调也好,二省协调也好,是一种协商制,与三省各自的本来职能之间并无冲突。

结语：皇权与制度

本书认为：

一，《唐六典》对于尚书省、中书省、门下省职能的制度性描述反映的是玄宗开元年间中枢政局的实况。宋神宗元丰年间，依《唐六典》改中枢官制，将三省的职能概括为"中书取旨、门下审覆、尚书受而行之"，这是以后"三省制"学说的渊源。

二，对照《唐六典》的制度性规定，隋代有三省而没有三省制。隋代三省之中，以尚书省权力最大，处于绝对的核心。如果皇帝不再信任尚书省，或者认为尚书省权力过大时，常通过空缺不补尚书省长官的方式以达到控制的目的。隋代二帝都是大权独揽，中书、门下两省基本不能发挥其职能。

三，唐太宗有鉴于亡隋之祸，对皇权自我抑制，中书、门下二省通过政事堂制度进行国政协商，有效发挥其职能。尚书省长官空缺不补，渐渐退出决策层，实际上向"三省制"发展。

四，自唐高宗对尚书省长官加宰相衔，尚书省长官的当然宰相地位发生了动摇。睿宗景云年间，单拜仆射不算宰相成为故事，任尚书省长官即为宰相的时代过去，这是一个重大的转变。开元年间，玄宗励精图治，事事以复贞观旧规为目标，嘉纳谏言，控制皇权，使官僚机构正常发挥作用。当时，张说改政事堂制为"中书门下"制，并设诸房对应尚书各部，尚书省在制度上不再是宰相机构，"三省制"成立。

以上就是简短的结论。

"三省制"问题是制度性的问题。制度的发展与演变由种种因素交织而成，不是一人一时的事情。当我们看到成文的制度规定时，往往这个制度已经开始崩坏了。在影响制度发生变化的诸多因素中，最不可捉摸和衡量的就是皇权，这是最后想谈一谈的问题。

秦王嬴政扫清六合、席卷八荒，一扫战国纷扰之局，天下握于一人之手。与这种千古未有的大变局相适应，高高在上的皇帝应运而生。自始皇帝出炉到宣统帝下岗，两千年间，万变不离其宗，"宗"就是皇帝。野心家们想当皇帝,百姓们仰视皇帝,皇帝呢? 想永远当皇帝。不为别的,就为权力。权力这个东西,看不见摸不着,却实实在在地存在着。权力有大有小,作用千差万别,唯独皇权至高无上,独一无二,是一切权力的根源。《史记·秦始皇本纪》:

> 秦王初并天下,令丞相、御史曰:"……寡人以眇眇之身,兴兵诛暴乱,赖宗庙之灵,六王咸伏其辜,天下大定。今名号不更,无以称成功,传后世。其议帝号。"丞相绾、御史大夫劫、廷尉斯等皆曰:"昔者五帝地方千里,其外侯服夷服诸侯或朝或否,天子不能制。今陛下兴义兵,诛残贼,平定天下,海内为郡县,法令由一统,自上古以来未尝有,五帝所不及。臣等谨与博士议曰:'古有天皇,有地皇,有泰皇,泰皇最贵。'臣等昧死上尊号,王为'泰皇'。命为'制',令为'诏',天子自称曰'朕'。"王曰:"去'泰',著'皇',采上古'帝'位号,号曰'皇帝'。他如议。"制曰:"可。"①

这是司马迁笔下皇帝出现的过程,描述了志得意满、功盖千秋的最高统治者对可以配得上其功劳的极致名号的追求。太史公说"始皇自以为功过五帝,地广三王,而羞与之侔","皇帝"名号的出现就是始皇帝不屑与三皇五帝为伍的最好说明。秦王议帝号的起因是"称成功",丞相等的答复在描述丰功伟绩之前还加上了"兴义兵,诛残贼"的字样,以义讨贼,这就不仅是功,而且是德。《春秋繁露·三代改制质文》:

> 德侔天地者,称皇帝,天佑而子之,号称天子。②

《太平御览·皇王部一》引《帝王世纪》曰:

> 天子,至尊之定名也。应神受命,为天所子,故谓之天子。故孔子曰:"天子之德,感天地、洞八方,是以功合神者称皇,德合天地称帝。"③

德配天地是为皇帝,为天所子是为天子。皇帝不仅是天下的主宰,也是道德的至尊。皇权来自于天,来自于神权,除了那虚无缥缈的天,没有什么能

---

① 〔汉〕司马迁撰,〔南朝宋〕裴骃集解,〔唐〕司马贞索隐,〔唐〕张守节正义:《史记》卷六,北京:中华书局,1959 年,第 235—236 页。

② 〔清〕苏舆撰,钟哲点校:《春秋繁露义证》卷七,北京:中华书局,1992 年,第 201 页。

③ 《太平御览》卷七六,第 355 页。

制约皇权。秦汉时期流行灾异学说，似乎能够通过天之意志限制皇权，但前提是皇帝得接受。如果不接受，其实臣下一点办法没有。

战国时代是多家公司竞争，奇谋秘计、勇武果敢之士，只要有一技之长，不在一家干，可以去另一家干。苏秦佩六国相印，张仪两次相秦，何等风光。就是干不下去了，翻翻《战国策》，君主们礼送出境的事例也不在少数。秦王一统天下以后，多家公司没了，就剩下一垄断企业，士人要么干、要么滚，没有第三条道路可选。与此相对应的，战国时代的士们甚至可以和君主谈待遇，王翦攻楚前不是还跟嬴政谈条件，"请美田宅园池甚众"吗[1]？先秦诸子们更是上升到精神层面，指导各国君王们为君之道。为什么？因为他们拥有选择权。秦王政二十六年以后呢？丞相李斯说得好：

> 臣请史官非秦记皆烧之。非博士官所职，天下敢有藏《诗》《书》、百家语者，悉诣守、尉杂烧之。有敢偶语《诗》《书》者弃市。以古非今者族。吏见知不举者与同罪。令下三十日不烧，黥为城旦。所不去者，医药卜筮种树之书。若欲有学法令，以吏为师。[2]

不要以为秦政是法家思想指导下的极端产物，恰恰相反，这才是皇帝统治之下的常态。汉宣帝不就警告过时为太子的元帝：

> 汉家自有制度，本以霸王道杂之，奈何纯任德教，用周政乎！且俗儒不达时宜，好是古非今，使人眩于名实，不知所守，何足委任！[3]

秦汉以下，大概没有纯任德教的王朝，如公孙弘般"缘饰以儒术"才是常态[4]。士人只能在皇帝允许的范围内活动，或者说士人如想功成名就，就必须投皇帝之所好。杜周就是深谙此道的高手，《史记·酷吏·杜周传》：

> 客有让周曰："君为天子决平，不循三尺法，专以人主意指为狱。狱者固如是乎？"周曰："三尺安出哉？前主所是著为律，后主所是疏为令，当时为是，何古之法乎！"[5]

唯有以"人主意"为指南，"当时为是"，方能加官进爵、荣华富贵。秦汉以

---

① 《史记》卷七三《王翦传》，第 2340 页。
② 《史记》卷六《秦始皇本纪》，第 255 页。
③ 《汉书》卷九《元帝纪》，第 277 页。
④ 《汉书》卷五八《公孙弘传》，第 2618 页。
⑤ 《史记》卷一二二，第 3153 页。

下，有废立、有篡逆，却很少有人对"皇帝"之制是否合理提出质疑。即使到了大分裂、大动乱的魏晋南北朝，皇权衰弱，门阀突起的时代，士人们在反思先秦以来的各种思想以图拯救时局之时，也没有无君之论。田余庆先生说：

> 从宏观考察东晋南朝近三百年总的政治体制，主流是皇权政治而非门阀政治。门阀政治只是皇权政治在东晋百年间的变态，是政治体制演变的回流。门阀政治的存在是暂时性的、过渡性的，它是从皇权政治而来，又依一定的条件向皇权政治转化，向皇权政治回归。皇权政治的各种制度经过南朝百余年的发展，终于与北朝合流而形成隋唐制度的重要渊源。皇权政治在这一曲折反复的变化过程中，本身也起着变化。隋唐的皇权政治并不全同于秦汉的皇权政治。它们之间存在着显著的差别，但毕竟都是皇权政治。[①]

皇权政治是常态，即使门阀政治最盛的东晋，各士族门阀之间也只是围绕谁来当皇帝这个问题有过争论。不论秦汉与隋唐有多少不同，在皇权政治这一点上，没有任何变化。百姓们从来希望的只是有一个好官（官在其管辖的范围内基本就是皇帝），只是有一个好皇帝，从来没想过没有皇帝会怎样，因为那是"无君无父"之论，是大逆不道。百姓们只能祝福皇帝，希望皇帝康健平安，这在北朝的造像记里有很多的例子[②]。百姓们只能赞叹、称颂皇帝的丰功伟绩，《敦煌变文·降魔变文》：

> 伏维我大唐汉圣主开元天宝圣文神武应道皇帝陛下：化越千古，声超百王，文该五典之精微，武折九夷之肝胆。八表总无为之化，四方歌尧舜之风。

同书《长兴四年中兴殿应圣节讲经文》：

> 皇帝万岁，以此开赞，大乘所生功德。谨奉上严尊号皇帝陛下。伏愿圣枝万叶，圣寿千春。[③]

皇帝不仅是人间的主宰，更是护教的法王。人世间的一切，都在皇帝的保

---

① 田余庆：《东晋门阀政治》，北京：北京大学出版社，1996年，第362页。

② 侯旭东：《北朝村民的生活世界》，北京：商务印书馆，2005年，第269—278页。

③ 张涌泉、黄征校注：《敦煌变文校注》，北京：中华书局，1997年，卷四第552页、卷五第617页。

护与庇佑之下。

皇权凌驾于一切权力之上，制度的变革也不能例外。本书所讨论的"三省制"就不断受到来自皇权的影响。自汉代以来常设的"录尚书事"职位，经魏晋南北朝，至隋代就消失了。隋文帝不仅不置"录尚书事"，连"尚书令"也不置，这就打破了常规，成为惯例，以后也被唐代继承。唐长孺先生说，"隋代不置尚书令，当然不是避讳，只是由于尚书省位高权重，文帝、炀帝都不愿有这样一个上逼皇权的宰相"①，这种立足于君权相权之争的看法，虽然被时下学者目为常识，视为简单，却是非常准确的。一般来说，对皇权最大的威胁当然来自于相权，皇权的扩张就是通过不断削弱相权获得的。在不置录尚书事与尚书令的过程中，我们看到的只是皇权在起作用，相权并没有任何反抗，甚至没有任何反应。文帝时期，尚书省的最高长官是尚书仆射，其中尚书左仆射高颎在位十九年之久，位高权重。但是当他卷入废立太子之争，文帝就毫不费力地罢免了他。文帝与高颎之间关系的根基在于信任，在于宠信②。一旦失去了皇帝的信任，在皇权面前，官僚权力或者官僚制度并不能发挥什么作用。炀帝大业三年（607）以后，连尚书仆射都不置，这种空缺不补实际上导致了尚书省退出了决策层面，为唐代尚书省退出决策层提供了一个可资借鉴的方法。炀帝是一个大权独揽的人，从唐初萧瑀的奏对就可以看出，当时朝令夕改，臣下无所适从，这只能说明皇权予取予求，与王言形成最有关系的中书、门下两省形同虚设，只是代天宣命，传声筒而已。隋代皇帝的个人专制主义色彩异常浓厚，政不任下，这也是隋代不会有三省制的根本原因。

杨隋两代而亡，隋末巨大的动乱造成了群雄逐鹿的局面，李唐皇室也是其中的一员。李渊本来就是隋代高级官僚群中的成员，和隋皇室还有亲缘关系，对于隋代中央政治的得失大概不会陌生。李世民南征北战，在李唐一统天下的过程中发挥了最重要的作用。正是由于长期的战争生涯，使得李世民比唐初统治阶层中的任何人都要更加了解战争的残酷与人民的疾苦。巨大的社会波动与王朝更迭的迅速必然使他对皇权有更深刻地了解。因此，李世民对皇权的自我抑制造就了贞观之治。正是由于皇权的让

①唐长孺：《山居存稿》，第303页。
②参见侯旭东：《宠：信—任型君臣关系与西汉历史的展开》"一、引言"，北京：北京师范大学出版社，2018年，第1—21页。

步,官僚机构能够正常运转。虽然唐太宗对于相权的顾忌,使他采取了与隋炀帝一样的策略,即长期对尚书仆射缺而不补,但由于中书、门下二省能够有效运转,客观上使三省制向前推进了一大步。高宗继位之初,给尚书仆射加上"同中书门下三品"的宰相职衔,王素先生形容为"君主的试探"①,这是一个非常贴切地判断。从此以后,尚书仆射当然宰相的地位被限制,那么尚书省作为当然宰相机构的地位也就被限制了。虽然此后五十余年间,拜尚书仆射例带"同三品",但这就为尚书仆射不带"同三品"的宰相衔创造了条件。以后从豆卢钦望不及时加"知军国重事"衔到韦安石单任仆射,尚书仆射终于不再是当然的宰相,官位的价值大打折扣,尚书省也就最终退出了决策层。武则天革唐为周,皇权意识高涨,诏敕不经凤阁鸾台,任官则有"车载斗量"之讥;"中宗时官爵渝滥,因依妃、主墨敕而授官者,谓之斜封",政出多门②;睿宗朝太平公主用事,"其时宰相七人,五出公主门",史谓"军国大政,事必参决,如不朝谒,则宰臣就第议其可否",皇权旁落③。在这样的政治环境下,三省能否正常运作都有疑问,自然不可能形成三省制。皇权的回归与把握是李隆基即位以后面临的最重要问题,没有皇权的拨乱反正,官僚机构的正常运作就是不可能的事。

当玄宗最终清除了太平公主的势力,他选择了太宗朝政治作为学习的榜样。就三省来说,当时尚书省已经退出了决策层,这是三省制形成的最重要环节,这种退出背后的因素是皇权对相权的又一次胜利。由于皇权的排挤,使得西汉中期以来尚书省的权位发生了重大的变化;如果没有皇权的自我抑制,中书、门下两省也不能发挥其职能。所以当历史进入开元时代,一方面,尚书省在制度上不再是宰相机构,变成了执行机构;另一方面,玄宗刻意效法太宗贞观政治,抑制皇权,使中书、门下两省有效运作,至此,我们认为三省制最终形成,《唐六典》的条文正是这一变化的忠实记录。

---

①王素:《三省制略论》,第 200 页。
②《旧唐书》卷七《睿宗纪》,第 155 页。
③《旧唐书》卷一八三《外戚·武承嗣附太平公主传》,第 4739 页。

附录一　杨勇的两个朋友圈

——对隋代废太子案的考察

隋文帝开皇年间废太子杨勇，立晋王杨广为太子，是隋代政治史上的一件大事，韩国磐先生认为"是隋代由盛而衰的一大关键"[①]。对于隋代的这次废太子案，学界从政治史的角度已有很多研究[②]。本文尝试考察杨勇对朋友的选择以及朋友对杨勇的影响，探讨废太子案中的个人因素。

一、文学的朋友圈：以刘大臻、明克让为例

据《隋书·文帝纪》，开皇元年（581）二月，杨坚初即位时，就立嫡长子勇为太子，至开皇二十年十月被废，次年改元仁寿[③]。杨勇任太子近二十年，几乎与开皇一朝相始终。如果据《隋书·百官志下》载隋代太子宫官的官名及定额[④]，再考虑到杨勇作为太子的时长，这必然是一个庞大的群体。但这些人是臣僚、是下属，他们有为太子服务的义务，却未必与太子亲近，其中能被太子认可为朋友的也不多。《隋书·房陵王勇传》：

> 引明克让、姚察、陆开明等为之宾友。

同书《刘行本传》：

> 时沛国刘臻、平原明克让、魏郡陆爽并以文学为太子所亲。[⑤]

综合两段引文可知刘臻、明克让、陆爽、姚察四人为杨勇所亲近，被认为是

---

①韩国磐：《隋炀帝夺位真相》，《读书通讯》第 145 期，第 8—10 页。

②吕思勉：《隋唐五代史》，第 22—25 页。王寿南：《隋唐史》，第 35—37 页。〔日〕宫崎市定：《隋の炀帝》，收入氏撰：《宫崎市定全集》第 7 卷，東京：岩波書店，1992 年，第 299—31□ 页。韩昇：《隋文帝传》，第 449—467 页。袁刚：《隋炀帝传》，北京：人民出版社，2001 年，第 200—218 页，袁先生认为杨广取代杨勇有合理性。刘健明：《论隋开皇年间的政争》，《食货（复刊）》16 卷 7、8 合刊，第 6—18 页。余不备举。

③《隋书》卷一、二，第 13、45 页。

④《隋书》卷二八，第 779—780 页。

⑤《隋书》卷四五，第 1230 页；卷六二，第 1478 页。

宾友,而亲近之由就是文学。以文学见赏于杨勇的当然不止这四人,史传只是举例以概其余,却由此可见他们在太子宾友中的重要性与代表性。这四人或为南朝人,或虽是北朝人,却与南朝文学都有密切关系。唐长孺先生在《论南朝文学的北传》中指出:

> 北魏太和以后文学的复兴实质上即是仿效南朝文学的文体文风,北朝末期,南朝文学完全占领了北方文坛。隋及唐初,虽有人反对南朝轻艳、卑弱的文风,但无实效,无论朝野,时人习诵模仿的仍是南朝著名文人的文章。①

唐先生对于北魏太和以后至隋、唐初时期北方文学师法南朝的判断无疑是准确的。他在论证隋唐间的江左遗风一节中,以隋代杨勇、杨广为例,论证南朝文学是如何深刻影响隋代贵族的②。本节以刘臻、明克让为例,考察杨勇任太子时的朋友圈,对唐先生的论证做一些补充。

刘臻,《隋书》卷七六有传③,新出《大隋故仪同三司饶阳县开国伯刘府君墓志》则更为详细地记载了他一生的经历④。据志文,他本名应是刘大臻。据史传的记载,刘大臻与杨勇的关系似乎特别亲近,《隋书·文学·刘臻传》:

> 皇太子勇引为学士,甚褒狎之。⑤

同书《柳机传附柳肃传》:

> 大业中,帝与段达语及庶人罪恶之状,达云:"柳肃在官,大见疏斥。"帝问其故,答曰:"学士刘臻,尝进章仇太翼于宫中,为巫蛊事。肃知而谏曰:'殿下帝之冢子,位当储贰,诚在不孝,无患见疑。刘臻书生,鼓摇唇舌,适足以相诳误,愿殿下勿纳之。'庶人不怿,他日谓臻曰:'汝何故漏泄,使柳肃知之,令面折我?'自是后言皆不用。"⑥

---

①唐长孺:《论南朝文学的北传》,收入氏撰:《山居存稿续编》,北京:中华书局,2011年,第212页。
②唐长孺:《山居存稿续编》,第220—224页。
③《隋书》卷七六《文学传》,第1731—1732页。《北史》卷八三《文苑传》基本袭用《隋书》文字,第2809—2810页。
④图版及录文见刘文编著:《陕西新见隋朝墓志》,西安:三秦出版社,2018年,第48—52页。以下简称《刘大臻志》,引用时可能更改标点,不再出注。
⑤《隋书》卷七六,第1731页。
⑥《隋书》卷四七,第1274页。

巫蛊秘事,刘大臻能参与其中,显然已经超越了太子宫官匡正得矢的范畴,进入了太子的私人世界。巫蛊在历代都是宫廷最为忌讳之事,隋代也不例外,《资治通鉴·隋纪·文帝开皇十八年》"延州刺史独孤陀有婢曰徐阿尼"条:

> 四月,辛亥,诏:"畜猫鬼、蛊毒、厌魅、野道之家,并投于四裔。"①

猫鬼、蛊毒、厌魅、野道,实际上都是巫蛊,《文献独孤皇后传》就说"后异母弟陀,以猫鬼巫蛊,咒诅于后,坐当死"②。开皇十八年(598)的这份明诏虽然针对的是独孤陀畜猫鬼之事,但是否也是对太子杨勇的警示呢?

　　章仇太翼是当时著名的占卜师,《隋书·经籍志》记有他写的《风角》七卷和《风角要候》一卷③。据本传,"皇太子勇闻而召之"④,居中联络者就是刘大臻。《隋书·房陵王勇传》载文帝废太子诏中就提到了"瀛州民章仇太翼"⑤,同书《艺术·卢太翼传》:

> 及太子废,坐法当死,高祖惜其才而不害,配为官奴。⑥

章仇太翼之才也就是占卜之才,刘大臻之所以能进章仇氏给杨勇,正如柳肃所说,是因为杨勇此时"有疑",所疑者自然是他太子的地位是否稳固。占卜得吉固然皆大欢喜,如果占卜不吉,势必要禳灾祈福,这就很有可能事涉诡道。柳肃正是站在这样的立场上规劝太子修仁孝之道,不要被他人误导⑦。柳肃既然能知道此事,文帝恐怕也知道,所以开皇十八年的诏书很有可能

---

① 《资治通鉴》卷一七八,第5561页。此事又见《隋书》卷二,第43页。《隋书》系此事于开皇十八年五月辛亥,但本条日干有误,见本卷校勘记[一七],此处从《通鉴》。

② 《隋书》卷三六,第1108—1109页。

③ 《隋书》卷三四,第1027页。姚振宗认为,一卷本是七卷本的节要,见氏撰:《隋书经籍志考证》卷三六,收入《二十五史补编》第四册,第5591页。

④ 《隋书》卷七八《艺术传》,第1769页。章仇太翼后被炀帝赐姓卢氏,故又名卢太翼。

⑤ 《隋书》卷四五,第1237页。《资治通鉴》卷一七九《隋纪·文帝开皇二十年》"(十月)己巳"条记为"瀛州术士章仇太翼",第5582页。前举诸人皆有官爵,以"术士"称章仇太翼似较"民"字更接近原诏,也直接点出了杨勇交通术士的罪名。

⑥ 《隋书》卷七八,第1769页。

⑦ 杨勇对于太子地位不稳的恐惧使他忽视了来自于皇帝的警告和来自于臣下的忠告,而且他本人似乎也很热衷于通过占卜来预测吉凶祸福。据本传载:"勇颇知其谋,忧惧,计无所出。闻新丰人王辅贤能占候,召而问之。辅贤曰:'白虹贯东宫门,太白袭月,皇太子废退之象也。'以铜铁五兵造诸厌胜。又于后园之内作庶人村,屋宇卑陋,太子时于中寝息,布衣草褥,冀以当之。"(《隋书》卷四五《房陵王勇传》,第1232页)这次召见是否也是通过他人居中联络不得而知,但杨勇的行为很明显地干犯了禁令。

也带有警告杨勇的意味。

刘大臻与杨勇的这种亲密关系也得到了志文的证明。据《刘大臻志》，这篇墓志铭是由"秘书丞姚察奉令制序，圣制□"。《唐六典·尚书都省》"凡上之所以逮下，其制有六，曰：制、敕、册、令、教、符"条注：

> 皇太子曰令。[1]

所以刘大臻志的序文是由姚察奉太子杨勇之令撰写的，"圣制"之后的阙文应该是"铭"字，即铭文是由杨勇亲自撰写的。撰写序文的姚察正是杨勇的宾友之一，他与刘大臻应该是非常熟悉的。

序文称：

> 王父齐步兵校尉瓛，学贯礼经，德全师表。梁氏之世，追谥简先生。使尚书令沈约制碑，述其名迹。父显，梁云麾邵陵王长史、寻阳太守。

据此，刘大臻的祖父是刘瓛，父亲是刘显，这里需要稍加说明。《梁书·刘显传》：

> 刘显字嗣芳，沛国相人也。父瓛，晋安内史。……显有三子：莠，荏，臻。臻早著名。[2]

《南史·刘瓛附刘显传》：

> 显字嗣芳，瓛族子也。父瓛字仲翔，博识强正，名行自居。……梁天监初，终于晋安内史。
>
> 显幼而聪敏……族伯瓛儒学有重名，卒无嗣，齐武帝诏显为后，时年八岁。本名颎，齐武以字难识，改名显。[3]

因此，刘显本是刘瓛之子，因齐武帝诏命，过继给一代儒宗刘瓛为后，所以序文称刘大臻的祖父为刘瓛。虽然刘瓛有"关西孔子"之称[4]，但刘显是在他死后过继，所以也谈不上什么家学。不过，刘显自幼便被人称为"神童"，

---

①《唐六典》卷一，第 10 页。

②《梁书》卷四〇，第 570、572 页。

③《南史》卷五〇，第 1239 页。

④《文选》卷五四载刘孝标《辩命论并序》云："（刘）瓛则关西孔子，通涉六经，循循善诱，服膺儒行。"（第 2349 页）

又博闻强记，当时名家如任昉、沈约、陆倕等都很看重他。据《梁书·刘显传》：

> 大同九年，王迁镇郢州，除平西谘议参军，加戎昭将军。其年卒，时年六十三。①

显死于大统九年（543），年六十三，上推生年在齐高帝建元三年（481）。据《刘大臻志》序文：

> 以开皇十六年三月遘疾弥留，至于大渐。……以其月廿五日奄捐馆舍，春秋七十三。

大臻死于开皇十六年（596），年七十三，上推生年在梁武帝普通五年（524）。刘大臻二十岁时，父亲刘显才过世，那么他从小应该受到了良好的教育。

序文云：

> 周保定初，晋荡公召为记室。……随千乘公崔穆聘于齐氏，皇华出境，时才将命。

崔穆即崔彦穆，序文所称的这次出使就是指北周武帝天和三年（568）“（十一月）壬子，遣开府崔彦穆、小宾部元晖使于齐”②。众所周知，当时南北交聘，妙选人地，其中才学的优劣是能否当选的一个重要指标③。《隋书·文学·刘臻传》：

> 周冢宰宇文护辟为中外府记室，军书羽檄，多成其手。……左仆射高颎之伐陈也，以臻随军，典文翰，进爵为伯。……臻无吏干，又性恍惚，耽悦经史，终日覃思，至于世事，多所遗忘。④

刘大臻能为宇文护制军书羽檄，为高颎典文翰，正是因为他“耽悦经史，终日覃思”的才学决定的。他能以一个亡国的南朝人在北周、隋都获得赏识，靠得也是才学。

　　正如唐长孺先生指出的那样，当时北方的贵族间弥漫着师法南朝文学

---

①《梁书》卷四〇，第 571 页。
②《周书》卷五《武帝纪上》，第 76 页。
③蔡宗宪：《中古前期的交聘与南北互动》，台北：稻乡出版社，2008 年，第 92—101、416 页。
④《隋书》卷七六，第 1731 页。

的风气,虽然隋文帝崇尚吏治,但他的儿子杨勇却非常喜好文学①。《刘大臻志》序:

> 上嗣礼尊,降情招纳。观开甲地,臣选乙科。……君从班展采,高视群才。

《随故东宫左亲卫辛君墓志》:

> 授东宫左亲卫,非其好也。于时储后爱学,大集典坟。引入书坊,□俾刊定。②

杨勇的爱好文学、典籍,由此可见一斑。既然当时文学的主流在南不在北,北方文人师法的都是南朝的文风,那么"耽悦经史"的南朝文人刘大臻自然也会得到杨勇的喜爱,而绝不仅仅是出于"礼尊"的目的③。杨勇为其墓志撰写的铭文说:

> 邓骘汉崇,张华晋擢,郁此齐镳,宠加文学。方凭献替,以寄心期,奄然风烛,凄悼增悲。

就明白指出刘大臻虽然德比前贤,但真正使他从众人中脱颖而出的却是文学。

　　明克让是经学世家,他的祖父明僧绍、父亲明山宾都是南朝著名的礼学家④。明氏家族并不是跟随司马睿南渡的,但"明氏南度虽晚,并有名位,自宋至梁为刺史者六人",在晚渡士人中算是个例外⑤。究其原因,世代传经,即所谓"传家业"大概是重要的一个因素。

　　明氏出身似乎与刘大臻有别,其实不然。刘瓛是经学名家,也是刘大臻名义上的祖父,但实际与大臻一家的学问没有什么直接的关系,可以不论。父亲刘显却是深通经史之人,这也明显影响到了刘大臻,只是这一家不以经学显名而已。"南朝文学发达,习经之士以兼通文史而见

---

① 唐长孺:《山居存稿续编》,第 221 页。
② 《陕西新见隋朝墓志》,第 123—124 页。
③ 据《刘大臻志》序文,刘大臻是开皇二年(582)入为东宫学士的,当时他五十八岁,直至开皇十六年病亡。
④ 陈寅恪:《隋唐制度渊源略论稿》,第 53—54 页。
⑤ 《南史》卷五〇《明僧绍传》,第 1244 页。参见周一良:《南朝境内之各种人及政府对待之政策》,收入氏撰:《魏晋南北朝史论集》,第 66 页。

推重"①,所以无论是否经学世家,经、文、史三者兼通才是为人所重的关键。因此,明克让这种经学世家并不妨碍其文学的出众。《隋书·明克让传》:

> 著《孝经义疏》一部,《古今帝代记》一卷,《文类》四卷,《续名僧记》一卷,集二十卷。②

大概除了《孝经义疏》一部以外,其他都是文学、史学类的作品。本传又载:

> 时舍人朱异在仪贤堂讲《老子》,克让预焉。堂边有修竹,异令克让咏之。克让揽笔辄成……异甚奇之。……梁灭,归于长安,周明帝引为麟趾殿学士。③

《大隋仪同三司太子内舍人历城侯明府君墓志铭序》:

> 时右卫朱异,任遇当朝,因笃通家,妻之以女。……在周之初,入为麟趾学士,此殿坟素,所积刊定。④

明克让可以揽笔即成咏竹的文章,自然是文学修养很高,这也是朱异会把女儿嫁给他的一个重要原因。《周书·明帝纪》:

> 帝宽明仁厚,敦睦九族,有君人之量。幼而好学,博览群书,善属文,词彩温丽。及即位,集公卿已下有文学者八十余人于麟趾殿,刊校经史。⑤

在麟趾殿充当学士的首要条件是"有文学",明克让入周之初就入选,也说明了他在文学上的成就,这也正是杨勇的爱好。《隋书·明克让传》:

> 太子以师道处之,恩礼甚厚。每有四方珍味,辄以赐之。于时东宫盛征天下才学之士,至于博物洽闻,皆出其下。⑥

《明克让志》:

---

①焦桂美:《南北朝经学史》第一章第七节《南朝经学与文学、文论、史学之互动》,上海:上海古籍出版社,2009 年,第 123—156 页。
②《隋书》卷五八,第 1416 页。
③《隋书》卷五八,第 1415 页。
④《陕西新见隋朝墓志》,第 43—45 页。以下简称《明克让志》,引用时可能更改标点,不再出注。
⑤《周书》卷四,第 60 页。
⑥《隋书》卷五八,第 1416 页。

> 且明两毓德，东朝多才……以君博识，用掌书坊。于是湘素致充，
> 恭承匪懈。

志、传对照，可知传文并非虚言。"明两"即指杨勇①，"东朝多才"也就是"东宫盛征天下才学之士"。明克让以其"博识"即"博物洽闻"获得了太子的尊重，这种博识也必然是经学、文学、史学兼修而以文学的形式表达出来，才能为人所知。

不仅刘大臻、明克让是如此，姚察、陆爽等也以文学为杨勇所赏，唐长孺先生对此已有论证②。我们还可以补充一个例子。《隋故开府仪同三司定州刺史安平李孝公墓志铭》：

> 太子洗马河南陆开明，博物高才，誉重当世。（李）德林愿其叙述，敬托为铭，罔极之心，冀传万古。
> 德林世子百药，太子舍人。③

李孝公即李敬族，他是李德林的父亲，李百药的祖父。陆开明即陆爽，他是齐亡以后与李德林等十余人一起入关的，都是北齐最著名的文人。李德林托陆爽为父撰写墓志铭，可见两人兴趣相投，文学相赏。墓志载李敬族葬于开皇六年（586），李百药当时正在太子舍人任上。《旧唐书·李百药传》：

> 七岁解属文。父友齐中书舍人陆乂、马元熙尝造德林宴集，有读徐陵文者，云"既取成周之禾，将刈琅邪之稻"，并不知其事。百药时侍立，进曰："《传》称'鄅人藉稻'。杜预《注》云'鄅国在琅邪开阳'。"乂等大惊异之。
>
> 开皇初，授东宫通事舍人，迁太子舍人，兼东宫学士。或嫉其才而毁之者，乃谢病免去。……左仆射杨素、吏部尚书牛弘雅爱其才，奏授礼部员外郎，皇太子勇又召为东宫学士。……台内奏议文表，多百药

---

① 《周易正义》卷三"离"卦"象曰：明两作，离。大人以继明照于四方"条《正义》曰："今明之为体，前后各照，故云'明两作，离'，是积累两明，乃作于离。若一明暂绝，其离未久，必取两明前后相续，乃得作离卦之美，故云'大人以继明照于四方'，是继续其明，乃照于四方。若明不继续，则不得久为照临，所以特云'明两作，离'，取不绝之义也。"（〔清〕阮元校刻：《十三经注疏》，北京：中华书局，1980 年，第 43 页）"明两"即两明相继，不绝之义，这里指太子杨勇无疑。
② 唐长孺：《山居存稿续编》，第 221—222 页。
③ 罗新、叶炜：《新出魏晋南北朝墓志疏证（修订本）》一三二号，北京：中华书局，2016 年，第 353 页。

所撰。①

李百药能随口说出徐陵文章的典故,必然是自幼熟读徐文的关系。这也是南朝文学北传的一个例子。李百药的文学才能极高,甚至因此招人妒忌,他两次被杨勇召为东宫学士,可见杨勇对于文学的喜爱。

因此,杨勇以文学好尚为择友标准之一,形成了自己的朋友圈。《隋书·刘行本传》:

> 时沛国刘臻、平原明克让、魏郡陆爽并以文学为太子所亲。行本怒其不能调护,每谓三人曰:"卿等正解读书耳。"②

上引柳䛒传文也说䛒称刘大臻为"书生",刘行本更是直斥三人仅"解读书"而已。这里没有提到姚察,是因为姚察不曾担任过太子宫官,刘、明、陆三人虽为宫官,却不能"调护",仅是纸上谈兵,或是以巫蛊占卜等左道侍奉太子,因此受到刘行本的指责。

这些文人是以文学才能成为杨勇的朋友,除此以外,还有另外一批人也聚集在杨勇周围,他们也是太子的朋友,《隋书》中常称之为"弄臣""幸臣",总之是一些"小人",他们是杨勇被废的重要原因。

二、小人朋友圈的真伪:以废太子诏为中心

《隋书·房陵王勇传》记载了一份诏书,里面详细开列了因废太子而受牵连的人员以及他们的罪名,现征引人名如下:

> 左卫大将军、五原郡公元旻……最为魁首。太子左庶子唐令则……太子家令邹文腾……左卫率司马夏侯福……典膳监元淹……前吏部侍郎萧子宝……前主玺下士何竦……凡此七人,为害乃甚,并处斩,妻妾子孙皆悉没官。
>
> 车骑将军阎毗、东郡公崔君绰、游骑尉沈福宝、瀛州民章仇太翼等四人……可并特免死,各决杖一百,身及妻子资财田宅,悉可没官。副将作大匠高龙义……率更令晋文建,通直散骑侍郎、判司农少卿事元

---

① 《旧唐书》卷七二,第 2571 页。
② 《隋书》卷六二,第 1478 页。

衡……并处尽。①

这份诏书里记载的毫无疑问都是与太子被废有关的相关人员，或者说文帝想要表达的以及让天下后世知晓的直接责任人，就是他们使太子堕落。这份名单按可以是否太子宫官分成两部分。薛道衡宣废杨勇诏曰：

> （皇太子勇）性识庸暗，仁孝无闻，昵近小人，委任奸佞，前后愆衅，难以具纪。②

上引诏书涉及到的太子宫官有唐令则、邹文腾、夏侯福、元淹、阎毗、晋文建六人③，也就是所谓的"小人"。刘行本就曾责备唐令则不能"匡太子以正道"，更是直斥夏侯福为"弄臣"。④《资治通鉴·隋纪三·文帝开皇二十年》载：

> 及勇废，上召东宫官属切责之，皆惶惧无敢对者。（李）纲独曰："……太子性本中人，可与为善，可与为恶。向使陛下择正人辅之，足以嗣守鸿基。今乃以唐令则为左庶子，邹文腾为家令，二人唯知以弦歌鹰犬娱悦太子，安得不至于是邪！此乃陛下之过，非太子之罪也。"⑤

太子宫官当然是太子平时接触的最多的人员，他们有辅佐太子的职责，所以是文帝问罪的直接对象。杨勇周围都是些"以弦歌鹰犬娱悦"的宫官，都不是"正人"。但是这些人却是杨勇的朋友，因为他们能满足杨勇吃喝玩乐的爱好。《隋书·阎毗传》：

> 高祖受禅，以技艺侍东宫，数以瑰丽之物取悦于皇太子，由是甚见亲待，每称之于上。寻拜车骑，宿卫东宫。……太子服玩之物，多毗所为。及太子废，毗坐杖一百，与妻子俱配为官奴婢。⑥

阎毗也是以技艺取悦于东宫，与唐令则等人没有什么区别，也是"小人"。

---

① 《隋书》卷四五，第 1237 页。
② 《隋书》卷四五《房陵王勇传》，第 1236 页。
③ 阎毗是以车骑将军宿卫东宫，见下文所引史料。胡三省以为元衡也是东宫官，《资治通鉴》卷一七九《隋纪三·文帝开皇二十年》"通直散骑侍郎元衡"条胡注曰："隋制，东宫亦有通直散骑侍郎。"（第 5582 页）似乎没有什么依据。
④ 《隋书》卷六二《刘行本传》，第 1478 页。
⑤ 《资治通鉴》卷一七九，第 5583—5584 页。
⑥ 《隋书》卷六八，第 1594 页。

既然他"甚见亲待",自然也是杨勇的朋友。

正如李纲所说,太子杨勇是中人之资,可与为善,可与为恶,关键是看他的周围是些什么人以及他与什么人为友。《旧唐书·许敬宗传》:

> 先是,庶人承乾废黜,宫僚多被除削,久未收叙。敬宗上表曰:
> "……窃见废宫官僚,五品以上,除名弃斥,颇历岁时。……历观往代,此类尤多;近者有隋,又遵斯义。杨勇之废,罪止加于佞人,李纲之徒,皆不预于刑网。古今裁其折衷,史籍称为美谈。"①

杨勇所交,都是"佞人",李纲等正臣从来都不是杨勇信任的对象,他们虽不预于刑网,却也无力挽回太子被废的局面。

诏书里提到的另一批人则是以左卫大将军元旻为"魁首"的非太子宫官群。这批所谓的奸佞小人是否都是杨勇的朋友却很有疑问。萧子宝"进画奸谋",何竦"志图祸乱",两人并处斩。崔君绰、沈福宝事迹不详,章仇太翼事已见前。高龙义和元衡的罪名是:

> 副将作大匠高龙义,豫追番丁,辄配东宫使役,营造亭舍,进入春坊。……通直散骑侍郎、判司农少卿事元衡,料度之外,私自出给,虚破丁功,擅割园地。②

高龙义和元衡都被处自尽,这样的定罪似乎太重了。这里不妨对照一下《唐律》,其中"贷所监临财物""役使所监临""兴造不言上待报""非法兴造""私使丁夫杂匠"等条的规定,并没有严重到要判死刑的地步③。况且他们的违法行为,应该是受到了太子的命令,主从有别,似乎也罪不至死。两人被判自尽,一方面可能是由于文帝朝法律严苛,"尚惨急"④;另一方面,也由于在废太子这件事上,文帝主意已定,是非由爱憎所致。除了这份问罪诏书,这些人与太子是否有私人往来,我们无从判断。而作为"魁首"的元旻,死得就更冤枉。《隋书·元胄传》:

> 房陵王之废也,胄豫其谋。上正穷治东宫事,左卫大将军元旻苦

---

① 《旧唐书》卷八二,第 2762 页。
② 《隋书》卷四五,第 1237 页。
③ 〔唐〕长孙无忌等撰,刘俊文点校:《唐律疏议》,北京:中华书局,1983 年,第 222—226、312—313、318—319 页。
④ 《隋书》卷二五《刑法志》,第 714 页。

谏,杨素乃谮之。上大怒,执旻于仗。胄时当下直,不去,因奏曰:"臣
不下直者,为防元旻耳。"复以此言激怒上,上遂诛旻,赐胄帛千匹。①

同书《房陵王勇传》:

> 左卫大将军、五原公元旻谏曰……旻辞直争强,声色俱厉,上不
> 答。……居数日,有司承素意,奏言左卫元旻身备宿卫,常曲事于勇,
> 情存附托。在仁寿宫,裴弘将勇书于朝堂与旻,题封云勿令人见。高
> 祖曰:"朕在仁寿宫,有纤小事,东宫必知,疾于驿马。怪之甚久,岂非
> 此徒耶?"遣武士执旻及弘付法治其罪。②

元旻是由于苦谏废立激怒了文帝,杨素谮于前,元胄陷于后,最终被杀。所
谓泄漏文帝在仁寿宫事,明显是有司承杨素之意编造出来的。从现有史料
上来看,元旻是否与杨勇有私人的往来,是否附托于勇都大有可疑,他只是
一个被制造出来的朋友而已。

　　杨勇的罪行,最多也就是近小人、远君子,要是说他有什么无君无父、
犯上作乱之心,实在也没什么证据。左卫大将军元旻与杨勇的勾结,意指
太子有谋逆之心,大概也是事后编造,疑窦重重。怎样让天下后世都相信
太子确有重罪,而且是罪有应得,这的确是一个颇费心思的问题。

三、朋友的出卖:姬威的证词

《隋书·房陵王勇传》:

> 晋王又令段达私于东宫幸臣姬威,遗以财货,令取太子消息,密告
> 杨素。于是内外喧谤,过失日闻。段达胁姬威曰:"东宫罪过,主上皆
> 知之矣,已奉密诏,定当废立。君能告之,则大富贵。"威遂许诺。③

姬威是东宫的"幸臣",当然是杨勇的朋友,如果按照废太子诏的定义,他也
属于"小人"。他在段达的威逼利诱之下,答应出卖太子的信息以换取日后
的"大富贵"。

　　关于姬威生平,传世文献如《隋书》仅见于杨勇本传,《北史》《通鉴》等

---

①《隋书》卷四〇,第 1177 页。
②《隋书》卷四五,第 1234—1235 页。
③《隋书》卷四五,第 1233 页。

全同，幸有墓志出土，使我们对他的生平有了一定的了解。据《隋金紫光禄
大夫备身将军司农卿敦煌太守汾源良公姬君铭》：

> 公讳威，字永兴，河南洛阳人也。……大象元年，授右内侍。洎皇
> 猷既建，霸府新开，乃授仪同三司、领丞相府右帐内。大定元年，进授
> 开府仪同三司，领右帐内如故。开皇元年，授太子内率，其年九月，又
> 授太子左内率。二年八月，封岢岚县开国侯，食邑五百户。十二年八
> 月，以相府长上诏授开府仪同三司。十三年又授太子右卫率。仁寿二
> 年正月又授右备身将军。[1]

志文称姬威是河南洛阳人，大概是在北魏孝文帝迁都洛阳以后重新著的
籍。他是北周姬源的弟弟，对于这支的籍贯以及世系的考订，岑仲勉、王仲
荦两位先生已有考论[2]。另据《疏证》，姬威生于西魏文帝大统十五年
（549），那么他开皇元年（581）授太子内率时年三十二岁。可能到了当年九
月，太子内率才分左右，所以又授太子左内率。据《隋书·百官志下》，太子
左内率正四品上，仅次于太子三师三少，与太子卫率、宗卫率、太子左庶子
平级[3]，是太子府内的高级将领。姬威三十二岁就做到这个官职，可能与
他曾在北周末年杨坚的霸府里任职有关，所以在开皇十二年才会以北周末
年相府长上的身份，获授开府仪同三司的散实官。

　　姬威从开皇元年太子府建立时就出任内率了，大概到开皇二十年杨勇
被废，一直在太子府任职。他是杨勇的幸臣，甚至可能是密友，大概当时朝
廷中人都知道两者的关系，所以段达才会想办法对他进行胁迫。朝廷内外
关于太子行事的流言，也正是姬威泄漏给杨素的。

　　在废立太子这件事上，文帝是主意已定，杨素是推波助澜。《隋书·房
陵王勇传》：

> （开皇二十年）九月壬子，车驾至自仁寿宫……高祖既数闻谗谮，
> 疑朝臣皆具委，故有斯问，冀闻太子之愆。……令杨素陈东宫事状，以

①《新出魏晋南北朝墓志疏证（修订本）》二〇八号，第 529 页。

②〔唐〕林宝撰，岑仲勉校记，郁贤皓、陶敏整理，孙望审订：《元和姓纂（附四校记）》卷五，北京：中华
　书局，1994 年，第 660—661 页。王仲荦：《〈元和姓纂四校记〉书后》，收入氏撰：《蜡华山馆丛稿》，
　北京：中华书局，1987 年，第 468—470 页。

③《隋书》卷二八，第 785 页。

告近臣。……左卫大将军、五原公元旻谏曰……旻辞直争强，声色俱厉，上不答。是时姬威又抗表告太子非法。高祖谓威曰："太子事迹，宜皆尽言。"……于是勇及诸子皆被禁锢，部分收其党与。杨素舞文巧诋，锻炼以成其狱。勇由是遂败。[①]

元旻是左卫大将军，也就是"近臣"，杨素所陈东宫事状，看来并不能服众，文帝也只能以沉默对抗元旻的谏诤，从而表明自己的态度。姬威的出现与控告打破了这一僵局，他的证词是什么，其实并不重要。如果看看《房陵王勇传》所载姬威的证词，其实与此前杨素告近臣的证词一样，无非是论证太子早有不臣之心。重要的是，证人的身份不同。杨素是外臣，他在开皇朝根本没有当过一天太子宫官，所说即使有据，也不免令人生疑。姬威却完全不同，他从本朝建立就一直在太子府任职，与太子的亲密关系也是人尽皆知。他是亲见亲闻亲历者，他的证词对太子来说才是最具有杀伤力。所以，在姬威陈说之后，史载"勇及诸子皆被禁锢"，杨勇被废已成定局。

四、余论

《隋书·房陵王勇传》：

> 时高祖令选宗卫侍官，以入上台宿卫。高颎奏称，若尽取强者，恐东宫宿卫太劣。高祖作色曰……盖疑高颎男尚勇女，形于此言，以防之也。[②]

文帝选东宫的宗卫侍官以为己之宿卫，显然已不信任太子，意指东宫宿卫兵强，或有兵变弑君之嫌，如刘劭弑刘义隆之比。本段史料尚有一事需注意，即高颎与杨勇为儿女亲家，文帝既疑勇，必不能不疑颎。勇既被君父猜疑，复失爱于母后，《隋书·房陵王勇传》：

> 勇多内宠，昭训云氏，尤称嬖幸，礼匹于嫡。勇妃元氏无宠，尝遇心疾，二日而薨。献皇后意有他故，甚责望勇。[③]

文献皇后于夫妇之义督责文帝甚严，复以此道强求诸子。太子失爱于亲

---

①《隋书》卷四五，第 1233—1235 页。
②《隋书》卷四五，第 1231 页。
③《隋书》卷四五，第 1231 页。

母,与此大有关联。《隋书·高颎传》:

> 时太子勇失爱于上,潜有废立之意。谓颎曰:"晋王妃有神凭之,言王必有天下,若之何?"颎长跪曰:"长幼有序,其可废乎!"上默然而止。

同书《文献独孤皇后传》:

> 时皇太子多内宠,妃元氏暴薨,后意太子爱妾云氏害之。由是讽上黜高颎,竟废太子立晋王广,皆后之谋也。①

后必欲上黜高颎,为何?因高颎为尚书左仆射,总统朝政之故。文帝有废立之意,明知高颎与杨勇为亲家,而不得不谋于高颎者,也是这个原因。文帝当然可以不顾众臣反对,强行废换太子,但他并不想这么做,他很希望获得百官特别是尚书省最高长官的支持,当他从高颎那里得不到这种支持时,他就不能不罢免高颎。所以,开皇十九年(599)八月,文帝借王世积案中泄露宫禁中事免颎官,高颎本传说"上欲成颎之罪"②,可谓道出了其中真相。高颎之被罢免,虽有各种原因,如文帝的猜疑,臣僚的不满,但是否废太子一个重要的因素,而高颎本身担任尚书左仆射使他不能不被卷入这件事的核心。《隋书·高颎苏威传》史臣曰:

> 属高祖将废储官,由忠信而得罪;逮炀帝方逞浮侈,以忤时而受戮。若使遂无猜衅,克终厥美,虽未可参纵稷、契,足以方驾萧、曹。继之实难,惜矣!③

唐人就很明白地指出高颎在文帝朝的得罪,废太子案是其中重要的原因。开皇十九年八月,尚书左仆射高颎免,时任右仆射的杨素成为尚书省的最高长官,他本来就是废立太子的幕后推手,此时再无阻拦文帝的障碍了。

杨勇既受文帝的猜忌,复失爱于母后,外有百官之首的杨素积极赞成,内有宫官近臣姬威的告密,废立一事,再无疑义。

在探讨了杨勇的两个朋友圈之后,再来看《房陵王勇传》的一段史料:

---

① 《隋书》卷四一,第 1182 页;卷三六,第 1109 页。
② 《隋书》卷四一《高颎传》,第 1183 页。
③ 《隋书》卷四一,第 1191—1192 页。

> 勇颇好学，解属词赋，性宽仁和厚，率意任情，无矫饰之行。①

因为杨勇"颇好学，解属词赋"，所以他将南北双方精通文学之人聚在身边，这些人是"书生""解读书"，虽然无用，却也无害②。杨勇是"宽仁和厚"的，即使他知道刘大臻将双方的对话泄露给柳肃，造成柳肃的面折廷争，他也没有将刘氏逐出东宫，反而在刘氏死后，亲自撰写了墓志的铭文。杨勇也是"率意任情，无矫饰之行"的，所以他会干犯文帝禁令，召术士入宫占卜吉凶，也会宠信昭训云氏，全然不顾母后的愤怒。杨勇有文学的朋友圈，也有小人的朋友圈，文学满足他精神上的享受，小人满足他物质上的追求，这本来也是人之常情。《北齐书·文苑传》序：

> 后主虽溺于群小，然颇好讽咏，幼稚时，曾读诗赋，语人云："终有解作此理不？"及长亦少留意。③

如果撇开两人成败不论，就会发现杨勇与北齐后主竟是如此地相似。这种相似性的背后，除了个人的心性之外，最重要的就是环境的影响，具体到人，也就是朋友圈是怎样构成的。

---

① 《隋书》卷四五，第 1230 页。
② 这批文学上的朋友，刘大臻、明克让、陆爽三位太子宫官都死于杨勇被废之前，但文帝追怒陆爽，将他的儿子陆法言除名（《隋书》卷五八《陆爽传》，第 1420 页），刘、明二人的后嗣是否被牵连，史无明文。但是非太子宫官的姚察似乎并没有受到什么处分，可见文帝处罚的对象并不是"以文学为太子所亲"为标准的。
③ 《北齐书》卷四五，第 603 页。

附录二 隋代秘书省研究

——从身份到学问的转变

一、问题的提出

秘书省是隋代所设诸省之一。文帝时期,秘书省下设著作、太史二曹,炀帝则对秘书省机构、诸官官品以及吏员数量都有所调整。就职掌来说,研究者大多是根据《隋书·百官志》所载萧梁秘书省"掌国之典籍图书",北齐秘书省"典司经籍"[①],认为隋秘书省"掌艺文图书之事",也就是主管皇家图书馆。无论从秘书省的沿革,还是从前后朝代秘书省的职掌来看,上述论断应该是正确的。

从目前的研究史来看,除了通史、职官制度史对隋代秘书省作一些例行的介绍以外,对于秘书省的研究多集中于唐代。如吴炯炯、王瑞芳两先生考察了隋代秘书省机构改革,考证了秘书有内外省之别,搜罗了隋代秘书学士的资料,在政治制度史的框架内对隋代秘书省的发展做了一些研究;赵永东先生在详细谈到唐代秘书省建置与职能的同时,附带追述一下隋代[②]。

应该说,对于隋代秘书省的研究是比较缺乏的。隋代秘书省的职掌与前朝相比并没有太大的不同,如果单纯地将秘书省问题置于政治制度史的范畴内来把握,似乎题无剩意,这可能也是学界不愿意对之深究的原因。但我们换一个角度,将隋代秘书省的问题放到魏晋南北朝时期门阀社会的框架下,就会发现新的意义。我们知道,魏晋南北朝时代是一个门阀贵族的时代,门阀士族最重视的,一是"婚",一是"宦"。入仕为官,按照当时的

---

①《隋书》卷二六,第 723 页;卷二七,第 754 页;卷二八,第 775 页。

②吴炯炯、王瑞芳:《隋代秘书省相关问题考论》,《图书与情报》2010 年第 1 期;赵永东:《谈谈唐代的秘书省》,《文献》1987 年第 1 期。另外如曹之:《唐代秘书省群僚考略》,《图书与情报》2003 年第 5 期;曾祖陶:《唐宋时期的馆阁制度》,《文献》1991 年第 2 期,等等,都是讨论唐代秘书省权责变化的论文。

习惯或规定,有所谓清浊之分①。甲族高门只做清官,而且最重视起家官。恰巧秘书省的秘书郎就是所谓"甲族起家之选,待次入补,其居职,例数十百日便迁任"的清官美职,著作佐郎也是"起家之选"②。那么,将隋代秘书省放在汉唐间门阀势力盛衰的背景下,通过考证隋代秘书省主要官职任职者的履历,对于认识门阀贵族在隋代所处的地位,评价隋代在从魏晋南北朝通向大唐帝国道路上所起的作用,都可以从某个方面提供具体的证据。

二、隋代秘书省主要官员任职考证

为浏览方便计,制成隋代秘书省主要官员任职情况表(表三)。因为太史曹自隋代开始才划归秘书省管辖,与前代并无比较的意义,所以暂不计入。表后并附有一些相关官员的必要考证。

表三　隋代秘书省主要官员任职情况表

在位皇帝	官名	人名	籍贯	资料出处
文帝	秘书监	牛弘	安定	《隋书》49
	秘书丞	姚察	吴兴	《陈书》27
		许善心	高阳	《隋书》58
	秘书郎	何蔚	西城	《隋书》75
		柳调	河东	《隋书》47
		韦协	京兆	《隋书》47
		牛方大	安定	《汇考》5/490
		杨孝偡	弘农	《汇考》3/227
	著作郎	杜台卿	博陵	《隋书》58
		王劭	太原	《隋书》69
		魏澹	钜鹿	《隋书》58

①参见唐长孺:《论北魏孝文帝定姓族》,收入氏撰:《魏晋南北朝史论拾遗》,北京:中华书局,2011年,第79—92页;周一良:《〈南齐书·丘灵鞠传〉试释兼论南朝文武官位及清浊》,收入氏撰:《魏晋南北朝史论集》,第80—100页。
②《梁书》卷三四《张缅传》,第493页;《隋书》卷二六《百官志上》,第723页。

续表

在位皇帝	官名	人名	籍贯	资料出处
文帝	著作佐郎	刘善经	河间	《隋书》76
		王劭	太原	《隋书》69
		王颎	太原	《隋书》76
		韦协	京兆	《隋书》47
		薛德音	河东	《隋书》57
		徐敏恭	东莞	《疏证》128
炀帝	秘书监	柳䛒	河东	《隋书》58
		萧玚	兰陵	《汇考》4/362
		袁充	陈郡	《隋书》69
	秘书少监	王劭	太原	《隋书》69
		袁充	陈郡	《隋书》69
	秘书郎	王眘	琅邪	《隋书》76
		虞世南	会稽	《旧唐书》72
		袁庆隆	无考	《隋书》15
	著作郎	王劭	太原	《隋书》69
		诸葛颍	丹阳	《隋书》76
	著作佐郎	陆从典	吴郡	《隋书》76
		王胄	琅邪	《隋书》76
		薛德音	河东	《隋书》57
		虞绰	会稽	《隋书》76
		庾自直	颍川	《隋书》76
		蔡允恭	荆州	《旧唐书》190

说明:《隋书》49 表示《隋书》卷四九。《汇考》5/490 表示王其祎、周晓薇编著:《隋代墓志铭汇考》第五册,四九〇号。《疏证》128 表示罗新、叶炜:《新出魏晋南北朝墓志疏证(修订本)》一二八号。余类同。

1.秘书监

(1)牛弘

牛弘是文帝朝第一位秘书监,《隋书·牛弘传》:

> 开皇初,迁授散骑常侍、秘书监。

据其本传，开皇三年(583)，他由秘书监拜礼部尚书，以后在开皇六年，由礼部尚书除太常卿，开皇十九年再由太常卿拜吏部尚书，似乎再未回到秘书省任职①。但据《音乐志下》：

> (开皇)十四年三月，乐定。秘书监、奇章县公牛弘……等奏曰。②

开皇十四年的这次定乐是文帝朝政治史上的一件大事，从《文帝纪》《音乐志》《牛弘传》可以知道，此次定乐是从开皇九年平陈以后就开始讨论，直到开皇十四年方才确定下来。《文帝纪下》在开皇九年十二月专门颁布了一次制礼作乐的诏书和参与议定者的名单，当时的牛弘是太常卿；至开皇十四年的四月，再次颁布诏书，肯定了此次五年左右的考订音乐的成果。而乐定时上奏的名单就保存在上举的《音乐志下》中。所以从开皇九年到开皇十四年之间，牛弘曾经由太常卿转任过秘书监，以后又由秘书监转任太常卿。

(2)萧玚

《隋书·萧岿附萧璟传》：

> 玚，历卫尉卿、秘书监、陶丘侯。③

另据《隋故秘书监左光禄大夫陶丘简侯萧君墓志铭并序》：

> (大业)四年，守秘书监。五年，即真秘书监……七年，行幸幽燕，有事辽碣。诏检校左骁卫将军，余并如故。以其年十二月十七日遘疾，薨于涿郡蓟县之燕夏乡归善里。④

据此知萧玚在大业四年(608)守秘书监，至大业七年十二月死于秘书监任上。

(3)袁充

《隋书·袁充传》：

> 其后天下乱，帝初罹雁门之厄，又盗贼益起，帝心不自安。充复假托天文，上表陈嘉瑞，以媚于上曰……书奏，帝大悦，超拜秘书令……

---

①《隋书》卷四九，第 1297、1300、1305、1308 页。
②《隋书》卷一五，第 359 页。
③《隋书》卷七九，第 1795 页。
④《隋代墓志铭汇考》第四册，三六二号，第 245 页。

字文化及杀逆之际,并诛充,时年七十五。①

炀帝被突厥围于雁门,事在大业十一年(615)。而袁充上陈嘉瑞的表文中提到的种种瑞应,与《天文志下》相比勘,就可断定此表必上于大业十二年末②。因此,袁充的超拜秘书令也当在大业十二年末或大业十三年初,并死于字文化及之难③。

2.秘书郎

(1)牛方大

《隋故内史舍人牛府君墓记》:

> 开皇十七年,起家任秘书郎。廿年,诏直内史省,修起居。大业八年,迁尚书仪曹郎。④

牛方大在开皇十七年(597)起家任秘书郎,直至大业八年(612)方迁尚书仪曹郎,前后任秘书郎达十五年之久。

(2)杨孝偡

《大隋屯骑尉秘书郎上明国世子杨府君墓志》:

> 仁寿三年迁屯骑尉、秘书郎……以其年五月十八日卒于京师太平

---

① 《隋书》卷六九,第 1612—1613 页。

② 《隋书·袁充传》载充所上表文中有云:"其一,去八月二十八日夜,大流星如斗,出王良北,正落突厥营,声如崩墙。其二,八月二十九日夜,复有大流星如斗,出羽林,向北流,正当北方。依占,频二夜流星坠贼所,贼必败散。其三,九月四日夜,频有两星大如斗,出北斗魁,向东北流。……其六,去年十一月二十日夜,有流星赤如火,从东北向西南,落贼帅卢明月营·破其橦车。"(第1612—1613 页)《五行志下》:"(大业十一年)十二月戊寅,大流星如斛,坠贼卢明月营,破其冲輣,压杀十余人。……(大业十二年)八月壬子,有大流星如斗,出王良阁道,声如隤墙;癸丑,大流星如瓮,出羽林。九月戊午,有枉矢二,出北斗魁,委曲蛇形,注于南斗。"(第 614 页)卢明月事,袁充表文称"去年",按《五行志》记卢明月事在大业十一年,则上表必在大业十二年。八月二十八、二十九两日有大流星如斗,依据陈垣《二十史朔闰表》的比定,正是《五行志》所记大业十二年八月的壬子、癸丑(北京:古籍出版社,1956 年,第 83 页)。仅表文所称"九月四日"当为丁巳,比《五行志》的戊午要早一天,未知孰是。尽管如此,将这道表文的上奏时间定在大业十二年末应该是不错的。

③ 〔清〕陆耀遹撰:《金石续编》卷六《夫人袁氏权殡志》载:"祖□,随秘书监,赠上柱国阳夏县开国公。"(《石刻史料新编》第一辑第 4 册,台北:新文丰出版公司,1982 年,第 3119 页)瞿中溶认为:"此言其祖隋秘书监及阳夏县开国公正相合。盖史言秘书令,实秘书监之误乜。然其祖下所阙其名之一字当充也。"(〔清〕瞿中溶撰:《古泉山馆金石文编残稿》卷一,《石刻史料新编》第二辑第 3 册,台北:新文丰出版公司,1979 年,第 1642 页)瞿氏的意见是正确的,志主袁氏之祖应当就是袁充。但瞿氏认为秘书令是秘书监之误,似乎未考虑炀帝改秘书监为秘书令的记载。

④ 《隋代墓志铭汇考》第五册,四九〇号,第 382 页。

坊宅,春秋廿有六。①

杨孝偡在仁寿三年(603)迁秘书郎,其年即死。

(3)虞世南

《旧唐书·虞世南传》:

> 大业初,累授秘书郎,迁起居舍人。②

《唐六典·中书省》"起居舍人,从六品上"条注曰:

> 隋炀帝三年……置起居舍人二人……始以虞世南、蔡允恭为之。③

因此,虞世南迁起居舍人当在大业三年(607),他任秘书郎则是从大业初至大业三年④。

3. 著作郎

(1)王劭

《隋书·王劭传》:

> 拜著作郎。劭上表言符命曰……炀帝嗣位,汉王谅作乱……劭以此求媚,帝依违不从。迁秘书少监,数载,卒官。
>
> 劭在著作,将二十年,专典国史,撰《隋书》八十卷。⑤

本传在说王劭拜著作郎之后,有一份上表,言杨隋符命,这篇表文的最后说"自六年以来……"⑥,则当在开皇六年(586)以后,似王劭之拜著作,也当在开皇六年左右,而且王劭在著作近二十年,汉王谅作乱,劭以改汉王氏求媚于帝,迁秘书少监。汉王谅作乱在仁寿四年(604)八月,且《律历志下》提到大业元年(605)时,劭仍是著作郎⑦。则王劭可能于大业初或稍后即迁秘书少监,自开皇六年至大业初,也符合史籍"将二十年"的表述。

---

①《隋代墓志铭汇考》第三册,二二七号,第 104 页。

②《旧唐书》卷七二,第 2566 页。

③《唐六典》卷九,第 278 页。

④《新唐书》卷一〇二《虞世南传》:"大业中,累至秘书郎。炀帝虽爱其才,然疾峭正,弗甚用,为七品十年不徙。"(第 3969 页)所记有错误。据上所考,虞世南于大业三年已迁起居舍人,起居舍人官从六品。不过,虞世南任起居舍人以后似未再升迁,直至炀帝被弑,大业共十四年,倒是可以说"为六品十年不徙"。

⑤《隋书》卷六九,第 1602、1609 页。

⑥《隋书》卷六九,第 1604 页。

⑦《隋书》卷一八,第 461 页。

（2）诸葛颖

《隋书·诸葛颖传》：

> 炀帝即位，迁著作郎……后录恩旧，授朝散大夫……后征吐谷浑，加正议大夫。后从驾北巡，卒于道，年七十七。①

据《音乐志下》及本传，知诸葛颖大业元年（605）迁著作郎，以后所授朝散大夫、正议大夫都是炀帝朝的散职，而本官著作郎似未再升降。《宫人朱氏墓志铭》的撰人题曰"著作郎诸葛颖制"，朱氏宫人据墓志葬于大业二年②，是诸葛颖大业二年时仍为著作郎无疑。又《经籍志四》也有"著作郎《诸葛颖集》十四卷"③，颖可能卒于著作郎任上。而帝征吐谷浑在大业五年（609），其后之北巡，似指大业十一年炀帝巡北塞被突厥围于雁门之事。所以，诸葛颖任著作郎的时间应当是从大业元年至大业十一年。

4. 著作佐郎

（1）刘善经

《文学传》只记善经"历仕著作佐郎、太子舍人"④，不记年代。考善经在北齐时已知名⑤，入隋任著作佐郎，似当在文帝时。

（2）薛德音

《隋书·薛道衡附薛孺传》：

> 从子德音，有隽才，起家为游骑尉。佐魏澹修《魏史》，史成，迁著作佐郎。……世充平，以罪伏诛。⑥

薛德音是因为帮助魏澹修《魏史》，才迁著作佐郎的。他起家游骑尉，据《百官志下》，吏部置游骑尉在开皇六年（586）⑦，因此他任著作佐郎当在开皇六年之后。但他是否一直担任该职似有疑问。《旧唐书·王世充传》说他

---

① 《隋书》卷七六，第 1734 页。

② 《隋代墓志铭汇考》第三册，二五〇号，第 183 页。

③ 《隋书》卷三五，第 1081 页。

④ 《隋书》卷七六，第 1748 页。

⑤ 《北齐书》卷四五《文苑传》讲到北齐后主高纬雅好文学，使文学之士待诏文林馆。传文说"虽然，当时操笔之徒，搜求略尽。其外如广平宋孝王、信都刘善经辈三数人，论其才性，入馆诸贤亦十三四不逮之也"（第 604 页），知善经齐末已以文名显于世。

⑥ 《隋书》卷五七，第 1414 页。

⑦ 《隋书》卷二八，第 792 页。

担任过世充黄门侍郎①，这不是隋官，可以不论。《册府元龟·总录部·不忠》："薛德音，大业末为著作郎。"②因此，似可认为薛德音在大业末时已由著作佐郎迁著作郎。如果这个推测成立的话，那么他任著作佐郎时间可能长达十余年。

（3）虞绰

《隋书·虞绰传》：

> 初为校书郎，以藩邸左右，加宣惠尉。迁著作佐郎，与虞世南、庾自直、蔡允恭等四人常居禁中……以渡辽功，授建节尉。……及玄感败后，籍没其家，妓妾并入宫。③

宣惠尉是武散职，炀帝定文武散职在大业三年（607），即虞绰迁著作佐郎不会早于此年。以后他以渡辽功所授的建节尉也是散职。杨玄感败在大业九年，因此，虞绰任著作佐郎当在大业三年至大业九年间。

（4）蔡允恭

《旧唐书·蔡允恭传》：

> 仕隋历著作佐郎、起居舍人。④

《隋故桃林县令王府君墓志》撰人题曰"著作佐郎摄起居舍人事济阳蔡允恭"，志主葬于大业十一年（615）⑤，知蔡允恭在大业十一年时任著作佐郎摄起居舍人，而任著作佐郎的起讫时间已不可考。

上文多是依据新出墓志或传世文献的点滴记载来考订一些隋代秘书省相关官员的任职履历⑥，在这个过程中，新出墓志提供的新史料对于研究工作的开展是起到很大作用的，如有新出史料，所作考证自当随时更正。

---

① 《旧唐书》卷五四，第 2234 页。

② 《宋本册府元龟》卷九二三，第 3665 页。

③ 《隋书》卷七六，第 1739—1740 页。

④ 《旧唐书》卷一九〇上，第 4988 页。《新唐书》卷二〇一《蔡允恭传》只载"仕隋，历起居舍人"（第 5730 页）。

⑤ 《隋代墓志铭汇考》第五册，四三七号，第 139—140 页。

⑥ 表三所列是史传或碑志中有确切记录的，有些存疑的暂未列入。如杜台卿兄蕤子公瞻，《元和姓纂（附四校记）》卷六说他是"隋著作郎"（第 934 页，岑仲勉考证认为"公赡"是"公瞻"之误），但《隋书》只记他卒于安阳令，所以并未列入表三。

三、隋代秘书省主要官员的家世考订

在基本考证清楚隋代秘书省主要官员的人选以后，我们准备回到本文最初提到的问题上来，即隋代秘书省的主要官员是否仍具有"清官"的性质，是否仍然是甲族起家之选。

1. 秘书监（令）

牛弘是安定人。从其本传来看，本姓寮氏，至父允时方才位列高官，赐姓牛氏。《元和姓纂》说安定这一支牛氏"状云牛金之后"[①]，恐为依托。牛氏至西魏北周时期方才发迹，算不上魏晋旧门。

柳䛒是河东人。河东柳氏是士族没有问题，但是这一支在永嘉乱时即已过江，迁于襄阳[②]。本支中的柳元景就是刘宋的名将，可见柳䛒父、祖虽在萧梁担任高官，却非一流高门。

萧场是萧梁皇族，即兰陵萧氏。兰陵萧氏确是高门甲族，柳芳所谓"过江则为侨姓，王谢袁萧为大"[③]。但正如唐长孺先生指出的那样，萧氏是以刘宋外戚起家，本身出自寒微，以后因为是齐梁两代帝王，方才成为高门甲族[④]。

袁充是陈郡人。陈郡阳夏袁氏自东汉四世五公以来就是第一流高门。《元和姓纂》称"袁氏自后汉、魏、晋至梁、陈，正传世二十八人，三公、令仆一十七人"[⑤]。

2. 秘书少监

王劭是太原人。太原王氏是五姓七家之一，高门甲族。不过，王劭的太原王氏却甚为可疑。本传只记父官而无祖官，甚至连祖父名讳也没有留下来。《元和姓纂》之中也没有关于这一支的任何记载，所以，可以认为王劭即使真出于太原王氏，也是早就没落的一支。

---

① 《元和姓纂（附四校记）》卷五，第 705 页。〔宋〕邓名世撰，王力平点校：《古今姓氏书辩证》卷一八所载略同（南昌：江西人民出版社，2006 年，第 262 页）。

② 《元和姓纂（附四校记）》卷七，第 1111—1112 页。

③ 《新唐书》卷一九九《儒学中·柳冲传》，第 5677—5678 页。

④ 唐长孺：《士族的形成和升降》，收入氏撰：《魏晋南北朝史论拾遗》，第 61—62 页。

⑤ 《元和姓纂（附四校记）》卷四，第 439 页；《古今姓氏书辩证》卷七所载同（第 105 页）。唯《辩证》引《姓纂》无"世"字，岑仲勉校记已疑今本《姓纂》"世"字衍。

3. 秘书丞

姚察是吴兴人。吴兴姚氏并非名门，据《陈书》本传及《周书·姚僧垣传》[1]，除了九世祖姚信做过孙吴太常卿以外，一直要到他的父亲姚僧垣方历高位。但是姚僧垣出入官场在很大程度上凭借的是高妙的医术，所以《周书》将他列入《艺术传》。

许善心是高阳人。高阳许氏是名门望族，善心父祖在南朝历位通显，以后因为善心之子敬宗在唐高宗、武则天朝的地位，高阳许氏更是到达了权力顶峰[2]。南北朝时期的许氏虽然说不上是冠盖相望，可也是代不乏人。

4. 秘书郎

何蔚是何妥之子，西城人。从其祖父也就是何妥之父以经商事梁武陵王纪，以知金帛事致富来看，先世绝非名族，很有可能都不是士族。

柳调是河东人。河东柳氏自是士族，不过这一支要到魏周之际方才贵显起来[3]，说不上是汉魏以来的旧门。

韦协是京兆人。京兆杜陵韦氏是名门，本传也说这一家"世为关右著姓"。

牛方大是牛弘之子，安定牛氏见前文论牛弘部分。

杨孝偘据墓志是弘农人。弘农华阴杨氏是自东汉杨震以来就是名门望族，不过也正因为如此，所以杨氏冒认弘农华阴者甚多，实际上杨震的嫡脉在北魏时已难以详考[4]。从墓志来看，其祖杨宽历魏、周两朝高官，父杨纪即杨文纪，是杨素从父，《隋书》卷四八有传，所以杨孝偘与杨素是从兄弟。这一支杨氏都是魏周时期崛起，而非汉魏以来旧门，无论是从杨素的本传还是杨孝偘的墓志上都可以看出这一点。

王眷是琅邪人。琅邪临沂王氏，江左第一流高门，其祖王筠在自序中引沈约的话说"自开辟已来，未有爵位蝉联，文才相继，如王氏之盛者也"[5]。

虞世南是会稽人。会稽余姚虞氏是江东旧族，而且是个经学世家。我

①《周书》卷四七，第 839—844 页。
②赵超编著：《新唐书宰相世系集校》卷三，北京：中华书局，1998 年，第 470—473 页。
③《元和姓纂（附四校记）》卷七，第 1108—1109 页。
④唐长孺：《魏书杨播传自云"弘农华阴人"辨》，收入氏撰：《山居存稿续编》，第 97 页。
⑤《梁书》卷三三，第 487 页。

们知道虞翻的注《周易》在汉末江东有一定的影响,是当时继承汉儒注经方式的有代表性的几种《易注》之一①。据《元和姓纂》,世南正是虞翻这一支的直系后裔②。

袁庆隆世系无考。

5. 著作郎

杜台卿是博陵人。虽然《元和姓纂》说这一支"与京兆同承魏仆射杜畿"③,但明显在声望上不能与京兆杜氏相比。这一支是从杜台卿父杜弼开始才做到高官,而且后世似乎也没有什么声望,不仅《新唐书·宰相世系表》没有记载这一支杜氏,姓氏书中也只记到台卿的子辈④,似乎这一支到唐代就完全湮没无闻了。

魏澹是钜鹿人。钜鹿下曲阳魏氏是大族,本传也说"称为著姓"。

诸葛颖是丹阳人。丹阳建康著姓并无诸葛氏一支,而且这一家是从诸葛颖的祖父诸葛铨时方见记载,肯定不是旧族。

6. 著作佐郎

刘善经是河间人。本传不记父祖官位,知非旧族。《古今姓氏书辩证》记"河间刘氏,代郡部落大人,魏河间公提之后"⑤。知河间刘氏不仅非旧族,恐尚有胡族嫌疑。

王頍是太原人。太原王氏是高门大族,王頍父王僧辩更是梁陈之际的名将。不过,王頍在江陵被北周攻陷时随诸兄入关,可以说,他们在北方并没有什么根基,以至于姓氏书中在记载王僧辩诸子时都没有入关这几人的名字。

薛德音是河东人。河东汾阴薛氏为地方大族,薛宗起与北魏孝文帝争执薛氏是否得入郡姓的问题为人习知,《古今姓氏书辩证》引魏《太和姓族品》曰:"柳、裴、薛为河东三姓。"⑥可知薛氏在河东的地位,不过薛氏并非

---

①唐长孺:《读〈抱朴子〉推论南北学风的异同》,收入氏撰:《魏晋南北朝史论丛》,北京:中华书局,2011年,第352—353页。

②《元和姓纂(附四校记)》卷二,第228页。

③《元和姓纂(附四校记)》卷六,第934页。

④《新唐书宰相世系表集校》卷二"杜氏"条;《元和姓纂(附四校记)》卷六,第934—935页;《古今姓氏书辩证》卷二四,第362页。

⑤《古今姓氏书辩证》卷一八,第257页。

⑥《古今姓氏书辩证》卷三八,第592页。

一流高门,否则也无需与孝文帝争执姓族高下。

徐敏恭是东莞人,徐之范子。据罗新、叶炜对《徐之范墓志》所做的疏证,我们大致可以把握中古东阳徐氏一族的大致情况①。但值得注意的是,《元和姓纂》将这一支的地望称为"东阳",而墓志则明确记载为"东莞姑幕",而《元和姓纂》另记一支以"东莞姑幕"为地望的徐氏早已"子孙无闻"②。徐之范一支的地望或与其祖父文伯曾做过东莞太守有关。不过这一家在之范这一代,就随梁豫章王琮由南入北,虽是士族,但并非高门。

陆从典是吴郡人,陆琼子③。吴郡陆氏是江左四姓,高门大族。

王胄是王睿弟,是琅邪王氏,当然的高门甲族。

虞绰是会稽人。会稽余姚虞氏已见前文考论虞世南家世,虞绰不知与世南是否同族。

庾自直是颍川人。颍川庾氏在汉代还是出身卑微,由于魏晋间官位显赫,成为江左第一流高门④。但是庾自直这一支恐怕与东晋庾亮、冰兄弟的世系并无关系,本传只记载了他父亲的官位是陈羽林监,是个七品小官,而完全没有涉及他祖父的名讳、官位,可知绝非高门。

蔡允恭是荆州人。《旧唐书》本传记为荆州江陵人,不知是这一支早就著籍于江陵,还是因为允恭父大业出仕后梁以后才落的籍。济阳蔡氏虽是地方大族,而且允恭父大业在《元和姓纂》中也记于"济阳考城县"支之下,不过岑仲勉早就指出这里有脱文⑤。因此无法判定蔡允恭一支是否出于济阳蔡氏,从其父祖官位来看,应是士族。

从隋代秘书省官员的家世可以看出,任职者中有出自魏晋以来的第一流高门,如陈郡袁氏、兰陵萧氏、琅邪王氏;其他则多为地方大族,如河东柳氏、京兆韦氏、河东薛氏等等,这些并不是所谓"甲族";更有甚者,如何蔚,恐怕连士族都算不上,隋代居然也在秘书省任职了。

四、隋代秘书省任官人员分析

依据上文的考论,隋代秘书省主要官员中,虽然多数来自于士族家庭,

①《新出魏晋南北朝墓志疏证(修订本)》一二八号,第335—341页。
②《元和姓纂(附四校记)》卷二,第203—204页。
③《陈书》卷三〇《陆琼传》,第398页。
④唐长孺:《士族的形成和升降》,收入氏撰:《魏晋南北朝史论拾遗》,第58—59页。
⑤《元和姓纂(附四校记)》卷八,第1250页。

但大部分并非南北朝以来的一流门阀,有些恐出于依托,有些则可能连士族都算不上。说明隋代秘书省诸官虽然仍以士族担任为主要途径,但已绝非甲族独占之地。既然传统上以甲族充任秘书省官员的旧规被打破,那么,隋代秘书省主要官员的选任又以什么为依据? 这当然不能从甲族出身,甚至也不能从士族出身的秘书省官员的履历中寻找,只能在一些可能并非士族的秘书省官员中寻求答案。

　　比如著作佐郎刘善经。刘善经在《北齐书》里出现在《文苑传》,因为高纬好文学,所以"操笔之徒,搜求略尽"。他在《隋书》里列于《文学传》,本传说他"尤善词笔"。看来,工于文学,善作词赋是他能进入秘书省的主要资本。

　　再如秘书郎何蔚。虽然史料对于何蔚的情况记载很少,但其父何妥列于《儒林传》,我们现在试作分析。何妥的父亲以善经商得幸于梁武陵王萧纪,这一家很有可能是寒门。何妥则是以"技巧事湘东王,后知其聪明,召为诵书左右"[1],这才进入学术道路。恰又碰上北周陷江陵、杨隋代周,何妥以其经学知识仕隋为国子博士。从考定音律以及与苏威在考定文学上发生争论等问题上,可以看出他在经学、文学上都有一定的成就。何蔚生长在这样的家庭中,不难推知他出任秘书郎很有可能是以经学、文学方面的造诣为凭借,因为这一家确实无任何家世背景可言。

　　因此,综合这两例,我们可以做一个推论,在隋代,决定秘书省官员的任职人选,相对于家世背景来说,可能更加看重经学、文学方面的造诣。

　　对于以上的推论,还必须以史料为证。就秘书监、少监、丞等省级官员来说,牛弘是主持隋代修订礼仪诸事的主要人物,以杨素之恃才傲物,犹且礼让三分,并称之为"旧学""衣冠礼乐尽在此矣"[2],可知牛弘以学问著称。柳䛒则是杨广为晋王时,所招引诸才学之冠,并每为杨广所作篇章润色。姚察在陈本就做过秘书监领著作,后主称他"学艺优博",杨坚也称之为"学行当今无比"[3]。许善心在陈举秀才,文帝称他"文不加点,笔不停豪"[4]。

①《隋书》卷七五《何妥传》,第 1710 页。
②《隋书》卷四九《牛弘传》,第 1308、1309 页。
③《陈书》卷二七《姚察传》,第 351、352 页。
④《隋书》卷五八《许善心传》,第 1424、1426 页。

就秘书郎来说,王眘列于《文学传》;虞世南与兄世基,"时人方之二陆"①。就著作郎来说,杜台卿是《玉烛宝典》的作者②;王劭撰《隋书》《齐书》③;王頍,"当代称为博物"④;王胄、虞绰、庾自直均列于《文学传》。由此,我们可以相信,隋代秘书省官员的选任,虽然家世仍然是参考的一个方面,但绝不是决定性的。朝廷更看重的应该是经学、文学等方面的学术因素。

讲到经学、文学等学术问题,就必须要考虑到南北地域因素。周武帝虽然灭北齐,隋文帝虽然灭陈朝,但地域性的差异以及由此造成的学术文化方面的差异并不是短时间能够消除的。魏晋之际,就已经有"北人学问渊综广博""南人学问清通简要"的说法,《隋书·儒林传序》也说"南人约简,得其精华;北学深芜,穷其枝叶",虽然前后南北界限并不一致⑤,但所指称地域性差异所导致的学术性差异是相同的。唐长孺先生指出:

> 十六国及北朝前期,北方由于战乱,文学亦无成就,北魏太和以后文学的复兴实质上即是仿效南朝文学的文体文风,北朝末期,南朝文学完全占领了北方文坛。隋及唐初,虽有人反对南朝轻艳、卑弱的文风,但无实效,无论朝野,时人习诵模仿的仍是南朝著名文人的文章。⑥

据此可知,自南北朝至于隋及唐初,由于政治形势、社会环境的不同,南朝文学的发展远胜于北朝,那么,在讲求以学术为选任标准之一的隋代秘书省,这种情况是否有所体现呢? 就这一问题,我想分成文帝、炀帝两个时期来讲。

文帝时期,秘书监牛弘是由周入隋之人,但秘书丞姚察、许善心都是著称陈朝的文士。姚察是开皇九年平陈以后就诏授秘书丞的,文帝称"平陈唯得此一人"⑦;许善心以陈使身份聘隋,就被拘留不遣。值得注意的是,

---

①《旧唐书》卷七二《虞世南传》,第 2566 页。

②《隋书》卷五八《杜台卿传》,第 1421 页。

③《隋书》卷六九《王劭传》,第 1609 页。

④《隋书》卷七六《王頍传》,第 1732 页。

⑤唐长孺:《读〈抱朴子〉推论南北学风的异同》,收入氏撰:《魏晋南北朝史论丛》,第 348—358 页。

⑥唐长孺:《论南朝文学的北传》,收入氏撰:《山居存稿续编》,第 212 页。

⑦《陈书》卷二七《姚察传》,第 352 页。

文帝朝可考的著作郎中，杜台卿、王劭、魏澹、刘善经均是仕于北齐的文人；王頍仕于后梁，江陵陷后入关，视为南朝文人并无不可；薛德音是薛道衡从子，其受北齐文学之影响也不难推知；徐敏恭父徐之范自梁入北齐，则敏恭所受教育也非关中之旧。因此，仅有著作佐郎韦协一人是属于关陇人物。唐长孺先生指出"魏末北齐间北方出现了一批代表性的文人。……其实北之于南乃是师承关系，而非相互争雄"①，北齐所产生的一批文人基本上都以南朝文学为楷模，而这也正是周隋政权所最缺乏的②。

其实不仅文学如此，礼仪制度即有关经学方面的问题，陈寅恪先生早已指出：

> 隋文帝虽受周禅，其礼制多不上袭北周，而转仿北齐或更采江左萧梁之旧典，与其政权之授受，王业之继承，迥然别为一事，而与后来李唐之继杨隋者不同。③

据寅恪先生的论证，当日江左萧梁与山东北齐之经学也远胜关陇。所以，在以掌管图书典籍与历史编纂等学术性事业为主的秘书省，大量任用南朝与北齐人士也不足为怪了。不过，文帝以彼之长补己之短时，并未放弃关陇集团的利益，在上举牟发松先生的论文里，他指出"隋朝两次朋党事件，在很大程度上是关陇集团对朝廷内部的山东士人的一次清洗，它进一步证实了周隋政权对山东士人的警惕和敌意"。从文帝时期秘书省的任职人员名单上，也能看出这一点。秘书省最高长官秘书监牛弘是关陇集团的人物，而且与著作郎、佐郎的人选不同，秘书郎的人选几乎全部出于西魏北周政权，而与北齐、南朝无关④。这也应该反映了文帝在大量任用北齐、南朝人士时对关陇集团利益的维护，维持着以关陇集团人物为主导的平衡。

炀帝时期在秘书省官员的任命上则彻底颠覆了文帝时期的方针。秘书监柳䛒曾仕于梁，萧场是萧梁皇室，袁充曾仕于陈，秘书少监王劭则出于

①唐长孺：《论南朝文学的北传》，收入氏撰：《山居存稿续编》，第214页。

②当然，周隋政权对于北齐文人的应用，不仅仅在于文学知识方面，还有出于稳定统治考虑的一面，可参见牟师发松：《旧齐士人与周隋政权》，《文史》2003年第1辑。

③陈寅恪：《隋唐制度渊源略论稿》"二　礼仪"，第57页。

④据前文所考，只有秘书郎何蔚之父何妥来自后梁，但这一家是寒门，也无任何家学可言。

北齐①。秘书郎王脩、虞世南都是陈灭入隋的人。著作郎诸葛颍本仕于梁，侯景之乱，奔北齐，齐亡不得调，后为晋王参军。著作佐郎陆从典是陈吏部尚书陆琼子，陈灭入隋；王胄、虞绰、庾自直都是陈灭入隋；薛德音应视为北齐一系已见上述；蔡允恭则是后梁入周之人。除了秘书郎袁庆隆家世不可考之外，其余秘书省众官无一来自关陇集团。这自然与炀帝个人崇重江左文化的心理有密不可分的联系②，也从掌管文化学术、图书典籍的官僚机构上再次证明了唐先生南朝文学优于北朝的观点。虽然秘书省并不是涉及政治核心的权力机构，但炀帝的这种醉心南朝文化以至于在国家政治层面上都有所倾斜的政策必然会引起关陇集团中坚的不满，隋朝的崩溃未必与此无关。

五、后论

周一良先生指出：

> 至于秘书著作，为甲族起家之选，其为清职又不待论矣。尝推原所以，大抵上述诸官其先专用高门，习之既久，世遂目为高门专利。门阀之显与官位之清遂互相呼应，连为一事。③

南朝如此，北朝自魏孝文帝太和定姓族以来也是如此，唐长孺先生说：

> 在南朝，士庶的官职、婚姻都有严格的区别。元宏把这一套完全抄袭过来。他颁布了统一官制的命令，把过去部落残遗的制度和随时设置的官称一律废除，根据汉魏以来以至晋宋的制度规定一个新的官制。在新的官制中明白规定了官职的清浊。④

北魏在门阀与官位的关系上比南朝走得更为极端，两晋南朝在士族高低与

---

① 牟师发松在《旧齐士人与周隋政权》一文中指出："在齐亡入关的山东文士中，不乏尽力巴结关中政权以求升进之辈，最典型的莫过于'河朔清流'太原王劭，他和来自陈朝的'江南望族'陈郡袁充，都是以替杨坚代周制造符瑞而著名。……对于旧齐士人巴结关中朝廷的行径，'河朔清流'中第一流高门卢思道深恶痛绝，他在'指切当时'的《劳生赋》中，毫无隐晦地抨击了王劭之流的行径。"
② 唐长孺：《论南朝文学的北传》，收入氏撰：《山居存稿续编》，第223—224页。
③ 周一良：《〈南齐书·丘灵鞠传〉试释兼论南朝文武官位及清浊》，收入氏撰：《魏晋南北朝史论集》，第93页。
④ 唐长孺：《拓跋族的汉化过程》，收入氏撰：《魏晋南北朝史论丛续编》，北京：中华书局，2011年，第163页。

官爵升降的搭配只是一种习惯,而"以朝廷的威权采取法律的形式来制定门阀序列,北魏孝文帝定士族是第一次"①。秘书著作在南朝既然是甲族起家之选,北魏仿效晋宋制度,自然也不例外。宋齐虽无秘书省名称,但秘书、著作二郎署均在秘书监辖下,自梁设省,梁陈秘书省所统与宋齐同;北朝自北魏设省,魏齐秘书省所统与南朝同②。

　　隋代在官制结构上并未采取北周的六官制,而是恢复魏晋旧制,秘书省除了移入太史局以外,与南北朝时期在职能和统属上并无不同。颜之推曾引梁朝俗谚"上车不落则著作,体中何如则秘书"③,以此讥讽当时贵游子弟尸位素餐,全无学术。著作、秘书均是秘书省该管,颜氏此言无疑指斥秘书省为高门所据,毫无作为。从对秘书省主要官员的考证基础上,我们却发现了隋代与南北朝时期在选任秘书省官员时的不同。隋代秘书省官员的选任虽然不能说完全不受门第观念的影响,但是应该说更关注的是任官者个人的学术修养,更多的是依照职位的要求去选人,而非按照门第的要求去选官。从隋代秘书省官员的身上,我们更多看到的是他们对于礼制的争论,对于文学的创作,而不是家世的炫耀。

　　造成这一现象的原因当然是多方面的。首先,杨隋前任北周就是一个崇尚"选无清浊",要求实行自魏末以来"贤才主义"理想的朝代,西魏"六条诏书"的颁布就体现了这一点。但是,正如谷川道雄先生指出的那样,"要之,门阀主义也好,贤才主义也好,可以说都是士人的立场"④,换句话说,自孝文帝以来持"贤才主义"立场者,他们力求打破的是士族内部的门第而非士庶之别。而隋文帝似乎走得比孝文帝、苏绰等人更远,从前代只有甲族方可入职的秘书省中,到了隋代,居然出现了像何蔚这样的寒门,如果再考虑到隋代秘书省诸官在学术上多有造诣这一点,就可以知道隋代的"贤才主义"不仅要打破士族内部的门第,更是要打破士庶之别,或者说隋文帝在这个过程中就是一个"彻底的实用主义者"⑤。

---

①唐长孺:《论北魏孝文帝定姓族》,收入氏撰:《魏晋南北朝史论拾遗》,第91页。
②《隋书》卷二六《百官志上》,第723页;卷二七《百官志中》,第754页;《唐六典》卷一〇《秘书省》"秘书省:监一人,从三品"条注,第296页。
③王利器:《颜氏家训集解(增补本)》,北京:中华书局,1993年,第148页。
④〔日〕谷川道雄:《増補　隋唐帝国形成史論》,東京:筑摩書房,1998年,第157页。
⑤〔日〕宮崎市定:《九品官人法の研究》,《宮崎市定全集》第6卷,東京:岩波書店,1992年,第407页。

　　其次,就选官体制来说,支撑门阀社会的是九品中正制。九品中正制到了隋代已经是强弩之末①,而"南北朝后期北朝的举秀、孝和南朝的明经射策从考试内容上特别是从放宽门第限止上说已经为唐代科举制度开辟了道路"②,旧选官体制的崩溃和新选官体制的成立从隋代秘书省的研究中都可以清楚地呈现出来。秘书省对任官者的门第是放开了,但是门第的放开不等于无条件的选任,任官者大多具备学术成就,这种不以门第而以学问为选官的标准在理论上正是科举制度兴起的反映。

　　最后,既然选任的标准由门第转变成了学问,自然艺高者得官的机会较大。在作为国家学术机构的秘书省里,这种倾向体现得尤为明显。北朝文学本不如南朝,北周政权又是原本局限于关陇一隅之地,文学艺术不仅无法与南朝相提并论,与师法南朝的北齐也不能一较高下。马克思说"野蛮的征服者,按照一条永恒的历史规律,本身被他们所征服的臣民的较高文明所征服"③。北周与隋,相对于北齐与陈朝来说,虽然是征服者,但文化上的落差使前者在不经意间就受到后者的深刻影响。就秘书省的任官者来看,如果说隋文帝还有保证关陇集团利益的意识,维持三方利益平衡的话,炀帝则是"一边倒"地进用南朝文学之士充任秘书省各级官吏。

　　我们之所以在隋代众多官僚机构中选取秘书省作为研究对象,是因为南北朝时期的秘书省是被高门甲族占据的,是一个以门第为标准选官的典型机构。而通过对这一机构在隋代任职者、籍贯的考察,可以比较清楚地看到门阀势力的衰退,取而代之的是以学术为新标准的倾向日益增长。这种现象的背后,体现在选官体制上,就是九品中正制度的衰亡与科举制度的兴起,因此,如果仅以学术而论,这个时期的原南朝、北齐系士人在任官时占有明显的优势,这从对史料的考论上也可以看出来。

　　因此,"平流进取,坐至公卿"也就是门阀因素的势力正逐渐褪去,"依倚道艺"也就是学术影响的时代已经来临。

————————

① 对于九品中正制到底废于何时,史料有不同的记载,史学界也存在不同的看法,参见张旭华:《隋及唐初九品中正制的废除》,《史学月刊》2009年第8期。

② 唐长孺:《南北朝后期科举制度的萌芽》,收入氏撰:《魏晋南北朝史论丛续编》,第148页。另参见〔日〕宫崎市定:《九品官人法の研究》,第457—459页。

③ 马克思:《不列颠在印度统治的未来结果》,收入中共中央马克思恩格斯列宁斯大林著作编译局编译:《马克思恩格斯文集2　1848—1859年》,北京:人民出版社,2009年,第686页。

附录三　隋代县令杂考

汉唐时期，县是最基层的地方政府，因此，县的长官县令、县长或以县为国称相者，是为最基层的地方行政长官。关于秦汉魏晋南北朝时期的县府组织，严耕望先生已有经典性的研究；关于唐代的县，学界也一直给予相当的关注①。相对于汉魏六朝、唐代来说，隋代县的研究却乏人问津。一是因为史料问题，众所周知，传世典籍的记载大都重中央轻地方，隋代又国祚短促，文献不足征；二是因为"隋唐"作为研究领域不言自明的前提，加上唐制的确大部继承了隋制，所以以唐代的县制来涵盖隋代，似乎也没有什么太大的问题②。本文尝试勾稽传世文献与出土文献中关于隋代县政的一些史料，并以县令为例，探讨这一已往研究中比较忽视的问题。

一、县的等级

隋初，地方行政有州、郡、县三级，开皇三年(583)"罢郡，以州统县"，改三级制为两级制，炀帝虽然又"罢州置郡"③，以郡统县，实际并元不同。

隋县千余，决非铁板一块，而是地位有高低，选任有考量。隋初继承北齐之制，县分上中下三等，每等又有上中下的差别，形成三等九级制。其中，京兆所属大兴、长安两县与他县不同。两县县令官品在从五品下，不仅高于从六品上的上县令，而且高于正六品上的下郡太守；每县属员合一百

---

①严耕望：《中国地方行政制度史甲部·秦汉地方行政制度》第五章《县廷组织》，台北：中研院史语所，2006年影印；《中国地方行政制度史乙部·魏晋南北朝地方行政制度》卷上第六章《(魏晋南朝)县府组织》、卷下第六章《(北朝)县府组织》，台北：中研院史语所，1980年。赖瑞和：《唐代中层文官》第四章《县令》，台北：联经出版事业公司，2008年；《唐代基层文官》第三章《县尉》，台北：联经出版事业公司，2004年。张玉兴：《唐代县官与地方社会研究》（天津：天津古籍出版社，2009年）则是比较全面地研究了唐代县级官府组织及其与地方社会的关系。余不备举。

②吕思勉先生认为："世界上那有真相同的事情？所谓相同，都是察之不精，误以不同之事为同罢了。"（《吕思勉全集》第2册《吕著中国通史》"绪论"，上海：上海古籍出版社，2016年，第8页）

③《隋书》卷二八《百官志下》，第792、802页。

四十七人,不仅多于上上县的九十九人,而且多于上上郡的一百四十六人[①]。虽然崇重京县权威是北朝以来的传统[②],但县令地位高于郡守,以下凌上,行政运作中也确有滞碍难通之处,隋改三级制为两级制,大概也有这方面的考虑在内。后来炀帝虽然改州为郡,并将"大兴、长安、河南、洛阳四县令,并增为正五品"[③],但他同时也提高了郡太守的品级,当时的下郡太守被提高到了从四品,还是比这四县令的官品要高,地方行政制度中的层级问题,应该是解决了。

三等九级制本是区分等级的惯用手法,魏晋以来的"九品官人之法"大概也与此有关[④],但这种区分诸县等级的方法在隋代并没有一以贯之地执行下去。《隋书·百官志下》载隋文帝时:

> (开皇)十四年……改九等州县为上、中、中下、下,凡四等。

据此可知,开皇十四年(594)时,除大兴、长安两县外,将原来三等中的中等分出中下一级,形成了新的四等之制。隋文帝划分四等之制的原因、依据,我们都不知道。同卷又载炀帝时:

> 诸县皆以所管闲剧及冲要以为等级。[⑤]

这次的依据是闲剧冲要,并再一次划定诸县的等级。那么,炀帝时期,全国县的等级,除了大兴、长安、河南、洛阳四县以外,是三等九级制还是四等制?笔者认为大概仍是开皇十四年新划定的四等制。众所周知,唐县有赤(京)、次赤、畿、次畿、望、紧、上、中、中下、下,十等之差[⑥]。赤(京)、畿、望、紧的划法不见于前代,是唐代首创,但划分的依据显然也是闲剧及冲要。除此以外的县按四等划分,却是继承了开皇十四年的隋制,唐初似乎没有对诸县的等级问题有过讨论,说明这种四等划分之制自隋代成立以后没有

①《隋书》卷二八《百官志下》,第 783、784、786 页。
②严耕望:《中国地方行政制度史乙部·魏晋南北朝地方行政制度》,第 625—626 页。
③《隋书》卷二八《百官志下》,第 802 页。
④中正清定九品,一品徒有其名,是不授人的,参见唐长孺:《九品中正制度试释》,收入氏撰:《魏晋南北朝史论丛》,第 105 页。另参刘啸、潘星辉:《从"以多为贵"到"以少为贵":品秩数列反转探微》,收入虞万里主编:《经学文献研究集刊》第十二辑,上海:上海书店出版社,2014 年。
⑤《隋书》卷二八,第 793、802 页。
⑥按照区分标准的宽严,也有七等之说,两者实际相同,参见赖瑞和:《唐代中层文官》,第 236—251 页。

经过反复,也就说明隋炀帝时的县的等级是四级。赖瑞和先生认为唐代州县分为十等是在高宗总章二年(669)由裴行俭创始的①,应该指出的是,新创的唐制中包含了对隋制的继承与发展。

　　关于县的等级,还有一个问题需要提出来。《隋书·百官志下》载隋文帝时王、二王后及公侯伯子男国均有国令,等级从流内视从六品至视正八品,这其中当然有以县为国者,但是大概都不是治民的县官,所以以后炀帝把国令都改成了家令,同时只留下王、公、侯三等爵位,并没有引起什么混乱②。另外,本卷载隋代百官之中,只见县令,未见县长。众所周知,自汉代以来,以户数为标准,县大者置令,小者置长。魏晋南朝虽不严格执行此一标准,但有令有长。北魏前期有令有长,后期授任渐滥,居县者皆为令,北齐、北周则都是县令③。隋代是否上承北齐、北周只置令呢?《通典·职官一五·县令》:

　　　　隋县有令、有长。④

就明白指出隋县既设令也设长,但隋以什么原则来区分县令、长却很不清楚。即使隋炀帝以闲剧及冲要为县划分等级,但似乎也并未执行。《隋书·李密传》:

　　　　(李)密攻下巩县,获县长柴孝和,拜为护军。⑤

《资治通鉴考异》引《略记》及《杂记》系此事于恭帝义宁元年(617)二月⑥,此时巩县的长官为县长。巩县,隋属河南郡,有兴洛仓;唐也属河南郡,是畿县⑦。据《元和郡县图志》的记载,巩县西至唐东都洛阳仅一百四十里,四面有山河之固,地理位置十分重要。隋炀帝时,河南、洛阳两县上升至京县地位,近旁巩县的地位恐怕也不会太低,加上巩县是兴洛仓所在,军事上

---

①赖瑞和:《唐代中层文官》,第248—251页。

②《隋书》卷二八,第790、801—802页。本卷说文帝时"子、男无令"(第782页),但官品表的"流内视品十四等"中又说"子、男国令"在视正八品(第790页),未知是否曾有改动。

③严耕望:《中国地方行政制度史乙部·魏晋南北朝地方行政制度》,第317—324、625—630页。

④《通典》卷三三,第919页。

⑤《隋书》卷七〇,第1628页。

⑥《资治通鉴》卷一八三《隋纪七·恭帝义宁元年》"道路降者不绝如流,众至数十万"条,第5722—5723页。

⑦《隋书》卷三〇《地理志中》,第834页;《新唐书》卷三八《地理志二》,第982页;《元和郡县图志》卷五《河南道一》,第133—134页。

也具有重要意义。《隋书·李密传》：

> （李）密与（翟）让领精兵七千人，以大业十三年春，出阳城，北逾方
> 山，自罗口袭兴洛仓，破之。开仓恣民所取，老弱襁负，道路不绝。①

这批道路不绝的老弱中，大概也是以巩县民居多。无论从战略地位、经济
意义还是人口规模来说，巩县的地位也应该在中县之上，但这个县却是设
县长而不是县令。

又《崔长先墓志》：

> 释褐黄州黄陂县尉，以治政有功，超迁监察征史。……出为许州
> 司兵参军，转襄城郡主簿，迁河南郡新安县长……于时东夏未宾，圣皇
> 旰食，以公艺用优洽，谋略纵横，可绥静方隅，弼成岳牧，以本官检校陕
> 州总管府长史。王世充窃名假号，旅拒三川，秦王受赈出军，方清四
> 险。……以武德八年岁次乙酉七月癸巳朔，十四日景午，终于洛州公
> 馆，春秋六十有二。②

崔长先卒于唐高祖武德八年（625），年六十二，上推生年在北齐武成帝河清
三年（564）。即使崔氏十八岁释褐，也已经是隋开皇元年（581）。他又以许
州司兵参军转襄城郡主簿，迁河南郡新安县长，前州后郡，则崔氏任新安县
长必在炀帝改州为郡之后。新安县，隋属河南郡；唐也属河南郡，是畿
县③。据《元和郡县图志》，新安东至唐东都洛阳仅七十里，而且隋代还有
冶官设于此地，地理位置与经济地位都不差，但也是设县长而不是县令。

又《姜蕃墓志》：

> 隋文受禅，授秦王右府司兵，迁长史东阁祭酒，除博州清平县
> 令……病免久之，除并州晋阳县长。仍属隋政不纲，生灵涂炭，群后有
> 瞻乌之望，天下成逐鹿之情。④

---

① 《隋书》卷七〇《李密传》，第 1628 页。
② 图版见洛阳古代艺术博物馆编、陈长安主编：《隋唐五代墓志汇编·洛阳卷》第 2 册，天津：天津
　古籍出版社，1991 年，第 2 页；录文见周绍良、赵超编《唐代墓志汇编》武德〇〇五号，上海：上海
　古籍出版社，1992 年，第 3 页。
③ 《隋书》卷三〇《地理志中》，第 834 页；《新唐书》卷三八《地理志二》，第 983 页；《元和郡县图志》
　卷五《河南道一》，第 142 页。
④ 《姜蕃墓志》，未见图版，录文见张维：《陇右金石录》卷二，收入《石刻史料新编》第一辑第 21 册，
　台北：新文丰出版公司，1982 年，第 15984 页。标点为笔者所加。

姜謩,两《唐书》有传,《旧唐书·姜謩传》:

> 謩,大业末为晋阳长,会高祖留守太原,见謩深器之。①

隋末有太原郡而无并州,墓志只是以习惯称之。太原是防守北方突厥的门户之一,唐高祖李渊当时就受命镇守于此。太原因为是李渊龙兴之地,所以唐代的晋阳县是赤县,隋代的定级恐怕也不会在中县以下。晋阳县相对上举的巩县、新安县,还有一个特殊之处,《旧唐书·刘文静传》:

> 隋末,为晋阳令,遇裴寂为晋阳宫监,因而结友。②

据此,则大业末晋阳又设有县令。按照惯例,县令地位要高于县长,但两者是否可以同时设置,还是晋阳县长官已由县长升为县令,这些都不清楚。

应该注意的是,这三位县长的任命都是在炀帝朝,《隋书·百官志下》说"(炀)帝自三年定令之后,骤有制置,制置未久,随复改易"③,从县长设置上来看,确实如此。

二、县令的迁转

《隋书·百官志下》载隋文帝时:

> 刺史、县令三年一迁,佐官四年一迁。④

这是隋文帝时,全国县令迁转的一般规则。正如上文所说,县是有等级的,由下县令任中县令是迁,由县令任州、郡官员也是迁,这中间的弹性就很大了。

县令中的第一等当然是长安、大兴两县令,炀帝时还要加上河南、洛阳两县令。《隋书·梁毗传》:

> 开皇初,置御史官,朝廷以毗鲠正,拜治书侍御史,名为称职。寻转大兴令,迁雍州赞治。⑤

本条称"雍州赞治"而不称"雍州司马",必在开皇三年(583)"罢郡、以州统

---

① 《旧唐书》卷五九,第 2332—2333 页。《新唐书》卷九一《姜謩传》略同,第 3791 页。
② 《旧唐书》卷五七,第 2290 页。
③ 《隋书》卷二八,第 803 页。
④ 《隋书》卷二八,第 792 页。
⑤ 《隋书》卷六二,第 1479 页。

县,改别驾、赞务,以为长史、司马"①之前。大兴令官品在从五品下,雍州赞治官品在从四品下,官品上直接跃过了正五品。雍州为京师所在,大概也只有长安、大兴县的县令可以直接升任雍州州官②。

不仅如此,长安、大兴两县的县令,还经常由中央官来兼任。《隋书·长孙览附从子炽传》:

> 还授太子仆,加谏议大夫,摄长安令。……寻领右常平监,迁雍州赞治,改封饶良县子。

同书《刘行本传》:

> 在职数年,拜太子左庶子,领治书如故。……复以本官领大兴令,权贵惮其方直,无敢至门者。……未几,卒官。

同书《郎茂传》:

> 茂自延州长史转太常丞,迁民部侍郎。……仁寿初,以本官领大兴令。炀帝即位,迁雍州司马,寻转太常少卿。③

长孙炽是以太子仆摄长安令,刘行本是以太子左庶子领大兴令,郎茂是以民部侍郎领大兴令,都是中央官领或摄县令。其中,刘行本卒官,长孙炽与郎茂以后都是迁雍州赞治(司马)④,与上举梁毗的迁转途径有相似之处。

县令中的第二等是除大兴、长安两县令之外的雍州诸县令。《隋书·循吏·房恭懿传》:

> 时雍州诸县令每朔朝谒,上见恭懿,必呼至榻前,访以理人之术。

---

①《隋书》卷二八《百官志下》,第792页。"赞务"应作"赞治",唐人避高宗讳改。
②《隋书》卷六六《高构传》:"高祖受禅,转冀州司马,甚有能名。征拜比部侍郎,寻转民部。……迁雍州司马,以明断见称。岁余,转吏部侍郎,号为称职。复徙雍州司马,坐事左转盩厔令,甚有治名。上善之。复拜雍州司马,又为吏部侍郎,以公事免。"(第1556页)高构以前曾任雍州司马,只是坐事左迁盩厔令,后复拜,与长安、大兴令直接升迁雍州州官不同。而且盩厔虽然不是长安、大兴,但它是雍州属县,属于下文讨论的县令中的第二等。
③《隋书》卷五一,第1329页;卷六二,第1478页;卷六六,第1555页。
④郎茂是以民部侍郎领大兴令迁雍州司马,民部侍郎在文帝时官品为正六品上,不仅低于从四品下的雍州司马,而且低于从五品下的大兴令,这种升迁是可以理解的。问题在于长孙炽,他是以太子仆摄长安令,以后又领右常平监,迁雍州赞治,文帝时太子仆官品在正四品上,不仅高于长安令,而且高于雍州赞治,这里的"迁"字似只能理解成同一品级之间的调任了。关于"迁"字的含义,参见王寿南:《隋唐史》,第418页。

由此可见，京师所在的雍州诸县令"每朔朝谒"，经常有觐见天颜的机会，这是他州县令，即使是他州的上县县令也没有的特权。这些雍州所属的县令不仅有接触皇帝的机会，而且由于地属京畿，所作所为也会被朝廷亲贵知晓，从而获得被推荐的机会。上举《房恭懿传》：

> 开皇初，吏部尚书苏威荐之，授新丰令，政为三辅之最。上闻而嘉之，赐物四百段，恭懿以所得赐分给穷乏。未几，复赐米三百石，恭懿又以赈贫人。上闻而止之。……苏威重荐之，超授泽州司马，有异绩，赐物百段，良马一匹。①

房恭懿是由苏威推荐出任新丰令的，新丰是雍州即京兆郡的属县。房恭懿为政清廉，赈济穷乏，不仅获得了文帝的赏识，而且也获得了重臣苏威的第二次推荐。

除了以上两类县令之外，剩下的全国县令的等级、地位就与他们所掌的县一样，模糊一片。《隋书》卷七一《诚节传》中记录了多位地方县令的履历，但他们都是临难不妥协，事后获得朝廷的嘉奖从而超迁的，并非平时的事例。《隋书·循吏·刘旷传》：

> 迁为临颍令，清名善政，为天下第一。尚书左仆射高颎言其状，上召之，及引见，劳之曰："天下县令固多矣，卿能独异于众，良足美也！"顾谓侍臣曰："若不殊奖，何以为劝！"于是下优诏，擢拜莒州刺史。②

从刘旷传的记载来看，地方县令只有在考课时获得"天下第一"，才能获得尚书台长官的推荐，也才能有超授的机会。但"天下县令固多"，又谈何容易。刘旷能"独异于众"，所以才能由临颍令擢拜莒州刺史。这说明地方县令如果想获得超授，需要两个条件：一是清名善政，二是考课时获得高等，二者缺一不可。《隋书·房彦谦传》：

> 迁秦州总管录事参军。尝因朝集，时左仆射高颎定考课，彦谦谓颎曰……颎为之动容，深见嗟赏，因历问河西、陇右官人景行，彦谦对之如响。……后数日，颎言于上，上弗能用。以秩满，迁长葛令……仁寿中，上令持节使者巡行州县，察长吏能不，以彦谦为天下第一，超授

①《隋书》卷七三，第 1679 页。
②《隋书》卷七三，第 1685 页。

鄀州司马。①

房彦谦在长葛令任上政绩突出，又被巡行州县的使者评定为天下第一，所以才能超授鄀州司马，与刘旷的事例完全相同。

至于地方上的其他县令，很可能就只能在地方上不断迁转，更上一层的机会就不是很多了。《隋故韩城县令白府君墓志铭并序》载志主白仵贵：

> 起家为滕王记室……俄迁北川县丞。……改授北川县令。……迁授韩城县令。②

白仵贵由北川县丞升为县令，再迁韩城县令。据《隋书·地理志上》，北川属汶山郡，韩城属冯翊郡③。冯翊为三辅之一，一般来说，韩城县的地位应该高于北川县，所以白氏应该是由等级较低的县令升为地位较高的县令。志文说他"以大业十年十二月十八日卒于河南郡河南县安众乡安众里"，并非死于韩城县官舍，说明他是以韩城县令为终官致仕的。他的一生，除了短暂地担任过王府低级官僚，都是在地方上担任县级官吏。《隋故武安郡肥乡县令萧明府墓志铭并叙》载志主萧翘：

> 陈亡入朝，除介州司功、邵州亳城令、汾州昌宁令、武安郡肥乡令。累官著称，俗号廉平，吏弗敢欺，门无夜掩，考绩为最，朝野式瞻。……以大业十年七月廿七日终于魏郡，春秋七十有三。……绛州曲沃县令济阳蔡书悌制文。④

萧翘历任亳城、昌宁、肥乡县令，这三个县之间的等级高下无法判断。他在大业十年（614）死于魏郡，而不是武安郡的肥乡县，说明他也是以肥乡县令致仕的。虽然志文说他"考绩为最"，大概也是撰者谀墓之词。值得注意的是，这方墓志铭是由一位在职县令撰写的，至于双方是怎样的关系，现在也无从稽考了。

《郭通及夫人王氏合葬墓志》载通：

> 开皇八年，诏举贤良，起家卫州汲县尉。十八年，除慈州滏阳县

---

① 《隋书》卷六六，第 1562 页。
② 图版及录文见《隋代墓志铭汇考》第五册，四三二号，第 116 页。
③ 《隋书》卷二九，第 823、809 页。
④ 图版及录文见《隋代墓志铭汇考》第五册，四六一号，第 270—271 页。

丞……仁寿三年,除沁州沁源县令……①

郭通也是一直在地方上担任县职,这方墓志的可贵之处,在于详细标示了郭氏任官的年份。他开皇八年(588)担任汲县尉,开皇十八年才除滏阳县丞,也就是任县尉长达十一年;仁寿三年(603)除沁源县令,也就是任县丞长达六年。这就表明《百官志》所说"佐官四年一迁"的原则只是规定,佐官满四年就可以迁,但并不是一定会迁,这些秩满的佐官只是最有资格获得迁转而已。因此所谓"县令三年一迁"的原则也是指秩满的县令是最有资格获得迁转的,《隋书·循吏·刘旷传》就记载刘旷在平乡令上任职七年后方调任临颍令②,可为佐证。

通过以上简短的分析可知隋代县令中以雍州(京兆郡)所属县令由于地属京畿,有更多机会接近朝贵、接近皇帝,所以仕途较他州县令为佳。其中,长安、大兴两县令常由中央官兼任,常迁雍州州官,非其他县令可比。地方县令除了做好本职工作以外,还需为考选者所知,只有考课优异者才能获得超迁的资格,不然多数只能在地方上任职一生。

三、县令的职责

县令职责,《隋书·百官志下》所载隋代制度中并没有记录。《唐六典·京县畿县天下诸县官吏》:

> 京畿及天下诸县令之职,皆掌导扬风化,抚字黎氓,敦四人之业,崇五土之利,养鳏寡,恤孤穷,审察冤屈,躬亲狱讼,务知百姓之疾苦。所管之户,量其资产,类其强弱,定为九等。其户皆三年一定,以入籍帐。若五九、三疾及中、丁多少,贫富强弱,虫霜旱涝,年收耗实,过貌形状及差科簿,皆亲自注定,务均齐焉。若应收授之田,皆起十月,里正勘造簿历;十一月,县令亲自给授,十二月内毕。至于课役之先后,诉讼之曲直,必尽其情理。每岁季冬之月,行乡饮酒之礼,六十已上坐堂上,五十已下立侍于堂下,使人知尊卑长幼之节。若籍帐、传驿、仓

---

①图版见《隋唐五代墓志汇编·洛阳卷》第二册,第 10 页;录文见《唐代墓志汇编》贞观〇〇九号,第 16 页。

②《隋书》卷七三,第 1685 页。

库、盗贼、河堤、道路,虽有专当官,皆县令兼综焉。①

本段所载虽然是唐代县令的职责,但如果不考虑具体的时间点,比如何时造簿历、何时给授田地等等,那么将它看成隋代县令的职责大概也没有太大的问题。自"京畿"至"务知百姓之疾苦"句,这是职权综论。自"所管之户"至"必尽其情理"句,这是指清定户口以及与之相关的田地给受、赋役摊派问题,另外还有就是狱讼问题。隋代开皇年间曾屡次派使者巡行天下,检括户口,大业五年(609)又曾在全国"大索貌阅"②,高颍又以"输籍定样"之法"定户上下"③,这些措施都是为了解决户口的问题。自"每岁季冬之月"至"尊卑长幼之节"句是指县令有主持"乡饮酒礼",使民知尊卑长幼有序的责任,这是先秦以来"尚齿"传统的延续④。自"若籍帐"至"县令皆综焉"句则是明确县政诸项事务由县令付总责。

县令既然有这么多的权责,那么什么才是重中之重呢? 赖瑞和先生在研究唐代刺史的职掌时,认为刺史最重要的使命就是收税,所以他称刺史为"税官"⑤。唐初,复改郡县两级制为州县两级制,刺史是一州最高长官,也是州的最高"税官",为了完成州向朝廷缴纳足额赋税的任务,刺史势必督责下辖的各县县令也去充当"税官"的角色。赖先生认为收税是唐代县令的"当务之急"⑥,这恐怕也是隋代县令的首要任务。《礼记正义·大学》云:

> 是故君子先慎乎德。有德此有人,有人此有土,有土此有财,有财此有用。德者本也,财者末也,外本内末,争民施夺。是故财聚则民散,

---

① 《唐六典》卷三〇,第 753 页。《旧唐书》卷四四《职官志三》(第 1921 页)、《新唐书》卷四九下《百官志四下》(第 1319 页)所载县令职掌,都不如《唐六典》所载完备,或许都是截取自《唐六典》所载的一部。

② 这里采用的是唐长孺先生的说法,他认为"大索貌阅"实际只在炀帝大业五年实行过一次,并不是在文帝开皇五年(585),但文帝时常派员检括户口。见唐长孺:《读隋书札记·四　隋代大索貌阅的时间》,收入氏撰:《山居存稿》,第 315—319 页。

③ 《隋书》卷二四《食货志》,第 681 页。

④ 参见杨宽:《"乡饮酒礼"与"飨礼"新探》,收入氏撰:《古史新探》,上海:上海人民出版社,2016 年,第 292—299 页。〔日〕西嶋定生撰,武尚清译:《中国古代帝国的形成与结构——二十等爵制研究》,北京:中华书局,2004 年,第 412—425 页。

⑤ 赖瑞和:《唐代高层文官》第十七章《唐刺史的税官角色》,第 475—479 页。

⑥ 赖瑞和:《唐代中层文官》第四章《县令》,第 318—319 页。

财散则民聚。①

这是讲君子对"德""财"应持的态度。虽说德为本而财为末,但帝国从中央到地方处处"有用",也就处处需财,财才是根本。财从哪里来?人与土中来。《隋书·食货志》记高颎所创"输籍定样"之法有云:

> 每年正月五日,县令巡人,各随便近,五党三党,共为一团,依样定户上下。②

所谓"定户上下",就是定户等"以入籍帐",也就是"县令巡人"的目的,这是对人的控制。同书同卷又云:

> 自诸王已下,至于都督,皆给永业田,各有差。多者至一百顷,少者至四十亩。其丁男、中男永业露田,皆遵后齐之制。……(开皇十二年)时天下户口岁增,京辅及三河,地少而人众,衣食不给。议者咸欲徙就宽乡。……帝乃发使四出,均天下之田。③

同书《炀帝纪上》:

> (大业五年春正月)癸未,诏天下均田。④

隋朝立国之初,就依北齐制度颁行田制。承平日久,人口激增,造成地少人多,衣食不足,乃至开皇十二年(592)、大业五年(609)两次均天下之田。国家对于田地的控制,落实到基层,就必然是县令的责任。唐代的县令是要"亲自给授"田地的,隋代的县令大概也是如此,这就是对土地的控制。

在经典意义上,"财为末",所以在官方文献上很少能够见到地方官汲汲于征税的事例。不过,杜甫在《兵车行》里写道:"县官急索租,租税从何出。"⑤元结在《舂陵行》里写道:"军国多所须,切责在有司。有司临郡县,刑法竟欲施。……更无宽大恩,但有迫促期。……悉使索其家,而又无

---

①《礼记正义》卷六〇,收入《十三经注疏》,第 1675 页。标点依〔宋〕朱熹撰:《四书章句集注》,北京:中华书局,1983 年,第 11 页。

②《隋书》卷二四,第 680 页。

③《隋书》卷二四,第 680、682 页。

④《隋书》卷三,第 72 页。

⑤〔唐〕杜甫撰,〔清〕钱谦益笺注:《钱注杜诗》卷一,上海:上海古籍出版社,1979 年,第 9 页。

生资。"①李贺在《感讽五首》的第一首中写道："越妇未织作,吴蚕始蠕蠕。县官骑马来,狞色虬紫须。怀中一方板,板上数行书。'不因使君怒,焉得诣尔庐?'"②这些虽都是唐代郡县官员刻剥租税的写照,但用之于隋代应该也没有什么太大的问题。

　　虽然财税的征收是县令的首要任务,人口与土地的控制只是为了达成收税这一目标的手段,但到底是选择像上揭唐诗中描写的那种横征暴敛的官吏,还是选择善抚百姓,殖产兴业的官吏,统治者显然会选择后者。从经典的意义上来说,有人才有土,有土才有财,人与土之间,人又是根本,而得人者即所谓"有德",就是君子,具体到官吏身上,也就是循吏。《隋书·房彦谦传》:

> 以秩满,迁长葛令,甚有惠化,百姓号为慈父。仁寿中,上令持节使者巡行州县,察长吏能不,以彦谦为天下第一,超授郑州司马。吏民号哭相谓曰:"房明府今去,吾属何用生为!"其后百姓思之,立碑颂德。③

同书《循吏·刘旷传》:

> 开皇初,为平乡令,单骑之官。人有诤讼者,辄丁宁晓以义理,不加绳劾,各自引咎而去。所得俸禄,赈施穷乏。百姓感其德化,更相笃励,曰:"有君如此,何得为非!"在职七年,风教大洽,狱中无系囚,争讼绝息,囹圄尽皆生草,庭可张罗。及去官,吏人无少长,号泣于路,将送数百里不绝。迁为临颍令,清名善政,为天下第一。④

房彦谦与刘旷离职时,吏民都号哭相送,所谓"惠化""德化",都是指两位县令是有德君子,所以才能广收民心。虽然房、刘两氏德化乡里的目的并不一定是为了税收,但客观上,良好的政治环境必然会使两县赋税足额上缴,

---

①〔唐〕元结撰:《唐元次山文集》卷四,《四部丛刊》初编影印江安傅氏双鉴楼藏明正德郭氏刊本,上海:商务印书馆,1929年,第1页a—第1页b。另参见〔日〕加藤敏撰:《元结の「舂陵行」と「贼退示官吏」について》,《千葉大学教育学部研究紀要:人文·社会科学编》第45卷,第193—198页。
②《王琦汇解李长吉歌诗》卷二《感讽五首》,收入蒋凡、储大泓点校:《李贺诗歌集注》,上海:上海人民出版社,1977年,第154页。
③《隋书》卷六六,第1562页。
④《隋书》卷六三,第1685页。

否则两人的考绩绝无可能是"天下第一"。

并不是所有县令都能像房、刘两氏那样以民生为己任的,《隋书·李德林传》:

> (苏)威又奏置五百家乡正,即令理民间辞讼。德林以为……且今时吏部,总选人物,天下不过数百县,于六七百万户内,诠简数百县令,犹不能称其才,乃欲于一乡之内,选一人能治五百家者,必恐难得。①

可见吏部铨选全国数百县令,能"称其才"者并不多。同书《侯莫陈颖传》:

> 时朝廷以岭南刺史、县令多贪鄙,蛮夷怨叛,妙简清吏以镇抚之,于是征颖入朝。②

岭南地方,在隋代有多次叛乱。虽然该地区夷夏杂处,易动难安,但纷扰的主要原因之一就在于"刺史、县令多贪鄙"。《南齐书·王琨传》:

> 南土沃实,在任者常致巨富,世云"广州刺史但经城门一过,便得三千万"也。③

可见岭南物产丰饶,地方官员多中饱私囊,激起民变。东晋南朝,常有因家贫求为外任的官员,其中不乏求为县令者④,可知任职县令不失为致富的一条捷径。隋文帝当然不希望这样一批饕餮之徒牧守地方,所以他要"妙简清吏",要对那些考绩天下第一的县令优诏褒扬,不次提拔,就是希望全国的县令见贤思齐,都能成为循吏,那么天下太平,府库自然也就会充盈了。

税收是县令掌县的首要职责,达成这一职责的手段就是"安民"。县令的另一项重要职责就是"保境"。上举县长史料中有一条说"(李)密攻下巩县,获县长柴孝和,拜为护军",似乎是巩县县长柴孝和抵抗之后被李密所

---

①《隋书》卷四二,第 1200 页。
②《隋书》卷五五,第 1381 页。
③《南齐书》卷三二,第 578 页。
④《晋书》卷四九《胡毋辅之传》:"辟别驾、太尉掾,并不就。以家贫,求试守繁昌令,始节酒自厉,甚有能名。"(第 1379 页)同书卷七五《王述传》:"初,述家贫,求试宛陵令,颇受赠遗,而修家具,为州司所检,有一千三百条。"(第 1963 页)同书卷八二《干宝传》:"以家贫,求补山阴令,迁始安太守。"(第 2150 页)同书卷八三《江逌传》:"以家贫,求试守,为太末令。"(第 2171 页)《南史》卷七六《隐逸下·陶弘景传》:"家贫,求宰县不遂。"(第 1897 页)《陈书》卷二一《张种传》:"种时年四十余,家贫,求为始丰令,入除中卫西昌侯府西曹掾。"(第 280 页)

俘,但《资治通鉴·隋纪七·恭帝义宁元年》"道路降者不绝如流,众至数十万"条引《略记》云:

> 于是巩县长柴孝和、监察御史郑颋等举县降贼。①

从柴孝和被李密拜为护军一事来看,可能《略记》的记载更为可信。据此可知,县令(长)对全县大小事务付总责并不是一句空话,他们甚至可以"举县降贼"。有人降贼就有人抗贼,《隋书·诚节·杨善会传》:

> 善会,大业中为鄃令,以清正闻。俄而山东饥馑,百姓相聚为盗,善会以左右数百人逐捕之,往皆克捷。其后贼帅张金称众数万,屯于县界,屠城剽邑,郡县莫能御。善会率励所领,与贼搏战,或日有数合,每挫其锋。②

杨善会作为鄃县令,面对张金称数万之众,并没有弃城或降敌,而是以鄃县县令所领的武力与之对抗,守土有功。炀帝"时制县令无故不得出境"③,应该也是考虑到包括叛乱在内的突发情形需要付总责的县令及时处理的缘故。

除了保境安民以外,与民生息息相关的就是狱讼了。《隋书·郎茂传》:

> 寻除卫国令。时有系囚二百,茂亲自究审数日,释免者百余人。历年辞讼,不诣州省。魏州刺史元晖谓茂曰:"长史言卫国民不敢申诉者,畏明府耳。"……有民张元预,与从父弟思兰不睦。丞尉请加严法,茂曰:"元预兄弟,本相憎疾,又坐得罪,弥益其怨,非化民之意也。"于是遣县中耆旧更往敦谕,道路不绝。元预等各生感悔,诣县顿首请罪。茂晓之以义,遂相亲睦,称为友悌。

卫国,开皇六年(586)改名观城,属魏州④。卫国民众的辞讼,完全由卫国令负责,只要民众不申诉,本州刺史就不会过问。也就是说,原则上,县令拥有全县的决狱权。但是郎茂并不是那种以法绳下的县令,准确的说,他

---

①《资治通鉴》卷一八三,第5722页。
②《隋书》卷七一,第1647—1648页。另,本卷记有仁寿中抗贼的繁畤令敬钊,也是力战城陷。
③《隋书》卷五九《炀三子·齐王暕传》,第1443页。
④《隋书》卷三〇《地理志中》,第845页。

是那种曲法循情的官员。张元预一案，郎茂是"遣县中耆旧更往敦谕"，而没有听从丞尉"加严法"的请求，是"晓之以义"，而不是断之以法。郎茂仍然是以德服人，而不是以法治县；仍然是有德之君子，而不是滥刑之酷吏。这件事被写进他个人的传记里，说明无论是在隋代还是在唐代，官方都认可他这种行为。法治为下，德治为上，决狱的目的也是为了安民。

四、小结

隋代的县是有等级的，除了长安、大兴等少数县以外，起初全国的县被划成了三等九级。开皇十四年，不知出于什么缘故，隋文帝将全国的县改为了四等之制，这在以前是没有的，以后被唐代沿用了下去。

与县的等级相对应，县令也有等级之差。长安、大兴两京县的县令地位最高（炀帝时还要加上河南、洛阳两县），常由中央官兼任。雍州诸县的县令由于地属京畿，且有朝谒的制度，所以面见皇帝与亲贵近臣的机会很多，相应的，得到提拔的机会也就有很多。除此以外的全国诸县县令，除了要出色地完成本职工作以外，还要获得非常高的考课成绩，才能获得超迁。

县令的职责最重要的是向朝廷缴纳足额的赋税，为了完成这一目标，就必须加强对人口与土地的控制，土地是死的，人是活的，如果要地尽其利，就必须安抚民众。因此，理想的县令是那些有德之君子，是循吏，平时能够代天子抚养民众，乱时能恪尽臣节。

主要参考文献

一、古典文献

〔汉〕司马迁撰,〔南朝宋〕裴骃集解,〔唐〕司马贞索隐,〔唐〕张守节正义:《史记》,北京:中华书局,1959 年。

〔汉〕班固撰,〔唐〕颜师古注:《汉书》,北京:中华书局,1962 年。

〔南朝宋〕范晔撰,〔唐〕李贤等注:《后汉书》,北京:中华书局,1965 年。

〔晋〕陈寿撰,〔南朝宋〕裴松之注:《三国志》,北京:中华书局,1959 年。

〔唐〕房玄龄等撰:《晋书》,北京:中华书局,1974 年。

〔南朝梁〕沈约撰:《宋书》,北京:中华书局,1974 年。

〔南朝梁〕萧子显撰:《南齐书》,北京:中华书局,1972 年。

〔唐〕姚思廉撰:《梁书》,北京:中华书局,1973 年。

〔唐〕姚思廉撰:《陈书》,北京:中华书局,1972 年。

〔北齐〕魏收撰:《魏书》,北京:中华书局,1974 年。

〔唐〕李百药撰:《北齐书》,北京:中华书局,1972 年。

〔唐〕令狐德棻等撰:《周书》,北京:中华书局,1971 年。

〔唐〕魏徵、令狐德棻撰:《隋书》,北京:中华书局,1973 年。

〔唐〕李延寿撰:《南史》,北京:中华书局,1975 年。

〔唐〕李延寿撰:《北史》,北京:中华书局,1974 年。

〔后晋〕刘昫等撰:《旧唐书》,北京:中华书局,1975 年。

〔宋〕欧阳修、〔宋〕宋祁撰:《新唐书》,北京:中华书局,1975 年。

〔元〕脱脱等撰:《宋史》,北京:中华书局,1977 年。

〔汉〕蔡邕撰:《独断》,《四部丛刊》三编影印常熟瞿氏铁琴铜剑楼藏明弘治癸亥刊本,上海:商务印书馆,1936 年。

〔汉〕刘熙撰,〔清〕毕沅疏证,〔清〕王先谦补,祝敏彻、孙玉文点校:《释名疏证补》,北京:中华书局,2008 年。

〔汉〕崔寔撰，〔汉〕仲长统撰，孙启治校注：《政论校注　昌言校注》，北京：中华书局，2012 年。

〔南朝梁〕萧统编，〔唐〕李善注：《文选》，上海：上海古籍出版社，1986 年。

〔隋〕虞世南撰：《北堂书钞》，收入董治安主编：《唐代四大类书》，影印南海孔氏三十有三万卷堂校注重刊本，北京：清华大学出版社，2003 年。

〔唐〕欧阳询撰，汪绍楹校：《艺文类聚》，上海：上海古籍出版社，1999 年。

〔唐〕温大雅撰，李季平、李锡厚点校：《大唐创业起居注》，上海：上海古籍出版社，1983 年。

〔唐〕吴兢撰，谢保成集校：《贞观政要集校》，北京：中华书局，2003 年。

〔唐〕长孙无忌等撰，刘俊文点校：《唐律疏议》，北京：中华书局，1983 年。

〔唐〕许敬宗编，罗国威整理：《日藏弘仁本文馆词林校正》，北京：中华书局，2001 年。

〔唐〕李林甫等撰，陈仲夫点校：《唐六典》，北京：中华书局，1992 年。

〔唐〕李吉甫撰，贺次君点校：《元和郡县图志》，北京：中华书局，1983 年。

〔唐〕杜佑撰，王文锦等点校：《通典》，北京：中华书局，1988 年。

〔唐〕杜甫撰，〔清〕钱谦益笺注：《钱注杜诗》，上海：上海古籍出版社，1979 年。

〔唐〕林宝撰，岑仲勉校记，郁贤皓、陶敏整理，孙望审订：《元和姓纂（附四校记）》，北京：中华书局，1994 年。

〔唐〕元结撰：《唐元次山文集》，《四部丛刊》初编影印江安傅氏双鉴楼藏明正德郭氏刊本，上海：商务印书馆，1929 年。

〔唐〕道宣撰：《大唐内典录》，收入大正一切经刊行会编：《大正新修大藏经》第 55 册，台北：新文丰出版公司影印日本大正一切经刊行会刊本，1983 年。

〔唐〕智昇撰，富世平点校：《开元释教录》，北京：中华书局，2018 年。

〔宋〕王溥撰：《唐会要》，上海：上海古籍出版社，2006 年。

〔宋〕李昉等编：《文苑英华》，北京：中华书局，1966 年。

〔宋〕李昉等撰：《太平御览》，北京：中华书局，1960 年。

〔宋〕宋敏求编：《唐大诏令集》，北京：中华书局，2008 年。

〔宋〕宋敏求纂修：《长安志》，收入《宋元方志丛刊》第一册，北京：中华书局，1990 年。

〔宋〕王钦若等编：《册府元龟》，北京：中华书局，1960年。

〔宋〕王钦若等编：《宋本册府元龟》，北京：中华书局，1989年。

〔宋〕司马光编著，〔元〕胡三省音注：《资治通鉴》，北京：中华书局，1956年。

〔宋〕曾巩撰：《元丰类稿》，《四部丛刊》初编影印乌程蒋氏密韵楼藏元刊黑口本，上海：商务印书馆，1929年。

〔宋〕陈思纂次：《宝刻丛编》，《丛书集成初编》据十万卷楼丛书本排印，长沙：商务印书馆，1937年。

〔宋〕邓名世撰，王力平点校：《古今姓氏书辩证》，南昌：江西人民出版社，2006年。

〔宋〕李焘撰：《续资治通鉴长编》，北京：中华书局，1992年。

〔宋〕孙逢吉撰：《职官分纪》，北京：中华书局，1988年。

〔宋〕王应麟撰：《玉海（合璧本）》，京都：中文出版社，1977年。

〔宋〕佚名辑：《锦绣万花谷》，扬州：广陵书社影印明嘉靖十五年锡山秦汴绣石书堂刻本，2008年。

〔宋〕郑樵撰：《通志》，北京：中华书局，1987年。

〔宋〕朱熹撰：《四书章句集注》，北京：中华书局，1983年。

〔元〕马端临撰：《文献通考》，北京：中华书局，1986年。

〔清〕顾炎武撰，〔清〕黄汝成集释，栾保群、吕宗力校点：《日知录集释》，上海：上海古籍出版社，2006年。

〔清〕郝懿行撰：《晋宋书故》，《广雅丛书》本，广雅书局光绪十七年刊。

〔清〕纪昀等撰：《历代职官表》，上海：上海古籍出版社，1989年。

〔清〕阮元校刻：《十三经注疏》，北京：中华书局，1980年。

〔清〕王昶撰：《金石萃编》，收入《石刻史料新编》第一辑第1册，台北：新文丰出版公司，1982年。

〔清〕陆耀遹撰：《金石续编》，收入《石刻史料新编》第一辑第4册，台北：新文丰出版公司，1982年。

〔清〕毛凤枝撰：《关中金石文字存逸考》，收入《石刻史料新编》第二辑第14册，台北：新文丰出版公司，1979年。

〔清〕瞿中溶撰：《古泉山馆金石文编残稿》，收入《石刻史料新编》第二辑第3册，台北：新文丰出版公司，1979年。

〔清〕苏舆撰，钟哲点校：《春秋繁露义证》，北京：中华书局，1992年。

〔清〕孙星衍等辑，周天游点校：《汉官六种》，北京：中华书局，1990 年。

〔清〕王鸣盛撰：《十七史商榷》，北京：中国书店据上海文瑞楼版影印，1987 年。

〔清〕严可均校辑：《全上古三代秦汉三国六朝文》，北京：中华书局，1958 年。

二十五史刊行委员会编集：《二十五史补编》，上海：开明书店，1937 年。

蒋凡、储大泓点校：《李贺诗歌集注》，上海：上海人民出版社，1977 年。

张维撰：《陇右金石录》，收入《石刻史料新编》第一辑第 21 册，台北：新文丰出版公司，1982 年。

赵万里撰：《汉魏南北朝墓志集释》，收入《石刻史料新编》第三辑第 3 册，台北：新文丰出版公司，1986 年。

洛阳古代艺术博物馆编，陈长安主编：《隋唐五代墓志汇编·洛阳卷》第 2 册，天津：天津古籍出版社，1991 年。

周绍良、赵超编著：《唐代墓志汇编》，上海：上海古籍出版社，1992 年。

王利器撰：《颜氏家训集解（增补本）》，北京：中华书局，1993 年。

黄征、张涌泉校注：《敦煌变文校注》，北京：中华书局，1997 年。

赵超编著：《新唐书宰相世系表集校》，北京：中华书局，1998 年。

祝尚书：《〈卢思道集〉校注》，成都：巴蜀书社，2001 年。

吴钢主编：《全唐文补遗》第八辑，西安：三秦出版社，2005 年。

王其祎、周晓薇编著：《隋代墓志铭汇考》，北京：线装书局，2007 年。

赵超撰：《汉魏南北朝墓志汇编》，天津：天津古籍出版社，2008 年。

毛远明校注：《汉魏六朝碑刻校注》，北京：线装书局，2008 年。

罗新、叶炜撰：《新出魏晋南北朝墓志疏证（修订本）》，北京：中华书局，2016 年。

刘文编著：《陕西新见隋朝墓志》，西安：三秦出版社，2018 年。

诸祖耿编撰：《战国策集注汇考（增补本）》，南京：凤凰出版社，2008 年。

二、今人论著

安作璋、熊铁基：《秦汉官制史稿》，济南：齐鲁书社，2007 年。

白钢主编，黄惠贤撰：《中国政治制度通史》第四卷《魏晋南北朝》，北京：人民出版社，1996 年。

白钢主编,俞鹿年撰:《中国政治制度通史》第五卷《隋唐五代》,北京:人民出版社,1996年。

白钢主编,朱瑞熙撰:《中国政治制度通史》第六卷《宋代》,北京:人民出版社,1996年。

白寿彝总主编,史念海主编:《中国通史(修订本)》第六卷《中古时代·隋唐时期上》,上海:上海人民出版社,2004年。

蔡宗宪:《中古前期的交聘与南北互动》,台北:稻乡出版社,2008年。

岑仲勉:《隋唐史》,北京:中华书局,1982年。

岑仲勉:《隋书求是》,北京:中华书局,2004年。

陈琳国:《魏晋南北朝政治制度研究》,台北:文津出版社,1994年。

陈启云:《儒学与汉代历史文化》,桂林:广西师范大学出版社,2007年。

陈寅恪:《隋唐制度渊源略论稿　唐代政治史述论稿》,北京:三联书店,2001年。

陈寅恪:《金明馆丛稿初编》,北京:三联书店,2001年。

陈寅恪:《金明馆丛稿二编》,北京:三联书店,2001年。

陈垣:《二十史朔闰表》,北京:古籍出版社,1956年。

陈仲安、王素:《汉唐职官制度研究》,北京:中华书局,1993年。

戴显群:《唐五代政治中枢研究》,厦门:厦门大学出版社,2001年。

韩昇:《隋文帝传》,北京:人民出版社,1998年。

侯旭东:《北朝村民的生活世界》,北京:商务印书馆,2005年。

侯旭东:《宠:信—任型君臣关系与西汉历史的展开》,北京:北京师范大学出版社,2018年。

黄炽霖:《曹魏时期中央政务机关之研究》,台北:文史哲出版社,2002年。

黄惠贤:《魏晋南北朝隋唐史研究与资料》,武汉:湖北人民出版社,2010年。

黄永年:《文史探微》,北京:中华书局,2000年。

黄永年:《唐史史料学》,上海:上海书店出版社,2002年。

焦桂美:《南北朝经学史》,上海:上海古籍出版社,2009年。

赖瑞和:《唐代基层文官》,台北:联经出版事业公司,2004年。

赖瑞和:《唐代中层文官》,台北:联经出版事业公司,2008年。

赖瑞和:《唐代高层文官》,台北:联经出版事业公司,2016年。

雷家骥:《隋唐中央权力结构及其演进》,台北:东大图书股份有限公司,
　　1995 年。

李俊:《中国宰相制度》,台北:商务印书馆,1980 年。

廖伯源:《使者与官制演变:秦汉皇帝使者考论》,台北:文津出版社,
　　2006 年。

林天蔚:《隋唐史新编》,香港:现代教育研究社,1968 年。

林天蔚:《隋唐史新论》,台北:东华书局,1980 年。

刘俊文主编:《日本学者研究中国史论著选译》第二卷《专论》,北京:中华书
　　局,1993 年。

刘俊文主编:《日本学者研究中国史论著选译》第八卷《法律制度》,北京:中
　　华书局,1992 年。

刘啸:《魏晋南北朝九卿研究》,新北:花木兰文化出版社,2013 年。

罗永生:《三省制新探——以隋和唐前期门下省职掌与地位为中心》,北京:
　　中华书局,2005 年。

罗永生:《隋唐政权与政制史论》,台北:要有光,2014 年。

吕思勉:《隋唐五代史》,上海:上海古籍出版社,1984 年。

吕思勉:《吕思勉全集》第 2 册《吕著中国通史》,上海:上海古籍出版社,
　　2016 年。

聂崇岐:《宋史丛考》,北京:中华书局,1980 年。

宁志新:《隋唐使职制度研究》,北京:中华书局,2005 年。

钱穆:《国史大纲(上)》,《钱宾四先生全集》第 27 册,台北:联经出版事业公
　　司,1998 年。

任士英:《隋唐帝国政治体制》,西安:三秦出版社,2011 年。

沈任远:《隋唐政治制度》,台北:商务印书馆,1976 年。

孙国栋:《唐宋史论丛(增订版)》,香港:商务印书馆,2000 年。

唐长孺:《魏晋南北朝史论丛》,北京:中华书局,2011 年。

唐长孺:《魏晋南北朝史论丛续编　魏晋南北朝史论拾遗》,北京:中华书
　　局,2011 年。

唐长孺:《唐书兵志笺正(外二种)》,北京:中华书局,2011 年。

唐长孺:《山居存稿》,北京:中华书局,2011 年。

唐长孺:《山居存稿续编》,北京:中华书局,2011 年。

田余庆:《东晋门阀政治》,北京:北京大学出版社,1996 年。

汪桂海:《汉代官文书制度》,南宁:广西教育出版社,1999 年。

王国维:《王国维遗书》第九册《简牍检署考》,上海:上海古籍书店据商务印
书馆 1940 年版影印,1983 年。

王寿南:《隋唐史》,台北:三民书局,1986 年。

王素:《三省制略论》,济南:齐鲁书社,1986 年。

王仲荦:《蜡华山馆丛稿》,北京:中华书局,1987 年。

王仲荦:《隋唐五代史》,上海:上海人民出版社,2003 年。

吴宗国主编:《盛唐政治制度研究》,上海:上海辞书出版社,2003 年。

吴宗国主编:《中国古代官僚政治制度研究》,北京:北京大学出版社,
2004 年。

辛德勇:《建元与改元:西汉新莽年号研究》,北京:中华书局,2013 年。

邢义田:《治国安邦:法制、行政与军事》,北京:中华书局,2011 年。

严耕望:《中国地方行政制度史乙部·魏晋南北朝地方行政制度》,台北:中
研院史语所,1980 年。

严耕望:《唐仆尚丞郎表》,北京:中华书局,1986 年。

严耕望:《中国地方行政制度史甲部·秦汉地方行政制度》,台北:中研院史
语所,2006 年。

严耕望:《严耕望史学论文集》,上海:上海古籍出版社,2009 年。

杨鸿年:《汉魏制度丛考》,武汉:武汉大学出版社,2005 年。

杨宽:《古史新探》,上海:上海人民出版社,2016 年。

杨树藩:《中国文官制度史》,台北:黎明文化事业股份有限公司,1982 年。

杨熙时:《中国政治制度史》,《民国丛书》第四编第 20 册据商务印书馆 1947
年版影印,上海:上海书店出版社,1989 年。

杨志玖主编:《中国古代官制讲座》,北京:中华书局,1992 年。

余英时:《历史与思想(新版)》,台北:联经出版事业公司,2014 年。

袁刚:《隋唐中枢体制的发展演变》,台北:文津出版社,1994 年。

袁刚:《隋炀帝传》,北京:人民出版社,2001 年。

臧云浦、朱崇业、王云度编撰:《历代官制、兵制、科举制表释》,南京:江苏古
籍出版社,1987 年。

曾资生:《中国政治制度史》第四册,《民国丛书》第四编第 21 册据南方印书

馆 1944 年版影印,上海:上海书店出版社,1989 年。

张国刚:《唐代官制》,西安:三秦出版社,1987 年。

章太炎:《章太炎全集·太炎文录初编》,上海:上海人民出版社,2014 年。

张玉兴:《唐代县官与地方社会研究》,天津:天津古籍出版社,2009 年。

周道济:《汉唐宰相制度》,台北:嘉新水泥公司文化基金会,1964 年。

周一良:《魏晋南北朝史论集》,北京:北京大学出版社,1997 年。

祝总斌:《两汉魏晋南北朝宰相制度研究》,北京:中国社会科学出版社,
　　1998 年。

〔日〕濱口重國:《秦漢隋唐史の研究》下卷,東京:東京大学出版会,
　　1966 年。

〔日〕布目潮渢、栗原益男:《中国の歴史 4·隋唐帝国》,東京:講談社,
　　1974 年。

〔日〕渡邊将智:《後漢政治制度の研究》,東京:早稲田大学出版部,
　　2014 年。

〔日〕宮崎市定:《宮崎市定全集》第 6 卷《九品官人法》,東京:岩波書店,
　　1992 年。

〔日〕宮崎市定:《宮崎市定全集》第 7 卷《隋の煬帝》,東京:岩波書店,
　　1992 年。

〔日〕谷川道雄:《増補　隋唐帝国形成史論》,東京:筑摩書房,1998 年。

〔日〕堀敏一等編:《岩波講座·世界歴史 5·古代 5·東アジア世界の形
　　成》,東京:岩波書店,1970 年。

〔日〕礪波護:《唐代政治社会史研究》,京都:同朋舎,1986 年。

〔日〕瀧川政次郎:《支那法制史研究》,東京:有斐閣,1940 年。

〔日〕内藤乾吉:《中國法制史考證》,東京:有斐閣,1963 年。

〔日〕平冈武夫撰,杨励三译:《长安与洛阳·地图》,西安:陕西人民出版社,
　　1957 年。

〔日〕气贺泽保规撰,石晓军译:《绚烂辉煌的世界帝国:隋唐时代》,桂林:广
　　西师范大学出版社,2014 年。

〔日〕松本保宣:《唐王朝の宮城と御前会議》,京都:晃洋書房,2006 年。

〔日〕西嶋定生撰,武尚清译:《中国古代帝国的形成与结构——二十等爵制

研究》,北京:中华书局,2004 年。

〔日〕築山治三郎:《唐代政治制度の研究》,大阪:創元社,1967 年。

〔美〕崔瑞德主编,中国社会科学院历史研究所、西方汉学研究课题组译:《剑桥中国隋唐史》,北京:中国社会科学出版社,1990 年。

〔德〕马克思、〔德〕恩格斯:《马克思恩格斯文集 2　1848—1859 年》,北京:人民出版社,2009 年。

三、论文

曹之:《唐代秘书省群僚考略》,《图书与情报》2003 年第 5 期。

陈仲安:《唐代的使职差遣制》,《武汉大学学报(人文科学)》1963 年第 1 期。

邓嗣禹:《唐代三省之沿革变迁考》,《清华学报》第 12 卷 1、2 合刊,1979 年。

韩国磐:《隋炀帝夺位真相》,《读书通讯》第 145 期,1947 年。

侯旭东:《东汉〈乙瑛碑〉增置卒史事所见政务处理:以"请"、"须报"、"可许"与"书到言"为中心》,《中国中古史研究(第四卷)》,北京:中华书局,2014 年。

胡秋银:《桓温并官省职考释》,《武汉大学学报(人文社会科学版)》第 53 卷第 4 期,2000 年。

黄利平:《隋唐之际三省制的特点及尚书令的缺职》,收入史念海主编:《唐史论丛》第二辑,西安:陕西人民出版社,1987 年。

金宝祥:《关于隋唐中央集权政权的形成和强化问题》,《西北师范大学学报(社科版)》1963 年第 2 期。

赖瑞和:《唐代使职的定义》,《史林》2012 年第 2 期。

赖瑞和:《为何唐代使职皆无官品——论唐代使职和职事官的差别》,杜文玉主编:《唐史论丛》第十四辑,西安:三秦出版社,2012 年。

赖瑞和:《唐代宰相的使职特征和名号》,《中华文史论丛》2014 年第 3 期。

赖瑞和:《唐代知制诰的使职特征》,《史林》2014 年第 6 期。

劳榦:《论汉代的内朝与外朝》,《"中央"研究院历史语言研究所集刊》第十三册,北京:中华书局影印,1987 年。

李孔怀:《汉唐宰辅权力体制述论》,《中国史研究》1993 年第 4 期。

李湜:《论唐代宰相中书门下二省制》,《中国史研究》1996 年第 1 期。

林丽月:《王者佐·社稷器——宰相制度》,收入刘岱总主编、郑钦仁主编:《中国文化新论·制度篇·立国的宏规》,台北:联经出版事业公司,1982年。

刘健明:《隋代三省制发展之研究》,《新亚书院历史学系系刊》第五期,香港:香港中文大学新亚书院历史学系系会,1980年。

刘健明:《论隋开皇年间的政争》,《食货(复刊)》16卷7、8合刊,1987年。

刘健明:《隋代宰相制度述评》,收入杨联陞等主编:《国史释论:陶希圣先生九秩荣庆祝寿论文集》下,台北:食货出版社,1988年。

刘健明:《隋代的君权与相权》,收入武汉大学中国三至九世纪研究所编:《中国前近代史理论国际学术研讨会论文集》,武汉:湖北人民出版社,1997年。

刘曼春:《论唐代三省制》,《史学月刊》1984年第1期。

刘啸、潘星辉:《从"以多为贵"到"以少为贵":品秩数列反转探微》,收入虞万里主编:《经学文献研究集刊》第十二辑,上海:上海书店出版社,2014年。

刘欣尚:《汉代的领尚书事述论》,《北京师范大学学报(社科版)》1992年第2期。

楼劲:《唐代的尚书省——寺监体制及其行政机制》,《兰州大学学报(社科版)》1988年第2期。

楼劲:《汉—唐诸卿沿革发微》,《青海社会科学》1988年第3期。

牟发松:《旧齐士人与周隋政权》,《文史》2003年第1辑。

邱晞:《论中国封建社会三省制的变迁》,《江汉论坛》1992年第12期。

沈任远:《隋唐的宰相》,《中华文化复兴月刊》第六卷第六期,1973年。

孙钺:《从丞相到三省制的变迁》,《史学月刊》1982年第1期。

王超:《三省制度考略》,《学术月刊》1981年第2期。

王素:《关于隋及唐初三省制的"南朝化"问题》,收入牟发松主编:《社会与国家关系视野下的汉唐历史变迁》,上海:华东师范大学出版社,2006年。

吴炯炯、王瑞芳:《隋代秘书省相关问题考论》,《图书与情报》2010年第1期。

严耕望:《北魏尚书制度考》,《"中央"研究院历史语言研究所季刊》第十八册,北京:中华书局影印,1987 年。

杨际平:《隋唐宰相制度的几个问题》,《浙江学刊》1988 年第 3 期。

杨友庭:《三省六部制的形成及其在唐代的变化》,《厦门大学学报(哲社版)》1983 年第 1 期。

曾了若:《隋宰辅官制考》,《国立中山大学文史学研究所月刊》第二卷第三四期合刊,1934 年。

曾祖陶:《唐宋时期的馆阁制度》,《文献》1991 年第 2 期。

张旭华:《隋及唐初九品中正制的废除》,《史学月刊》2009 年第 8 期。

赵永东:《谈谈唐代的秘书省》,《文献》1987 年第 1 期。

周文俊:《优文考释》,《文学遗产》2019 年第 2 期。

〔日〕長部悦弘:《北魏尚書省小考》,《琉球大学法文学部:日本東洋文化論集》第 13 卷,2007 年。

〔日〕池田温:《中国律令と官人機構》,收入《仁井田陞博士追悼論文集》第一卷《前近代アジアの法と社会》,東京:勁草書房,1967 年。

〔日〕古賀登:《隋唐の官僚制》,歴史教育研究会編:《歴史教育》第 13 卷,1965 年第 6 号。

〔日〕加藤敏:《元結の「舂陵行」と「賊退示官吏」について》,《千葉大学教育学部研究紀要:人文・社会科学編》第 45 卷。

〔日〕内田昌功:《隋煬帝期官制改革の基礎的研究》,北海道大学東洋史談話会:《史朋》第 33 号,2000 年。

〔日〕内田昌功:《隋煬帝期官制改革の目的と性格》,《東洋文庫和文紀要・東洋學報》第 85 卷第 4 号,2004 年。

〔日〕山崎宏:《隋朝官僚の性格》,《東京教育大学文学部紀要・史学研究》第六辑,1956 年。

后　记

　　这本小书，是我在学习隋代政治史时断断续续写成的。它的主体部分是对隋及唐前期三省制问题的讨论，也附录了一些其他的学习心得。这是我近十年工作的一个小结。

　　2010年6月毕业以后，我的兴趣转移到了隋代历史上。当时因为重读余英时先生《反智论与中国政治传统》《"君尊臣卑"下的君权与相权》两篇长文（收入《历史与思想（新版）》中），所以想对隋代君权与相权的问题进行一些探讨，这是我对隋代三省制问题发生兴趣的思想因素。另一方面，在接下来六年的工作生涯里，我对于权力的问题又有了切身的感受，这是研究工作不至中途放弃的动力。2016年7月回到华东师范大学历史学系工作以后，使我终于有机会能将工作的重点转移到学习中来，这是能够完成写作的最重要原因。

　　自2000年入读苏州大学历史系以来，我最感兴趣的问题始终是历史上的"权力及其结构"。权力这个东西，看不见摸不着，却无处不在。它使人疯狂，使人变态，使人不能自拔。我最喜欢看的小说是《儒林外史》《官场现形记》和《聊斋志异》，用钱锺书先生的《人·兽·鬼》给这三部小说做谜面是再恰当不过的：这正是在权力之下，由人到兽变鬼的过程。那么，权力的来源是什么？怎样运行？产生了什么效果？每当我看到权力重压之下的众相，总不免有所触动。这些问题，即使我用一生时间都无法解答，想到退休以后还有事可做，就让人高兴。

　　当然，我绝不是一个"学术至上主义"者。

　　一是因为我觉得陪父母吃饭，陪太太逛街，陪儿子去玩具反斗城，包括买菜做饭洗衣服搞家务，重要性都不会低于学术。搞学术，多我一个不多，少我一个不少，但为人子、为人夫、为人父，却是只有今生，没有来世的光辉事业。

　　二是因为"历史学家"在我心里是一个神圣的称号。当我二十年前初读吕思勉先生的《读史札记》、陈寅恪先生的两《稿》、唐长孺先生的《论丛》、周一良先生的《论集》时，我就知道以我的智力是绝无可能达到那种高度的，再给我几辈子也达不到。那时，我就已经告诉自己，我要做的主要工作肯定不是学术的生产，而是学术的传承。我能把这些历史学家的著作读懂读透，比较准确地传给学生，就已经很了不起了。二十年来，我读懂了一些，没读懂的还有一堆，智商堪忧，也只能慢慢来了。

三是因为我从不认为学个历史就能洞悉天机。宋代编著了《资治通鉴》的大历史学家司马光既不能鉴往，也没能知来，但他是个好人。历史只关乎人性，做个善良的人，挺好。

父母、岳父母和妻子对我的支持是无私且温情的，时时让我感到幸福。2017年儿子的出生更使我找到了人生的意义，生活原来如此美好。

我要特别感谢业师牟发松教授和师伯王素研究员，他们不仅时时给予我人生和学问上的指导，还热情地写了推荐意见，使本书稿能够成为2018年度国家社科基金后期资助项目。

我的老师张承宗教授年近八旬，对我这个他职业生涯里最小的学生总是偏爱有加。我在他家不仅蹭了很多顿饭，也听到了很多学林掌故。

在我学术生涯遭受挫折的时候，虞万里老师、陈业新老师、程兆奇老师、刘统老师、潘星辉老师给了我诸多鼓励与帮助，令我铭记于心。

独学而无友，会傻；独扯而无友，会疯。以耿朔、郭永秉、陈晓伟为代表的"损友"群，总是能和我谈论除学术以外的各种话题；和武雨佳等同门扯美食，则使我越来越肥。有朋友真好。

我的学生张越祺、廖昀帮助校对了书稿，他们的认真态度远远超过本书作者。当然，错误是避免不了的，这由我本人负责。

中华书局的罗华彤、樊玉兰两位老师不仅欣然接受了本书稿的出版，还在书稿校对、出版程序上提供了诸多帮助，在此深表感谢。

衷心希望得到大家的批评，我的邮箱是：liuxiao1981184@163.com。